世界史からみた「琉球処分」

ティネッロ・マルコ 著
MARCO TINELLO

榕樹書林

RYUKYUKO LIBRARY 30

・蘭三ヶ国との

務省外交史料館蔵)

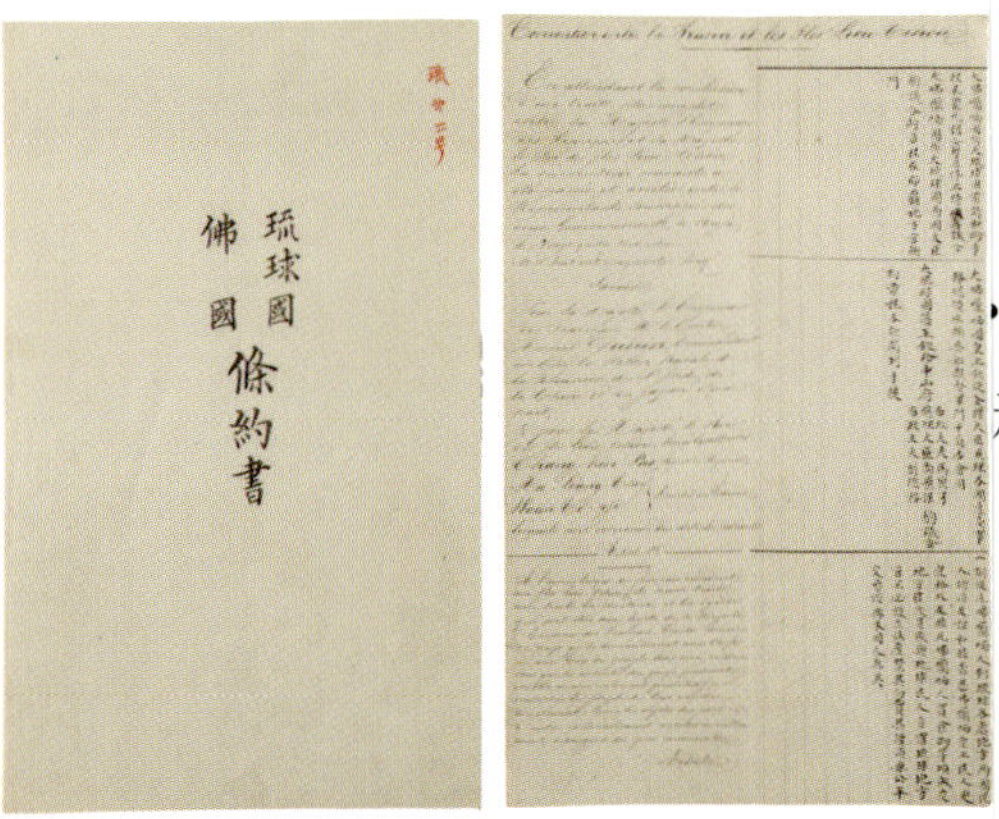

琉球国仏国條約書

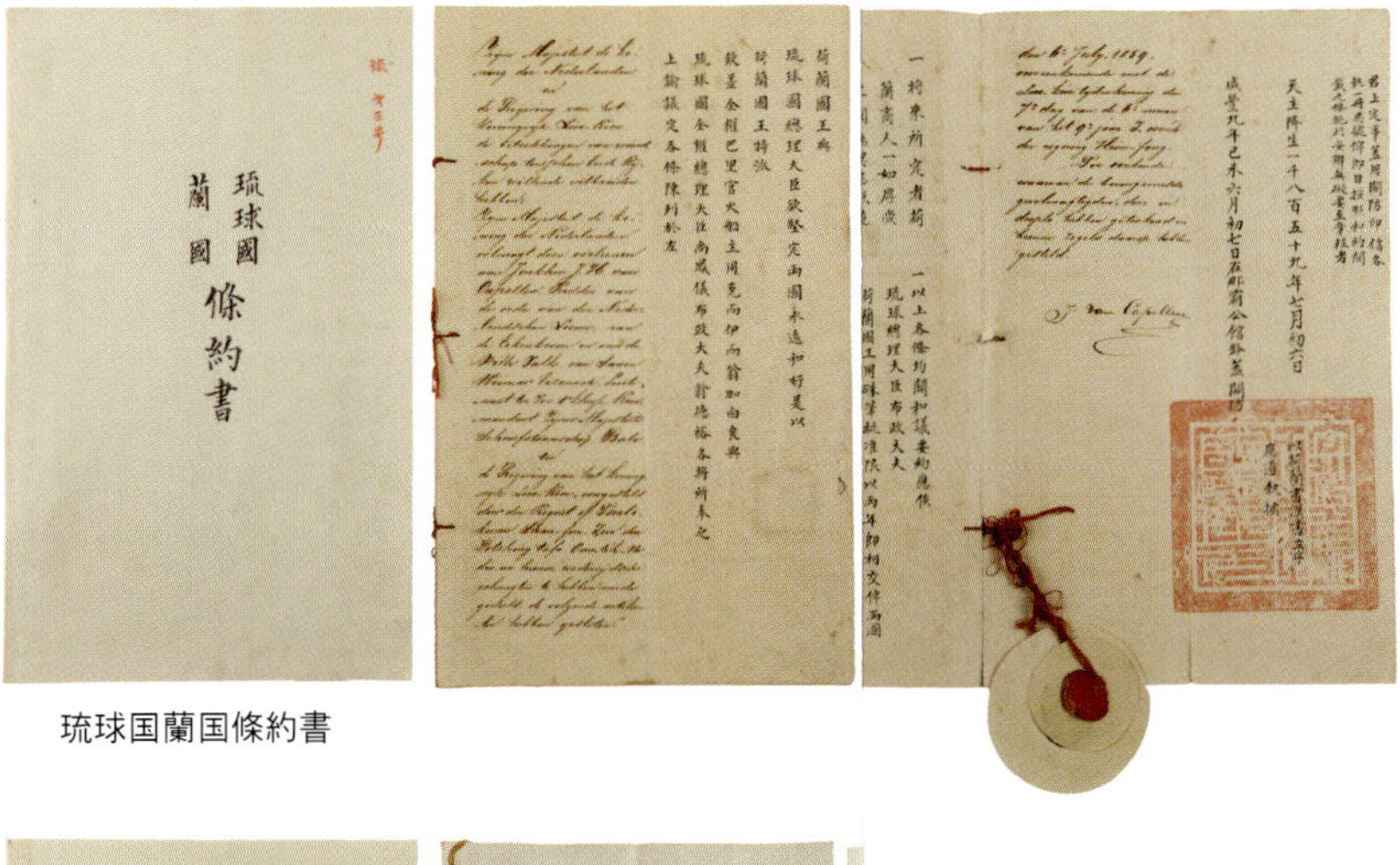

琉球国蘭国條約書

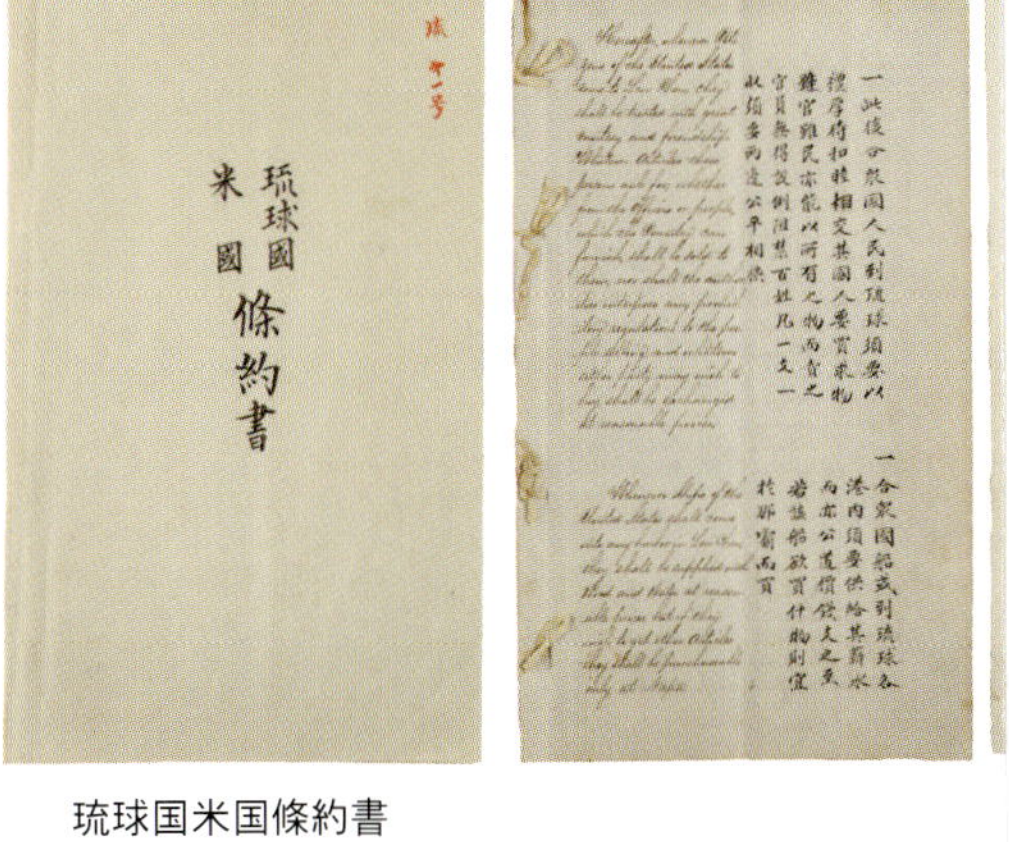

琉球国米国條約書

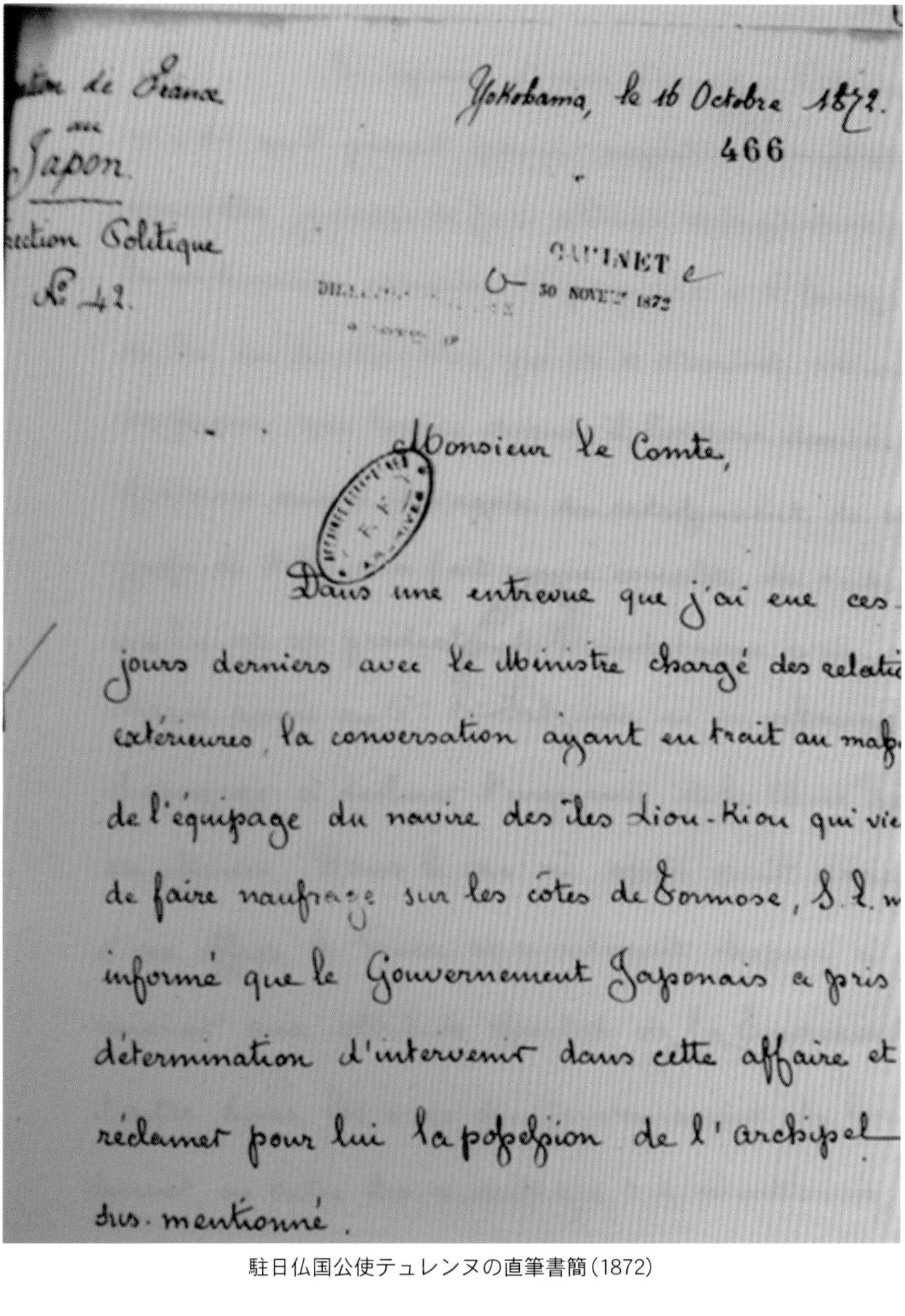

...tion de France
au
Japon

...ection Politique
N° 42.

Yokohama, le 16 Octobre 1872.
466

CABINET
30 NOVEMBRE 1872

Monsieur le Comte,

Dans une entrevue que j'ai eue ces jours derniers avec le Ministre chargé des relati... extérieures, la conversation ayant eu trait au mas... de l'équipage du navire des îles Liou-Kiou qui vie... de faire naufrage sur les côtes de Formose, S. E. m... informé que le Gouvernement Japonais a pris ... détermination d'intervenir dans cette affaire et ... réclamer pour lui la possession de l'archipel sus-mentionné.

駐日仏国公使テュレンヌの直筆書簡（1872）

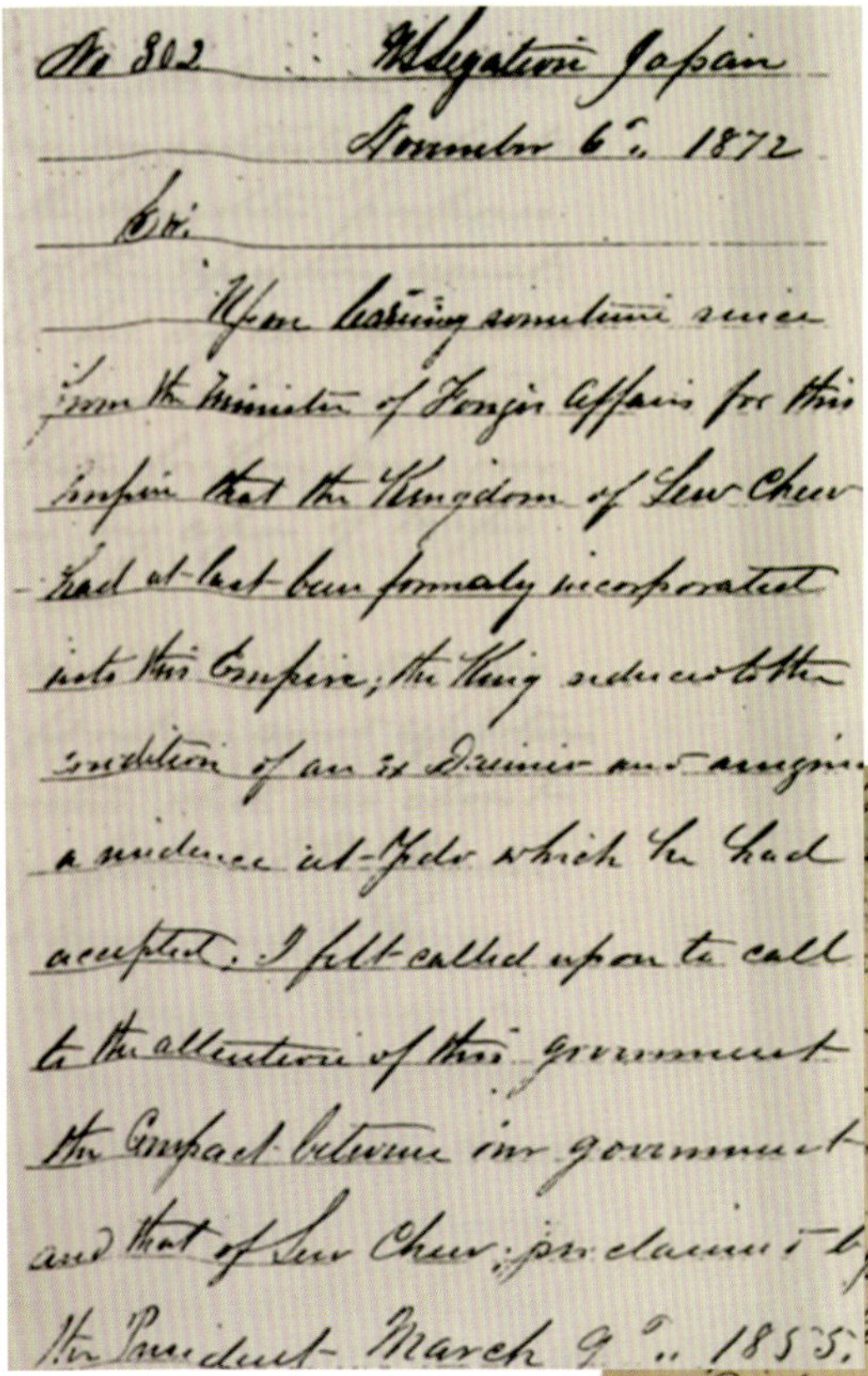
No 302 Legation Japan
November 6th, 1872
Sir:
Upon learning sometime since from the Minister of Foreign Affairs for this Empire that the Kingdom of Lew Chew had at last been formally incorporated into this Empire; the King reduced to the condition of an ex Daimio and assigned a residence at Yedo which he had accepted. I felt called upon to call to the attention of this government the Compact between our government and that of Lew Chew; proclaimed by the President March 9th, 1855.

駐日米国公使デロングの直筆書簡
(1872)

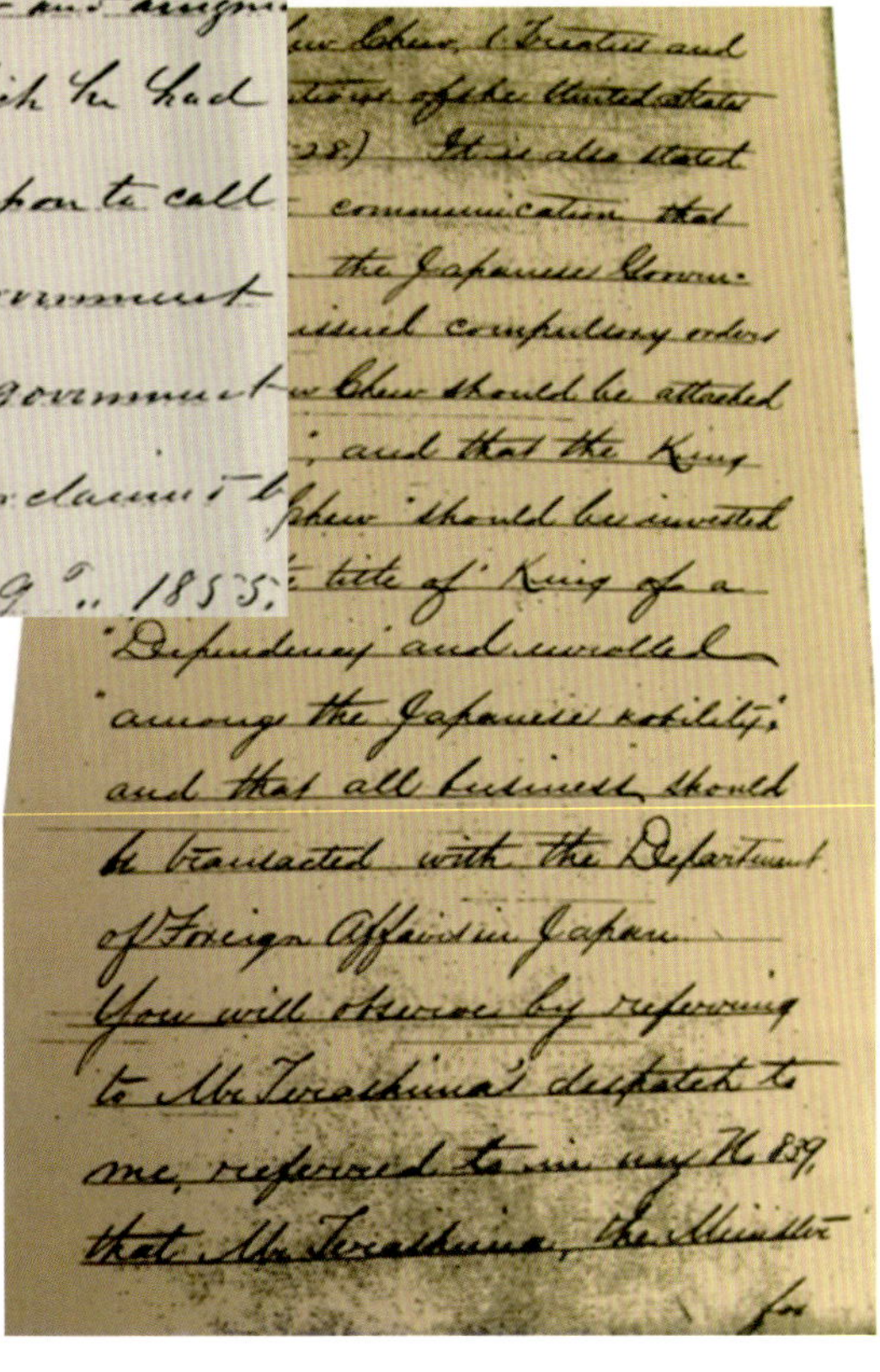
...ew Chew, (Treaties and
...tions of the United States
...28.) It is also stated
... communication that
... the Japanese Govern-
...issued compulsory orders
...w Chew should be attached
...; and that the King
...Chew should be invested
... title of "King of a Dependency" and enrolled "among the Japanese nobility"; and that all business should be transacted with the Department of Foreign Affairs in Japan.
You will observe by referring to Mr Terashima's despatch to me, referred to in my No 839, that Mr Terashima, the Minister for

駐日米国公使ビンガムの直筆書簡
(1878)

アメリカ第18代大統領グラント将軍（1822～1885）。1868～72世界一周旅行に際し、1879年来日。琉球の分割座を提示した。
『グラント将軍世界周航記』（1879）

1853～4年に来琉したペリー提督

フランスカトリックの牧師フォルカード（1816～1855）。1844年4月来琉、2年間滞在した。
『日本キリスト教復活史』（マルナス 1896）

琉球那覇の行政長官
『ペリー提督日本遠征記』より

御免
天保三癸辰年
琉球人行列附
東都 上野廣小路 平野屋助三郎
板元 大木屋平右衛門

「琉人御召舟之図」薩摩藩から出発する琉球使節（1748）（鹿児島市立美術館所蔵）

琉球人行列を描いたおびただしい数の瓦版が出版された。上記は天保3（1832）年のもので木版多色刷である。（個人蔵）

錦絵に描かれた琉球人の路次楽　『琉球人行列』（天保3年・1832）より

浦賀に上陸したペリー提督　『ペリー提督日本遠征記』（1856）

ペリー提督琉球首里を訪問　『ペリー提督日本遠征記』(1856)

琉球に於ける午後の雑談　『ペリー提督日本遠征記』(1856)

明治維新慶賀使一行（前列中央 正使伊江王子・左 副使宜野湾親方・右 喜屋武親雲上・後列左 安田親雲上・右 外務省通弁） 明治5年 『那覇100年の歩み』（那覇市）より

琉球処分官一同 前列中央が松田道之 1879年 熊谷次郎コレクション『資料にみる沖縄の歴史』より

まえがき──本書の課題と構成

第一節　本書の課題

(一)　問題意識

琉球は、一八五四(安政元)年にアメリカ、五五年にフランス、五九年にオランダと修好条約(以下、「三条約」と記す)を締結した。現在、沖縄においてこれらの「三条約」は非常に重要な存在として再評価されている。二〇一五年二月八日には『琉球新報』に、「自己決定権への要求が高まっている沖縄にとって、これら三条約は今後、日米両政府や国際社会に「主権回復」を訴える場合の礎になり得る」と記された。(1) また、同年二月四日付の『琉球新報』に、上村英明恵泉女学園大学教授と阿部浩己神奈川大学教授は「琉球は国際法上の主体であり、日本の一部ではなかった」と指摘し、明治政府による沖縄県設置といった強制的な行動について、当時の慣習国際法が禁止していた「国の代表者への強制」に当たるとして「国際法上不正だ」ということなどを主張している。(2)

琉球を併合する計画の一環として、明治政府はこれらの「三条約」の原本を一八七四(明治七)年に琉球から没収し、現在は日本の外務省外交史料館が保管している。この原本は最近、一四一年ぶりに里帰りし、二〇一五年二月二七日から同年三月二九日まで浦添美術館で企画された「琉球・幕末・明治維新、沖縄特別展」

の中で展示された。

以上からみると、これらの「三条約」の問題はまさしく現在的・未来的なものであり、今後、これらの「三条約」が沖縄の「自己決定権」「主権回復」の要求のために重要な史料、また証拠になるのであれば、これらの「三条約」の歴史をより理解することが重要な仕事であろう。

だが、これらの「三条約」の重要性は現代的なものだけではなく、明治政府はそれらの「三条約」が持っている重要な意義にすでに注目していたのである。沖縄県が設置されてまもなく、清朝側が琉球に対する明治政府の一方的な政策に対して抗議した際、一八七九年七月三日に井上毅は三条太正大臣・岩倉右大臣宛の報告書の中で琉球の主権問題について、「一ノ困難ナル事情アルハ彼藩嘉永六年ニ米国ト安政元年ニ仏国ト同五年ニ蘭国ト条約ヲ結ベル是ナリ(3)」、と記し、明治政府にとって幕末において琉球が米・仏・蘭国と締結した「三条約」が「一ノ困難ナル事情」だと述べている。井上の報告書から判断すると、彼は琉米・琉仏・琉蘭の修好条約が明治政府にとって琉球を併合することに大きな障害になると認識していた。

しかし、このような井上の心配があったにもかかわらず、幕末に琉球が締結したそれらの「三条約」は結果として、明治政府が琉球を併合する障害にならなかった。先行研究では、なぜ、それらの「三条約」が琉球を併合することに当たり明治政府の障害にならなかったかということが解明されていないだけでなく、従来それらの「三条約」は、「琉球処分」に関する研究においてほとんど検討の対象にならなかったのである。筆者からみると、これは今まで「琉球処分」を東アジアのフレームの中においてのみ注目されたからと思われる。だが、琉米・琉仏・琉蘭修好条約を機軸に「琉球処分」を捉えなおすのであれば、それらの「三条約」を琉球に締結することを求めた米・仏・蘭国の存在と役割はきわめて重要なものとなり、従来と異なった角度から明治政府による琉球の併合を検討する必要が出てくる。

明治時代になると、米・仏・蘭国にとってはそれらの「三条約」がどのような意義を持っていたか、そしてそれらの「三条約」に関して米・仏・蘭国がとった態度は琉球への明治政府の進出にどのような影響を与えたか。このような単純な疑問は先行研究の対象にはならなかったが、本書の第一の問題の核心である。

以上を踏まえて、本書では、琉球に対する近世末期（幕末）から近代（明治初期）にかけての日本（徳川幕府と明治政府）外交の変容過程を検討する。その中でも、日本による「琉球処分」というプロセスを従来の琉球・日本・中国間という東アジアのフレームだけではなく、よりグローバルなフレームの中で再考察することを目的としている。このため、琉球の政治的な位置付けを中心に日本外交の変容を検討し、同時に「琉球処分」における西洋列強の役割に着目する。

本書の研究方法として、琉球・薩摩藩・幕府／明治政府のそれぞれの視点を重視しながら、二つのテーマに注目する。一つ目は「琉球使節の江戸参府の延期と停止・解体」であり、二つ目は幕末において琉球が西洋列強と締結した「琉米・琉仏・琉蘭修好条約」である。まず、先行研究の成果をみよう。

（一）　琉球と日本・中国の関係

近世における琉球と日本（薩摩藩・幕府）の関係について次の重要な先行研究がある（本書では、一八七九年に琉球国が沖縄県として日本国に正式に併合されるまで、琉球国を「琉球」という便宜的な用語で称する）。

徳川幕府の外交政策は「鎖国」＝国が閉じていると見做されてきたが、一九七〇年代以降このような解釈が再考察されるようになり、幕府の対外的な政策は「鎖国」としてではなく、「海禁」として位置付けられるようになった。荒野泰典は徳川幕府の外交政策を「四つの口」、すなわち長崎（オランダ・中国）・対馬藩（朝鮮）・薩摩藩（琉球）・松前藩（アイヌ）という、幕府の直轄領（長崎）と三つの大名（宗・島津・松前）の領土を通して展開されていたことを解明した[4]。また、荒野、朝尾直広、田代和生、ロナルド・トビらは、徳川幕府が朝鮮・琉球・オランダと中国の商人・アイヌとの関係を結ぶことで、日本を中心に独自の外交秩序を形成したことを明らかにしている[5]。このような先行研究は、朝鮮の場合と同様に、琉球も日本国内外において徳川幕府の政権の正当性のために重要な役割を果たしたことを解明した。

琉球と日本の関係について、戦前まで琉球に対する薩摩藩の強い支配のみが注目されていたが[6]、一九七二年に沖縄がアメリカの支配から日本に復帰する前後になると、近世における琉球と日本の関係が重視されるようになり、琉球と幕府の関係も研究の対象となった。安良城盛昭は近世における琉球の位置付けを「薩摩藩の『領分』でありながら『異国』」であると位置付けた[7]。また、「異国」であった琉球が幕藩体制に組み込まれたことにも注目した高良倉吉は近世琉球の地位を「幕藩体制の中の異国」と見倣した[8]。紙屋敦之も近世琉球を日本の異国と見倣し、幕藩体制の琉球支配を東アジアの歴史の一環として位置付けた[9]。紙屋と同様に、梅木哲人・上原兼善・真栄平房昭らも琉球と日本の関係を東アジアの中の一環として位置付ける、という問題意識に基づき重要な研究成果を残している。梅木哲人と上原兼善は琉球と薩摩藩の中国貿易について研究し、真栄平は近世東アジアの外交・交易のネットワーク、また琉球を経由した日本への海外情報の伝達などについて研究している[10]。一方で、喜舎場一隆は薩摩藩と琉球の関係のみに注目し、薩摩藩による琉球支配の政策について論じている[11]。

琉球と中国の関係の研究は、東恩納寛惇が薩摩藩による琉球の実質的な支配に比べて中国と琉球の冊封関係は「形式」的なものであり、また冊封は名義のみのことであると主張した（東恩納寛惇「島津氏の対琉球政策」）。この研究はその後の研究者に長期にわたって影響を与えた。一九八〇年代になると、東アジア史の研究が進展するにつれて、琉球と中国の関係についても注目されるようになった。島尻勝太郎は琉球への冊封使が作成した記録を通して琉球と明・清朝との関係を分析し、宮田俊彦は琉球と中国(明・清朝)の交渉・交易について研究した[12]。そして、豊見山和行と真栄平は琉球と中国の冊封関係・儀礼について研究を行った[13]。豊見山は、東恩納寛惇による冊封が「形式」的なものに過ぎないという見解を批判し、近世琉球を「従属的二重朝貢国」と位置付けた。つまり、薩摩藩への琉球の従属度が中国の支配に比べてより強いものであり、近世において琉球が「中国(明清)への朝貢と日本(幕藩制国家)への朝貢という二重朝貢システム」をとっていたということである。豊見山は、一六〇九年以後、琉球が王権を制約されながらも政治主体を保持した存在であったと実証的に解明している[14]。渡辺美季は近世琉球について「中国と日本という二つの大国の「支配秩序」の境界領域」でありながら、中国にも日本にも吸収されていなかったことを指摘している[15]。

近世において中国に対して琉球が日本との本当の関係を隠蔽していたことは非常に重要な政策だと私は考えている。このことに関して、紙屋は、一六四四年の明清交代を契機に、幕府が日本による琉球支配が清朝との対決となることを恐れていたので、琉球・清朝の朝貢関係開始を許可した。その際、琉球と日本の関係を清朝に隠蔽するために薩摩藩が命じた政策として位置付けていた[16]。だが、その後、紙屋は、薩摩藩ではなく、琉球が清朝に対して自分で開始した政策として見做すようになった[17]。また、渡辺は琉球側の視点から分析を行い、琉球は「日琉関係の隠蔽政策」を清朝に対してのみならず薩摩藩に対しても行ったので、琉球はこれを「清日の関与できない空間」として利用したことを明らかにした[18]。本書では、右の先行研究を踏まえた上で、琉球・薩摩藩・幕府のそれぞれの視点から幕末の「日琉関係の隠蔽政策」について考察する。

(三) 琉球使節の江戸参府

本書の主なテーマの一つは、琉球使節の江戸参府(江戸立・江戸上り)である。琉球使節には二つの種類があり、謝恩使は琉球国王の即位の際、そして慶賀使は徳川将軍の代替わりの際に派遣されたのである。琉球使節に関しては、次の先行研究が挙げられる。

宮城栄昌は全体的に使節の構成・目的・行程・儀礼などの詳細を明らかにした。[19] 横山學は、使節が派遣された際の日本側の琉球認識と出版文化を検討した。[20] 紙屋敦之は政治・外交史の視点から琉球使節を考察し、琉球使節を「幕・薩・琉三者の権力関係」の中で位置付けている。[21] 本書の琉球使節に関する検討アプローチは紙屋の琉球使節の研究成果に大きく依拠している。

梅木哲人は一七一四年の琉球使節をめぐる書翰問題を検討した。[22] 豊見山和行も書翰問題について分析し、徳川将軍の対外的な称号であった「日本国大君」は、朝鮮との国書交換だけではなく、一六四五年から一七一四年に至るまで琉球国王と老中のやりとりにおいても使用されていたことを明らかにした。[23] 真栄平房昭は琉球使者の東照宮参詣を検討し、そして近世琉球の「旅役知行制」に着目することで、琉球のためにも江戸への琉球使節派遣が重要な儀礼だったことを証明した。[24] そして、紙屋・横山・真栄平・飯沼雅行・玉井建也らは日本国内的な問題の視点から、琉球使者が江戸に向かって日本の海路と陸上を通行する時に、日本側が琉球使節を接待・対応したことなどについて分析している。[25]

近年、琉球使節の用語に関して、真栄平は「琉球側では従属的な上下関係を含意する「江戸上り」ではなく、むしろ対等の意識をあらわす「江戸立」という表現を多く用いた」[26]と指摘し、また、豊見山は「琉球側で公的に使用された「江戸立」という用語を捉え直すことによって、琉球使節あるいは琉球の対幕府外交を柔軟に再考する」[27]ことなどを述べている。以上の先行研究を尊重し、本書では、琉球使節・琉球使者・江戸参府・(琉球の視点から)江戸立という表現を使用することにしたい。また、琉球当局について「琉球王府」「首里王府」といった用語を使用する。

本書の一つの重要な課題は幕末における琉球使節の延期と停止・解体である。先行研究では、幕末における薩摩藩の政策について佐々木克が詳細な研究をしているが、[28]近世末から近代にかけてというより長いタイムフレームにおいて、琉球使節という視点から琉球・薩摩藩・幕府(その後明治政府)関係の研究が少ない。これにより、本書は先行研究が残した研究の空白を埋めるという意義も有している。

徳川時代、琉球使節は一八回派遣されたが、最後の使節は一八五〇(嘉永三)年に派遣された琉球国王尚泰のための謝恩使であった。その後、第一三代将軍徳川家定、第一四代将軍家茂の将軍襲職の際にも慶賀使が計画されていたが、幕府は三回にわたって琉球使節の派遣延期を命じた。琉球使節の解体に関する最も優れた先行研究は紙屋の研究成果である。紙屋は、一八六〇(万延元)年になると、薩摩藩(藩主島津茂久・父久光)がとった政策に注目し、琉球使節の行列に薩摩の尊皇派志士が紛れ込む恐れがあったので、このような懸念を避ける方便として薩摩藩が幕府に使節の延期を要求し、それが認められた。このような動きによって琉球使節が停止されたことになったと述べている。[29]筆者は琉球使節の停止の意味を完全に理解するためには、その後の出来事についても研究する必要があると考えている。

本書では、一八六〇年以降においても琉球・薩摩藩・幕府のそれぞれの視点から琉球使節の停止の理由を再考察する。最も重要なのは、本書では、これらの琉球使節の延期と停止・解体を琉球・薩摩藩・幕府の枠組みだけではなく、アヘン戦争後に西洋列強が東アジアに進出する動きの中で、その背後に内在している琉球の政治的な位置付けの問題に着目することで、より国際的な出来事として捉えてみる。また、琉球使節というレンズを通してみることで、明治政府による琉球の併合は、一八四〇年代に西洋列強が日本を開国させるために、幕府に対して琉球の開港を要求したことから始まった一連の過程の結果であったことに注目する。

（四）幕末の対外関係

アヘン戦争後、西洋列強の艦船が琉球にしばしば到来し、琉球王府に開国の要求をするに至った。一八四四（弘化元）から四六年にかけて、特にフランス・イギリスが琉球に圧力をかけ、琉球の開国（条約を締結すること）を要求するとともに、琉球に宣教師を滞在させた。このような出来事は「外艦渡来事件」といわれている。「外艦渡来事件」における琉球・薩摩藩・幕府・清朝・西洋列強側の対応について、西里喜行・上原兼善・島尻克美・生田澄江・岡部敏和は重要な研究成果を残している。[30]

本書の中心的な課題の一つが、幕末に琉球が結んだ「三条約」であることは前に述べた通りであり、また、同じ時期において幕府が西洋列強と締結した条約（和親条約と修好通商条約）も大事な課題である。大熊良一は、「琉米・琉仏・琉蘭修好条約」の事実関係に触れ、横山伊徳は、琉仏修好条約締結に関するフランス側の目的、そして琉蘭修好条約締結の背景に薩摩藩とオランダが貿易を開始する狙いがあったということなどについて述べている。特に、横山は、幕府が琉蘭修好条約締結に関与せず、琉球支配に対して消極的な姿勢をとったと指摘している。豊見山和行は、琉米・琉仏修好条約が当時の琉球にどのような影響を与えたか、そしてそれらの条約締結について薩摩藩がどのように関与していたかを説明し、修好条約締結前後の琉球王府と薩摩藩の交渉について述べている。そして、琉球がアメリカと条約を締結したことについて、幕府にとって特に支障はなかったと指摘している。[31] ここでは、以上の先行研究に基づき、当時における幕府の国際法の解釈に着目し、なぜ琉球が結んだ「琉米・琉仏・琉蘭修好条約」が幕府にとって重要な問題にならなかったかということを明らかにする。この点は、明治初期において明治政府がこれらの「三条約」に対してとった政策を理解するために重要な大前提である。

一八五四（安政元）年三月三日に、幕府がアメリカと和親条約を締結することで、鎖国（海禁）政策が完全に解体されたわけではなかったが、「通信」「通商」の関係だけの時代から、「通信」「通商」と「和親」の関係の時代に入った。[32] 加藤祐三は、日米和親条約が日本が最初に締結した条約ということだけではなく、「世界最初の交渉条約」であり、その後の日本国の近代化に関してきわめて重要な出来事として位置付けている。[33]

西洋列強の東アジア進出につれて、特に米国が徳川幕府に日本の開国を要求する時期になると、幕府にとって琉球との関係が重要な問題になった。これに関して、真栄平房昭・西里・横山は、老中阿部正弘がペリーの再来日（一八五四年）に備えて、琉球と日本との関係についてアメリカ側に対する「想定問答集」を作成したと述べている。[34] このような先行研究の解釈にはそれぞれ説得力があるが、ほとんど日本側の史料のみに基づいている。そのため、以上の研究成果を尊重しつつも、ペリーと幕府の交渉に関する日本側の史料とアメリカ側の史料を合わせて検討した上で、従来と異なる歴史の流れがみえてくることに注目したい。そして、筆者が描く新しい歴史の流れに基づき、明治初期に至るまで琉球に対する日本側（幕府・明治政府）の認識において重要な連続性が内在していることを明らかにする。すなわち、ペリーとの交渉において琉球に対する幕府がとった姿勢をより長いタイムフレームに位置付けることで、幕府は琉球を放棄する意図がなかったのみならず、ペリーとの交渉以降、対外的に幕府による琉球の位置付けに重要な変更がみられることについて論じたい。

一八五八（安政五）年の安政五ヵ国条約（日米修好通商条約など）締結の意義について、藤田悟は修好通商条約を結ぶことが鎖国（祖法）の法を変える（＝改める、廃止する）ことになると説明している。[35] 紙屋敦之は、一八五八年の安政五ヵ国条約が施行されたことにより、一八五九年から西洋の公使が江戸に駐在し始めたので、琉球使節が江戸に行く場合、西洋人を通じて清朝に「日琉関係の隠蔽政策」が露見する懸念があったと指摘している。[36] また、西里は、琉球側が、一八五九年以降、琉球使節派遣の実現により琉球と清朝の朝貢関係に障害が生じることを恐れていたので、使節の停止を望んでいたことを述べている。[37] 紙屋と西里の優れた先行研究を踏まえて、前述の如く、本書では琉球使節の延期と停止・解体の理由を探るのみならず、その延期と停止・解体をより国際的な枠組みの中で捉える。

一八六二（文久二）年九月に、イギリス政府の照会に対して幕府は、琉球が清朝にも日本（薩摩藩・幕府）にも従っていることを明らかにした。本書の課題に関して、このイギリス政府への幕府の正式な返書はきわめて大事な史料であり、この史料について岩崎奈緒子・西里・真栄平・横山らの重要な先行研究がある。[38] 後でそれぞれの見解を詳しく述べるが、筆者は以上の先行研究ではあまり注目されてこなかった幕府の正式な返書の「別紙」に注目し、その内容を一八五四年の阿部正弘の「想定問答集」と一八七二（明治五）年の琉球の政治的な位置付けをめぐる明治政府内部の議論に関連付けることで、琉球に対する明治政府の認識を幕末から追跡する必要があることに留意する。

（五）「琉球処分」

「琉球処分」について、「沖縄学の父」と呼ばれている伊波普猷が述べた「琉球処分は一種の奴隷解放也」[39]という見解は、一九六〇年代に至るまで「沖縄学」に強い影響を与えたとされている。[40] その後、「琉球処分」が政治・経済・民族の様々な側面から検討されるようになり、数多くの研究が行われた。その先駆的な研究の一つは金城正篤の『琉球処分論』である。[41] 「琉球処分」の位置付けについて、安良城盛昭は明治政府による琉球併合を「版籍奉還なき廃藩置県」として位置付けている。[42] 西里喜行は「琉球処分」を「廃琉置県」として見做している。[43] 後田多敦は「琉球処分」を日本の廃藩置県の中で位置付ける必要はなく、「琉球処分」が琉球国の国権接収であると述べている。[44]

最近、「琉球処分」という用語について波平恒男は、「琉球処分」を歴史の当事者（明治政府）が用いた語であるので、それを「琉球併合」と言い換えている。その理由とは、「処分」「併合」の対象となった側（琉球）の視点も取り入れる必要があり、「琉球併合」を使用することでより客観的・適切な歴史がみえてくることなどを指摘している(45)。本書では「琉球処分」を主に明治政府と西洋列強の視点から考察しており、カッコ付けの「琉球処分」・琉球併合といった用語を便宜的に使用する。

本書の課題に関して、「琉球処分」の時代区分はきわめて重要なものである。一八八〇（明治一三）年の「分島問題」に注目した金城は「琉球処分」を、「琉球藩」が設置された一八七二年がその始まりとして、一八七九年の「廃藩置県」を経て、一八八〇年に発生した「分島問題」とその挫折を終焉として位置付けている。西里は東アジアの国際秩序の再編過程の中において日清関係の領土問題、すなわち琉球の所属問題に注目しながら、「琉球処分」の始期をアヘン戦争、その終期を日清戦争に位置付けている(46)。

「琉球処分」に関する先行研究は、大半が一八七二年に遡る日本による琉球併合の過程にのみ注目し、幕末における琉球に対する幕府の外交政策についてはほとんど注目してこなかった(47)。本書では、西里の見解を踏まえて、「琉球処分」を幕末、いわゆる「琉球処分」の前提が具体化し始めた時期から検討する。そうすることで、近世から近代への過渡期を分岐点としてのみならず、重要な連続性にも注目したい。「琉球処分」を完全に理解するため、東アジアの伝統的な国際秩序の再編時期の最中、幕末における琉球・薩摩藩・幕府の関係性に生じた変容から検討することが重要だと考えている。

そして、前にも述べたように、これまでの先行研究では、「琉球処分」が琉球・日本・中国の三者間の問題として主に位置付けられていたという特徴がある。その代表的な研究として西里の優れた研究成果が挙げられる(48)。波平は当時の「朝鮮の問題」についても考えに入れることが必要であると述べている(49)。以上の先行研究の成果から判断すると、近世末期から近代にかけて東アジアはすでによりグローバルな社会となっていたが、琉球併合というプロセスについて、西洋列強の動きと関与はほとんど研究の対象とならなかったのである。

前述したように、琉球は一八五〇年代にアメリカ・フランス・オランダと修好条約を締結した。一八五五年三月九日に琉米修好条約は米国政府により批准され、同日大統領により公布されており、アメリカ側の条約の原本は現在、米国立公文書館に保管されている。(50) アメリカと異なり、オランダは一八六二年に琉球側と仮の批准交換を行ったものの、琉球が薩摩藩の支配下にあることを理由として一八六七年にオランダ政府の外務省は正式に琉蘭修好条約を批准しないことを決定した。フランスも一八六二年まで琉仏修好条約の履行を重視していたが、その後オランダと同様の理由で批准をしないことに決めた。(51) 条約の批准は「国家として条約を締結する最終的な意思表示(52)」であるので非常に重要なものであるが、「条約の成立に批准は必要ではない」という解釈もあり、西洋列強各国の中でも批准が行われなかったり、また延期されたりした場合も少なくない。(53)

アメリカ・フランス・オランダの使節は琉球と修好条約を締結した際、三国とも琉球王府にある程度の外交権を認めていたが、条約の批准に当たり、アメリカ政府とオランダ・フランス政府には大きな差異がみられる。この点について本書では、「琉球処分」の過程について特に一八七二年九月の出来事(＝琉球国王が明治天皇により「藩王」に任命されたこと)と一八七八年の東京滞在琉球人による各国公使への援助要求の活動に注目する。一八七二年九月に東京に琉球の維新慶賀使が到着した際には、前月に駐日オランダ公使はすでに帰国しており、東京にはいなかった。また、一八七八年になると、オランダの外交権はすでにイギリスにより代行されていたので、今回調べた史料に限ると、オランダ側は琉球の所属問題に直接な関わりはなかったようである。また、フランスは琉仏修好条約を批准しなかったし、一八七二年の時点ではフランス側は当条約の存在について言及していなかった。しかし、琉仏修好条約を批准していなくても、ここではフランスが琉球の所属問題についてただの傍観者だったわけではないと解釈する。琉球と締結した条約を批准しなかったフランスが、琉球の所属問題について琉球側の立場をとる必要はなかったのは当然であるが、明治政府や琉球及び清朝は、琉仏修好条約が批准されていないことに注目しなかったので、三国に琉仏修好条約の存在そのものが重要視され、琉球問題についてフランスがとった姿勢は日本にも琉球にも重要な影響を与えたのである。また、後で論じるように、一八七八年に琉球人がフランス側の援助を要求した際、駐日仏国代理公使シェフロワは、フランスが琉仏修好条約を批准していないからという理由ではなく、フランスに利益がないので琉球と清朝の味方にならないのが得策なのだと主張している。このように、フランスは琉球の所属問題について関わりがあり、琉球側の援助要求を無視することをあえて「選択」した関係者であったと認識することができる。

さらに、幕末に琉球と条約を締結していなかったものの、一八七三年に日本側が琉球を併合したことを知らせたことに対して、イタリアとドイツは、明治政府に琉米修好条約などと同様の特権を要求している。このように、少なくともアメリカ・フランス・オランダを代行していたイギリス・イタリア・ドイツは「琉球処分」に関わりがあったことが窺えるだろう。

以上を踏まえて本書では、「琉球処分」を、これまでの東アジアの枠組みの中だけではなく、近世末から近代にかけてより広いフレームにおいて、西洋列強の意図・動向・干渉などを視野に入れて検討を行う。このため、日本側の史料と西洋列強（主に、米・仏・英国）の史料を合わせて研究を行う。米・仏・英国の外交史料を主に横浜開港資料館で調査を行った。また、米国の国際関係（Foreign Relations of the United States、以下、FRUS）について、ウィスコンシン大学の Digital Collection Center の許可を得て、http://digital.library.wisc.edu/1711.

dl/FRUSというサイトで史料を参照した（本書では、西洋列強について、「アメリカ」「米国」「フランス」「仏国」などといった便宜的な用語を使用する）。

この研究の最も重要な目的は、従来ほとんど注目されてこなかった琉球の主権問題について西洋列強が国際法に基づきながらも帝国主義的な立場において自らの利益を考慮し、日本による琉球併合に、結果として、重要な役割を果たしたことを明らかにすることである。これについて、重要なことを明記したい。筆者はあくまでも東アジアの国々において西洋列強の衝撃をことさらに強調する目的はないのだが、従来よりも西洋列強の役割を詳しく検討しないと、なぜ幕末において琉球が独立国として締結した「三条約」が日本による琉球併合を阻止する壁にならなかったのかということを、完全に理解することはできないと考えている。例えば、アメリカの場合は、琉米修好条約を批准していたからこそ、「琉球処分」の問題性を指摘することができたはずである。また、フランスの場合、琉仏修好条約を批准していなかったため、琉球の独立性を重要視していなかったとみることもできるかもしれない。だが、「三条約」の存在を心配していた明治政府にとって、フランスが琉球の所属問題に対してとった姿勢を見逃してはいけない。小さい王国は大国と条約を締結することだけで、永久に自らの独立性が保証されるものではない。ここでは特に、アメリカとフランス政府が、琉球が条約を締結したことを理由に援助を求めたにもかかわらず、日本との関係を維持するために、明治政府がとった琉球併合政策を黙認することを「選択」した「結果」に注目したい。

「琉球処分」は、琉球（沖縄）・日本間の歴史の中心的な出来事である。「琉球処分」というプロセスは終止符が打たれることはなく、今も続いている。沖縄戦、近頃の日本と諸隣国の国境問題などは、「琉球処分」の負の遺産である。西里が述べているように「琉球処分自体を容認しない立場に立てば、国境画定の問題は未解決で、いつでも再燃しうる問題であることに留意すべきであろう(54)」。本書では誤解がないように、次のことも明確にしたい。筆者は、近世における琉球を、清朝にも日本（薩摩藩・幕府）にも従いながらも、中国と日本の一部ではなく、西洋列強と条約を締結する外交権を有している王国として位置付けている。

「琉球処分」は「未完の問題」[55]であり、「琉球処分」を完全に理解するにはまだ先が遠いし、この理解は、日本と東アジアの隣国との現在の論争を解決するために、欠くことのできない重要な大前提である。一つの解決策として、日本の外交を、そして東アジアの外交をより広い視点で新しいアプローチにより研究することが必要であろう。本書では、清朝・西洋列強の動きを念頭においてグローバルな視点から琉球に対する日本の外交政策のプロセスにおける変化を検討することで、「琉球処分」を世界史の一つの重要な出来事として再検討する。

第二節　本書の構成

以上の研究状況を念頭において、本書では、「琉球処分」を一八四〇年代から一八七〇年代までの期間を中心として、「琉球使節の江戸参府の延期と停止・解体」と琉球の「琉米・琉仏・琉蘭修好条約」といった二つのテーマを三部に分けて検討する。

第一部　西洋列強に対する琉球・薩摩藩・幕府の対応――「条約締結」を中心に

第一部では、琉球と幕府が西洋列強と締結した条約について論じる。第一章では、本書の課題の大前提として、琉球使節の江戸参府を中心に、近世初期から幕末に至るまで、中国の朝貢体制が背景にある中で、琉球・薩摩藩・幕府関係の変遷を説明する。第二章では、幕末において米・仏・蘭国と「修好条約」が締結された際の琉球王府の対応について詳しく分析する。第三章では、西洋列強と日本との交渉において幕府が琉球をどのように位置付けたかについて論じる。特に、日米和親条約交渉中にアメリカ側が提起した琉球の開港要求は、琉球に対する幕府の認識・関心・対応についてのターニングポイントとなったことを明らかにする。

第二部　「琉球使節の解体」からみる幕末期日本外交の変容——近世から近代へ

第二部では琉球使節の江戸参府の延期と停止・解体について論究する。第一章では、薩摩藩家老新納久仰の日記からみる一八五八（安政五）年の琉球使節延期の理由について分析する。そして、幕末期の琉球使節に対する琉球側の認識についても論じる。第二章では、一八六〇（万延元）年の琉球使節の延期に対する薩摩藩の戦略について論究し、その中でも特に、桜田門外の変後の薩摩藩による藩主島津茂久の参勤交代の猶予と琉球使節派遣延期の要求に内在している関係に注目する。第三章では、幕末の琉球使節に対する幕府の認識を解明する。第二部全体を通して分析すると、琉球使節の延期と停止・解体は、一見したところ幕末における小さいイベントだと思われるかもしれない。しかし、その延期と停止・解体の背景にあった史実を詳しく探ることによって、これまでと違う歴史がみえてくる。琉球使節の停止の経緯を追うことで琉球を中心に位置付けて日本の外交を考え、幕末において幕府・薩摩藩・琉球・清朝・西洋列強の関係が相互関連していたことを明らかにする。

第三部　西洋列強の視点からみた「琉球処分」

第三部では「琉米・琉仏・琉蘭修好条約」の視点から「琉球処分」について考察する。本書では近世から近代にかけてのタイムフレームを設定したことに関して、第一部と第二部で分析した課題を踏まえて、「琉球処分」について考察する。第一章では、明治天皇による琉球国王尚泰の琉球「藩王」任命を背景に行われた、副島種臣外務卿と駐日米・仏公使の交渉について論究する。その中で、特に琉米修好条約をめぐるアメリカ政府と明治政府の間になされた非公式な了解とその長期にわたる影響に注目する。第二章では、一八七八(明治一一)年に東京で琉球人の三司官が駐日米・仏・英国公使に提出した請願書の内容について述べる。また、琉球の請願書に対してアメリカ・フランス政府がとった最終的な政策を解明することで、日本による琉球への進出における米・仏国の役割に注目する。最後に、「琉米・琉仏・琉蘭修好条約」の視点から前米大統領グラント調停の歴史的な意義について考察する。

終章　世界史からみた「琉球処分」

最後に、近世から近代にかけて西洋列強の意図・動向・干渉などを視野に入れることで、「琉球処分」の研究に新しい視座を提示したい。

世界史からみた「琉球処分」／目次

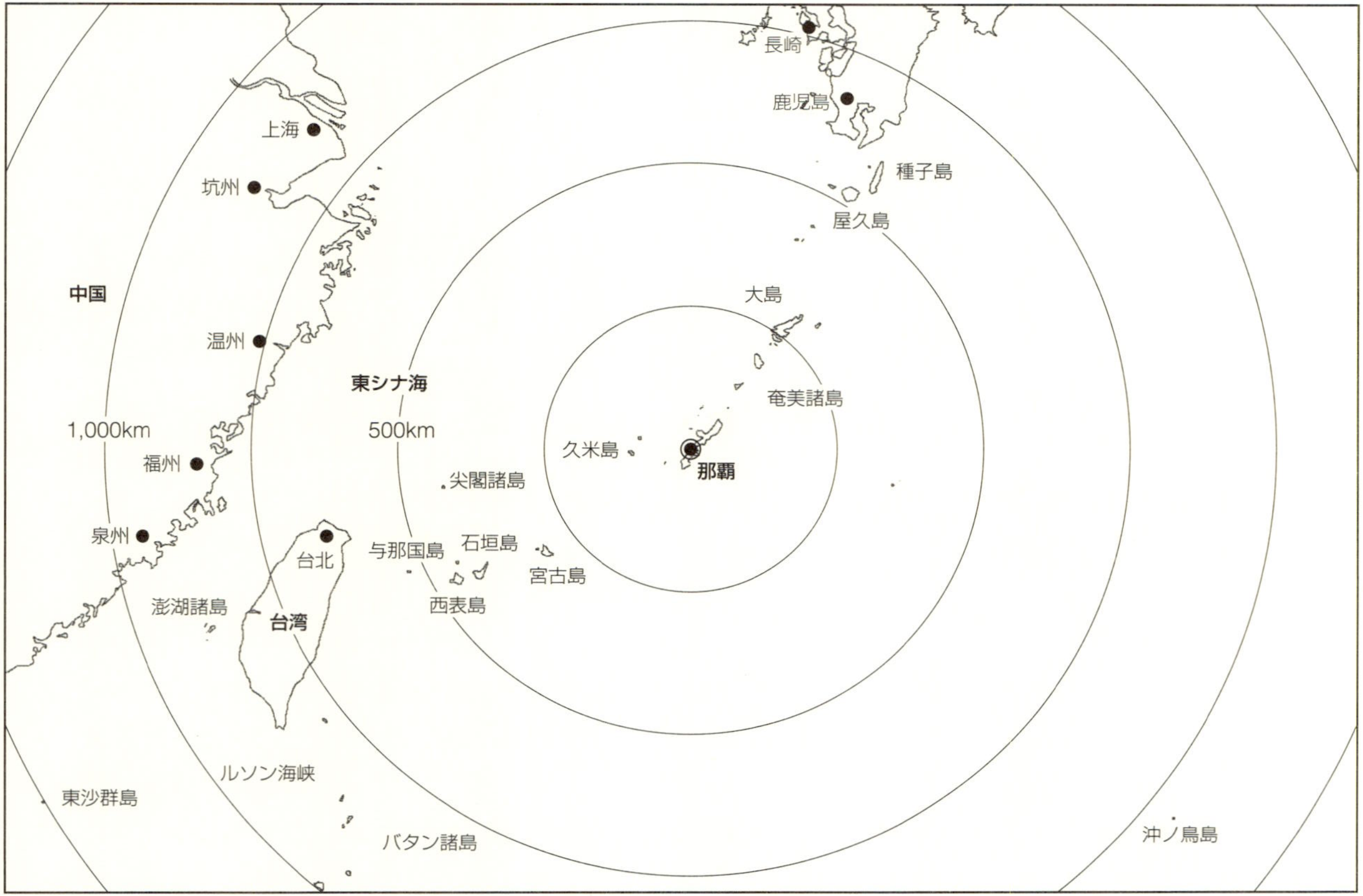

中国
上海
杭州
温州
福州
泉州
1,000km
東シナ海
500km
長崎
鹿児島
種子島
屋久島
大島
奄美諸島
久米島
那覇
尖閣諸島
台北
台湾
与那国島
石垣島
宮古島
西表島
澎湖諸島
ルソン海峡
東沙群島
バタン諸島
沖ノ鳥島

第一部

西洋列強に対する琉球・薩摩藩・幕府の対応——「条約締結」を中心に

江戸立ち一覧（『図説琉球王国』より）

回数	年次	琉球国王	名目（襲職・襲封者）	正使	副使	員数
1	1634（寛永11）	尚豊	謝恩（尚豊王）	伊敷王子朝益		
2	1644（正保元）	尚賢	謝恩（尚賢王）	国頭正則		70
3	1649（慶安2）	尚質	謝恩（尚質王）	具志川朝盈		63
4	1653（承応2）	尚質	慶賀（将軍家綱）	国頭正則		71
5	1671（寛文11）	尚貞	謝恩（尚貞王）	金武朝興	越来朝誠	74
6	1682（天和2）	尚貞	慶賀（将軍綱吉）	名護朝元	恩納安治	94
7	1710（宝永7）	尚益	慶賀（将軍家宣）	美里朝禎	与座安好	168
			謝恩（尚益王）	豊見城朝匡	富盛盛富	
8	1714（正徳4）	尚敬	慶賀（将軍家継）	与那城朝直	知念朝上	170
			謝恩（尚敬王）	金武朝祐	勝連盛祐	
9	1718（享保3）	尚敬	慶賀（将軍吉宗）	越来朝慶	西平朝叙	94
10	1748（寛延元）	尚敬	慶賀（将軍家重）	具志川朝利	与那原良暢	98
11	1752（宝暦2）	尚穆	謝恩（尚穆王）	今帰仁朝義	小波蔵安蔵	94
12	1764（明和元）	尚穆	慶賀（将軍家治）	読谷山朝恒	湧川朝喬	96
13	1790（寛政2）	尚穆	慶賀（将軍家斉）	宜野湾朝祥	幸地良篤	96
14	1796（寛政8）	尚温	謝恩（尚温王）	大宜見朝規	安村良頭	97
15	1806（文化3）	尚灝	謝恩（尚灝王）	読谷山朝英	小禄良和	97
16	1832（天保3）	尚育	謝恩（尚育王）	豊見城朝春	沢岻安慶	98
17	1842（天保13）	尚育	慶賀（将軍家慶）	浦添朝熹	座喜味盛普	99
18	1850（嘉永3）	尚泰	謝恩（尚泰王）	玉川朝達	野村朝宜	99
19	1872（明治5）	尚泰	祝賀（明治天皇）	伊江朝直	宜野湾朝保	37

第一章　琉球使節をめぐる琉球・薩摩藩・幕府の関係

はじめに

本書の主なタイムフレームは近世末期（幕末）から近代への過渡期であるが、第一部第一章ではそれ以前、つまり近世初期から一九世紀前半に至るまでの琉球・薩摩藩・幕府の関係について説明する。また、本書の一つの中心的な課題は琉球使節の江戸参府の延期と停止・解体であるので、本章では政治的な視点から、徳川時代を通して琉球から江戸幕府に派遣された使節を中心に琉球・薩摩藩・幕府の関係を分析する。第二部で検討を行う幕末における西洋列強の東アジア進出と、それに伴う国際関係の変化を完全に理解するために、本章の課題は重要な大前提であり、主に先行研究に基づいて右の課題を論じていく。

第一節　幕府の外交政策と琉球使節

一　日本独自の対外秩序の成立

豊臣秀吉の朝鮮侵略（一五九二〜一五九八年）によって発生した中日関係の断絶に対して、秀吉が亡くなってまもない一五九八（慶長三）年、徳川家康は明朝との講和を求める政策をとった。一六〇三年に徳川幕府を開いた家康は明朝との関係を回復するために、特に明朝の朝貢国であった朝鮮と琉球に注目していた。すなわち、一六〇九年に家康は薩摩藩に琉球の侵攻を許すことで、日本・明朝交渉に当たり、琉球が媒介の役割をすることを望んでいたのである。それ故、幕府は琉球と明朝の朝貢関係が続くことを重視し、薩摩藩主島津家久の捕虜となった琉球国王尚寧の帰国を許した。だが、尚寧は幕府側が期待していた通り努力をしなかったために、一六一五（元和元）年の時点で、幕府が明朝との国交回復を求めた政策は失敗に終わった(56)。また、一六二九（寛永六）年、幕府は、朝鮮を通じて、中国との関係回復の最後の試みを行った。幕府の命令により対馬藩は、中国との勘合貿易復活の交渉を企図するために朝鮮に使節を派遣した。しかし、朝鮮は日本側の要求を真剣に受けとめることなく、この試みも失敗に終った(57)。

その後、幕府は、日本が中心であるという視点から東アジアの世界を捉えなおすようになった。一六三一（寛永八）年、幕府は朱印状を海外に持ち出すことを禁じ、代わりに老中の奉書を携行させることで、朱印船制度を奉書船制度に改めた。朱印船が国際紛争に巻き込まれると、朱印状を交付した徳川将軍の威信にも関わりがあることを恐れていたからである。これにつづいて、一六三三（寛永一〇）年、奉書船制度に含まれていない船の海外渡航を禁止した。その後、幕府は一六三五（寛永一二）年には、すべての日本船の海外渡航を禁止し、中国船の入港を長崎港のみに限定した(58)。

同年、幕府は、対馬の柳川家の暴露により、徳川将軍と朝鮮国王の国書が対馬宗家により代々(一六〇七、一六一七、一六二四年)偽造されていたことを知り、柳川調興と以酊庵の庵主であった規伯玄方を流刑に処した上で、改めて宗家に朝鮮との独占的な関係を認めた。いわゆる柳川一件である。この時、幕府は、将軍の対外的称号を「日本国大君」と定めた(59)。

まず、「将軍」の称号は、中国では中下の官を意味したので、諸外国に対して用いるにはふさわしくないと考えられた。そして「日本国王」も、「国王」は中国の朝貢国の王に使われていたので、不適切とされた。一方、「大君」の称号は、国王と同等と考えられ、対外的に徳川将軍を示す理想的な称号であると幕府は考えた。幕府は、この新しい称号を通じて、中国の伝統的な冊封・朝貢制度から離れ、日本独自の対外秩序(日本型華夷秩序)を形成した(60)。

当時幕府は、外様大名であった薩摩藩主の島津氏と対馬藩主の宗氏を通じて、琉球と朝鮮に対する外交関係を結び、一方、中国及びオランダとは、国交を結ぶことなく、長崎・出島という幕府の直轄地において貿易のみの関係を結んだ(後で論じるように、幕府は、このような琉球・朝鮮との外交関係、そして中国・オランダとの貿易関係の区別を幕末になると明らかにする)。幕府の新しい対外的秩序の中で、朝鮮は唯一、日本と対等な関係を持つ国となった。

徳川幕府によって形成された、日本独自の対外秩序の頂点には徳川将軍があり、その中で朝鮮使節(通信使)と琉球使節(江戸上り、江戸立)は、この対外秩序の維持・形成と密接なつながりを持つものとして歓待された。これらの使節の参府は、東アジアの幕藩体制国家の国際的な正当性と徳川将軍のご威光を国内外に高める手段として位置付けられていたのである(61)。

朝鮮使節は、朝鮮と公式な関係を結びたいという家康の強い意志で始まり、初めの三回の派遣(一六〇七、一六一七、一六二四年)は、秀吉により朝鮮侵略の時に捕虜とされた朝鮮人の送還と、朝鮮国王による徳川将軍の国書への返答という二つの目的があったので「回答兼刷還使」と呼ばれている。前述したように、この国書の背景には、柳川一件を起因した対馬の宗家と柳川家による国書の偽造があったのである。この最初の三回の朝鮮使節は、秀吉の朝鮮侵略の後、朝鮮と日本との関係を安定させるために派遣された。

一六三六(寛永一三)年以降、朝鮮使節は通信使と呼ばれ、徳川幕府と李王朝の間に親しい関係を築く役割を担った。朝鮮と幕府は対等な関係にあり、朝鮮国王と徳川将軍がお互いにやりとりした国書の内容をみると、朝鮮国王と徳川将軍との関係が平等であったことが理解できる。幕府は朝鮮への外交文書において日本年号を記すことで、日本が中国の朝貢国ではないと主張した。通信使は朝鮮国王から日本の「大君」への国書を江戸まで持っていったのである。(62)

一方琉球は、一三七二年に察度王がはじめて明に朝貢をしてから中国の朝貢国となったが、一六〇九(慶長一四)年の薩摩藩の琉球侵攻を契機に幕藩体制の支配を受けるようになった。これは、幕府が琉球使節を朝鮮通信使より低く位置付けたことにも反映されたと思われる。朝鮮との場合と異なり、琉球は将軍の代替わりを祝う慶賀使だけではなく、琉球国王の即位を認めた徳川将軍へ謝恩をあらわす使節も派遣した。このような琉球使節(慶賀使・謝恩使)は、一六三四(寛永一一)年から一八五〇(嘉永三)年まで、一八回派遣された。

朝鮮の場合は朝鮮国王が将軍と国書を取り交わしていたが、琉球国王(中山王)が老中との間でやりとりしていた手紙は書簡と呼ばれた。幕府は、琉球国王が老中と対等な関係であると考えていたのである。しかし、幕府は(一六四五年から一七一四年に至るまで)朝鮮にも琉球にも「日本国大君」の称号を使用しており、この期間は朝鮮と琉球を同様に扱っていたといえる。(63)

幕府は、一六三六(寛永一三)年、一六四三(寛永二〇)年、一六五五(明暦元)年に、日光東照宮への参詣を要求し、朝鮮側の承認によってそれに成功した。さらに幕府は、一六四四(正保元)年、一六四九(慶安二)年と一六五三(承応二)年の琉球使節にも日光東照宮への参詣を行わせた。幕府は朝鮮通信使と琉球使節を日光東照宮に参詣させることにより、徳川幕府を開いた家康のご威光が、すでに東アジアの国々まで及んでいることを示したかったのである。またこれは、国内にも徳川幕府の権威を示すのにとても有効であった(64)。特に、家光の将軍在職期間中(一六二三〜一六五一年)、朝鮮使節は三回、また琉球使節も三回歓迎されたので、第三代将軍の政策にとってこのような外交使節は徳川政権を正当化・強化するため非常に重要な儀礼として位置付けられたことが窺える。その後、幕府は、朝鮮と対等関係にあると認識していたので、東照宮への参詣はなくし、一六七一(寛文一一)年以降、琉球使節に対してのみ、上野東照宮への参詣を行わせたのである(65)。

幕府は、自らの外交政策を展開する一方で、同時期に、日本への出入国を厳しく規制し続けた。一六三九年にポルトガル船の来航を禁止し、一六四一年にオランダ商館を長崎の出島でのみ受け入れると規制した。これにより幕府にとって、これまでポルトガル船が日本に搬入していた中国の品物をどのように日本に輸入すべきかが問題となった。そこで幕府は改めて、対馬と朝鮮との関係、そして薩摩と琉球との関係を通じて、中国の品物を輸入することを考えた(66)。幕府のこれらの相次ぐ政策(鎖国・海禁政策)は、日本にキリスト教が入らないようにすること、そして、中国船とオランダ船との貿易を直に統制することが狙いであった。

これらが、琉球使節が始まったころの日本の国内外の背景である。徳川幕府が一六三〇〜四〇年代に、日本独自の外交政策を展開する中で、朝鮮通信使と琉球使節は徳川政権を国内外に正当化するための手段と位置付けられた。しかし、幕府は、朝鮮通信使と比較すると、特に一八世紀初期に至るまで琉球使節の役割に対してはそれほど重要視していなかったのである。

次に、一八世紀初期以降、琉球使節に対する幕府側の新しい認識をみよう。

二 「第一日本之御威光」の琉球使節の新しい意義

明清交代後の一六四九(慶安二)年、幕府は薩摩藩に、清の順治帝より琉球に使者が派遣されたことに対して「琉球ハ異国と乍申、大隈守殿下知之儀ニ候時は、日本同前ニ被思召上候、就夫、琉球国へ悪キ事出来候ハバ、日本の瑕ニ罷成候間」[67]と述べた。すなわち、幕府は琉球を異国として位置付けたのであるが、そこは島津氏の支配下にあるので、日本も同然であり、(中国の関与によって)琉球に何か「悪キ事」があれば、日本の「瑕」となる、つまり幕府の問題となると認識していた。また、一六五五(明暦元)年九月六日(以下、月日はすべて旧暦)、清朝の冊封使が琉球に派遣されるという風聞に対して、幕府は薩摩藩に「琉球国之儀、唐へ無通候へ者万事難成由」[68]と伝えた。つまり、琉球は清朝との冊封・朝貢関係なしでは存在できない王国であると位置付けたのである。[69] そして、清が琉球に弁髪・衣冠などを強制した場合は、それを受け入れるよう薩摩藩に命じるなど、清と琉球との強い関係を認めており、これは幕府が日本による琉球支配が清朝との対決の要因になることを恐れていたからである。[70] このような理由から、幕府は琉日の関係における自らの体面よりも、清朝と琉球の朝貢関係を優先することにしたのである。[71] 後で論じるように、以上の状況の中で、一八世紀初期から琉球は薩摩藩の政策に同調し、清朝に対して琉球と日本の関係を隠蔽し始めたのである。

近世において、琉球は中国で貿易する時に薩摩藩から提供された日本の銀(丁銀)を使用していた。琉球と清朝の朝貢貿易について、幕府は一六八七(貞享四)年に、長崎貿易の統制のために定めた「御定高制」の一環として、薩摩藩に琉球の進貢の際に八〇四貫、また接貢の際に四〇二貫に貿易額を制限した。[72] さらに、正徳年間になると、幕府は丁銀を繰り返して改鋳する際、薩摩藩に進貢時六〇四貫、接貢時三〇二貫に琉球と中国の朝貢貿易を制限するように指示を出したのである。以上の額は幕末に至るまで変更がなかった[73]。
琉球使節の中でも、一七一〇（宝永七）年と一七一四（正徳四）年の使節は、様々な理由から重要な意味を持った外交儀礼であった。他の琉球使節より宝永、正徳年間に派遣された二回の使節は、人数が最も多かった。それだけではなく、この時儀礼に重要な改変があり、それ以前の使節との分岐点となったのである。その背景には、幕府が一七〇四（宝永元）年の際にも、一七〇九年の際にも、琉球使節の派遣を「無用」としたことに対して、薩摩藩は琉球使節派遣の許可を得るために、一方で東アジアにおける琉球の位置付け（＝清朝の朝貢体制の中で、朝鮮に次ぐ第二の席次にあること）に注目し、他方では琉球国王は徳川将軍の陪臣であることを強調したのである。これによって、薩摩藩は幕府の琉球使節に対する評価を転換させた[74]。一七〇九（宝永六）年二月二四日に側用人の間部詮房は家老の奥村治右衛門を通じて薩摩藩に対して以下の通り述べている[75]。

琉球者朝鮮と者格別之訳ニ而、第一日本之御威光ニ罷成事ニ候間、先規之通不被仰付候而不叶事候、絵図迄被遣候故委細訳相知候、内々存候より茂、扨々御心遣成御領国ニ而候と、呉々越前守申候と、治右衛門申候、

先行研究で明らかにされたように、一七〇九年から幕府（間部詮房）は琉球使節の最も重要な役割が「第一日本之御威光ニ罷成事ニ候」、すなわち、日本・徳川将軍のご威光を高めることであると強調し、薩摩藩の嘆願を許可した。幕府は一七〇九年以降、東アジアの国々を意識して、琉球使節を日本のご威光を高めるための外国使節として位置付けたのである[76]。この点に関しては、基本的に先行研究に従いたいが、「琉球者朝鮮と者格別之訳ニ而」という一文についても留意する必要があると思われる。というのは、琉球は朝鮮に比

べれば格別(特別)な存在であったからである。つまるところ、琉球は日本の属国であることを意味している、ということを指摘しておきたい[77]。すなわち、幕府は東アジアにおける琉球の位置付けだけではなく、薩摩藩が主張したように琉球が「御先祖様御武威を以御手ニ被入置候[78]」、つまり薩摩藩の領分であることとした点についても注目している、と私は考えている。幕府によると、朝鮮通信使と琉球使節は同じ外国からの外交使節であるものの、一方の朝鮮は「御隣国之好迄」、すなわち日本と親しい関係を持っている隣国であり、他方、琉球は「属国」であったのである。これに関して、一七一〇年に幕府(老中)は中山王(琉球国王)への返書で琉球を「賢藩」、つまり日本に朝貢させる「藩国」と見做した[79]、ということをその証左としておきたい。

このように幕府と薩摩藩は琉球を属国として見做し、琉球は日本(薩摩藩・幕府)に従っているという認識であったが、前述したように、清朝に対しては、日本と琉球の関係が隠蔽されていたのである。

前述の如く、幕府は一七〇九年以降、東アジアの国々を意識して、琉球使節を日本のご威光を高める(薩摩藩の「領分」から派遣される)外国使節として位置付けたので、その時点から幕府は、清と琉球との朝貢関係を無視することができなくなった。一七一二年(正徳二)年、琉球王府が、薩摩藩を通じ、幕府に渡唐銀(丁銀)を元禄銀貨なみの品位に吹き直しすることを要求した際、幕府は清朝と琉球との冊封関係を維持するために、翌年にこの琉球側の要求に応じたとみられる[80]。他方で、琉球に対しては従属の強化を求め、一七一四(正徳四)年に、老中への琉球国王の書簡に和文体を強制することによって、日本と琉球との関係が、君臣関係であることを首里王府に明確に理解させようとした。豊見山和行によると、一七一四年に幕府が琉球の書簡において「大君号」という将軍の対外的なタイトルを使用することを禁じたので、その時から幕府は「書式上」において琉球を「異国」として見做さなくなることとなったのである[81]。

朝鮮使節は、一七六四(明和元)年の通信使が、江戸まで上った最後の使節であり、また、日本への最後の通信使の来訪は、対馬に止まった一八一一（文化八）年の使節（対馬易地聘礼）であった。従って、一八一一年以降、幕府にとって琉球使節は、徳川将軍の名声を高めるだけでなく、この役割を果たす唯一の外交使節になったので、その重要性はより高まったのである。そのため、幕府は、一八三二（天保三）年以降、東海道に沿った八ヵ国（武蔵・相模・伊豆・駿河・遠江・三河・美濃・近江）の御料・私領に対し、琉球使節を名目とした国役金を賦課したのである。また、一七九四（寛政六）年から幕府は琉球使節派遣のために薩摩藩に拝借金を許すようになり、その後、琉球使節が派遣される毎に、薩摩藩に拝借金を許可した。琉球使節を名目に国役金を課したことや拝借金を許可したことからみても、朝鮮通信使が江戸参府に出かけることがなくなってから、幕府にとって琉球使節はより重要な外交儀礼になったといえる。(82)

これまで述べたように、一七〇九（宝永六）年に琉球使節に関する幕府内での位置付けの大きな転換があり、その時から琉球使節の最も重要な役割は日本・徳川将軍のご威光を高めることとなり、先行研究からみるとこの新しい位置付けは幕末に至るまで基本的には変ることはなかったのである。第二部では、幕末になると琉球使節に対する幕府の新しい認識がみられることを明らかにしたい。

第二節　薩摩藩の琉球支配と琉球使節

一　薩摩藩による琉球使節の始まり

島津氏は、一六〇四（慶長九）年に琉球に対して琉球が薩摩藩の「附庸」だという主張をはじめ、琉球侵攻（一六〇九年）後、一六一一年に琉球は昔から薩摩藩の「附庸」国であった、と琉球側（国王尚寧と高官役人）の「起請文」に誓わせた。家康から琉球侵攻の賞として琉球の仕置き（支配、貢納）を認められた薩摩藩は、琉球を従属国として位置付け、幕藩体制の支配秩序に組み込む政策をとった。その時、薩摩藩は掟一五ヶ条を決定し、琉球と明朝の朝貢貿易を支配するようになった。その直後、薩摩藩は、琉球の日本への同化政策を立てたが、一六一五（元和元）年に、徳川幕府が明との講和を求めた政策が挫折すると、琉球に対する方針を一変し、琉球に対する「同化政策」から「異化政策」へという転換がみられた。一六二四（寛永元）年、薩摩藩は「定」を発布し、侵攻後に薩摩藩の直轄領土となった徳之島（奄美大島）を除いた領地の範囲において琉球国王に三司官以下の諸役人に対する扶持給与権、死罪・流罪などの裁判権、折目祭などの祭祀権を譲った。これは、薩摩藩の琉球の侵攻後、明朝が琉球の朝貢期間を二年に一貢から一〇年に一貢に変更していたのを元の期間に戻らせるよう、琉球を日本から独立した国として見せかけるために、薩摩藩が考えた政策である。[83]

これに関連して、薩摩藩は琉球侵攻の後、少人数（大体二〇人）の家来を琉球（那覇）に滞在させ、一六三一（寛永八）年には在番奉行を設置し、琉球の直接支配を計った。その後、一六四六（正保三）年に鹿児島に琉球館が建てられ、五四年に琉球専門の家老（のちに琉球掛）を置いた。この流れによって、一六五七（明暦三）年に薩摩藩は琉球に派遣する在番奉行に対して琉球の内政に関与することを禁じた。つまり、薩摩藩は琉球を那覇における直接支配から、鹿児島からの間接的な支配に変えることを決めた。[84]また、外国船漂着について、一六三〇年代から薩摩藩は幕府の海禁政策の一環として、琉球にキリシタン禁制と貿易禁制を命じ、自らの船で帰国できなかった漂着民を長崎へ回送するよう命令した。[85]

一六三〇年代の半ば、薩摩藩は藩内に多額の負債をかかえ、経済的に苦しい状況にあった。しかも徳川幕府により、外国船の日本への入国及び出国が厳しく規制され、以前は薩摩藩に認められていた唐船との貿易も、長崎の幕府直轄とされた。従って、薩摩藩にとっては生糸の貿易を続けるために、琉球と明朝の朝貢貿易はますます重要なものとなった。[86]そのため、薩摩藩は、薩摩藩による琉球支配の正当性に注目した。

一六一一（慶長一六）年以降、薩摩藩は琉球に検地を実施していたものの、一六三〇年代初期において幕府は未だ薩摩の琉球支配を公認していなかった。一六三四（寛永一一）年五月、薩摩藩主島津家久は琉球の支配を正式なものとするため、すなわち琉球の石高を正式に薩摩藩の所有とするために、幕府に「嘉吉附庸」という説を唱えた。「嘉吉附庸」説は、室町時代の嘉吉元（一四四一）年、第六代将軍足利義教より島津忠国（藩主、一四二五〜一四七〇年）が琉球を賜ったことを主張するものである。しかし、「嘉吉附庸」を裏付ける史料は未だに見当たらない(87)。

同時に、島津家久は自らの要求を幕府に認めさせるため、琉球王府の二人の使者を将軍に謁見させようと試みた。一六三四年、藩主家久は、前年に明の皇帝より尚豊が冊封を受けたことを伝えるために薩摩藩に上国していた佐敷王子朝益と、その年の年頭使(88)として上国していた金武王子朝貞を同行させ、徳川家光が上洛中であった京都に赴いた。同年閏七月九日、首里王府の二人の使者は、島津家久とともに京都の二条城で家光に拝謁した。これが第一回目の琉球使節であると考えられている。

この第一回目の（京都限りの）琉球使節に関する史料をみよう(89)。

寛永十一年甲戌閏七月二日、酒井忠勝・土井利勝報家久曰、球王因継統可奉拝　大樹旨家久預、雖令球王、渠酷病心身不快、故子息佐敷王子・舎弟金武按司及玉城来著在近、達　高聴、則有於京師可被受拝礼之　鈞命、而至同月九日、琉使可奉拝謁　台顔旨、忠勝・利勝奉　台命、

この史料は老中から藩主家久への文書であり、家久が要求した通り、家光が琉球使者と謁見することを許可したのである。ここで注目したいのは、家久は老中に対して、本来琉球国王が徳川将軍に自らの即位のた

めにお礼を述べるべきであったが、当時国王が病気であったので、その代わりに国王の息子と舎弟と玉城が派遣されたという建前の言い訳を作ったことがわかる。その時まで、琉球国王が即位する際に徳川将軍に感謝のお礼を述べる先例はなかったが、右の史料で理解できるように家久の働きかけにより、将軍と琉球国王との一種の上下関係が形成された。そして、最も重要なのは、それ以降にもそのような儀礼が続くことが暗示されていたのである。

幕府は同月一六日、薩摩藩の要求に応じて琉球の石高を薩摩藩に与えることを認めた。徳川家光は、八月四日付の島津家久に対する領知半物では「薩摩・大隈両国并日向国諸県郡都合六十万五千石余、此外琉球国十二万三千七百石事全可有領知之状如件」(90)と、琉球の石高を薩摩藩の石高に入れたが、琉球王国は、「此外」いわゆる「異国」として、幕藩制度の中に組み込まれた。これは幕府が同時に、明と琉球の朝貢関係を容認したことによる。(91)

前述したように、一六三四(寛永一一)年の琉球使節は京都で将軍に拝謁したが、次回(一六四四年、正保元)の琉球使者が薩摩藩主に連れられて江戸までに行ったので、これが最初の「江戸参府」である。その時、薩摩藩は、徳川家綱の誕生を祝う慶賀使と尚賢の即位を謝す謝恩使を派遣させ、使者の装束について「唐冠なとにて、唐式正之支度歟、又琉球式正之支度歟」(92)すなわち中国風にするか、琉球風にするかのどちらかの指示を与え、鹿児島で相談した上で決めるべきだと命じた。

その際、薩摩藩は、琉球使節が薩摩藩主から将軍への「御馳走」であることを理由に、家臣たちに海・陸道では、琉球使節に対して藩主に対すると同様に「蹲踞」するよう命じた。使者に軽々しく対応したら、それは将軍を崇敬していないことを意味する。薩摩藩は琉球使節を将軍に対する崇敬の実現として位置付けた。(93)また、薩摩藩は朝鮮通信使の事例に準拠することによって、その使節の準備を進めた。(94)特に、薩摩藩は両方の使節に象徴的な差異がないように努力を尽くした。

このように、琉球使節は、幕府が日本を中心に外交政策を形成する中、薩摩藩の「領分」である琉球を幕藩体制下に組み込ませようとする島津家の強い意志によって始められ、薩摩藩主から将軍への御馳走（ギフト・ご奉公）として位置付けられたのである。一六四四（正保元）年から薩摩藩は参勤交代の際に琉球使節を江戸まで連れていくこととした。このことから薩摩藩は琉球使節を、異国を支配する唯一の藩として、将軍・幕府、諸大名の前で自らの名声を高める絶好の機会としても位置付けたと思われる。

二　薩摩藩の立場からみた琉球使節の政治的な意味

一六四四年、李自成が明を滅ぼした。明清交代後、一六四九（慶安二）年、清が琉球に招撫使・謝必振を派遣した際に、薩摩藩は以下のような姿勢をとった。薩摩藩は清朝の要求に従うかどうかという琉球側の照会に対して、「琉球之国司・三司官なと相談次第ニ被申付可然候、勿論其元被付置候奉行右相談之所ニ少も構被申間敷候[95]」、すなわち琉球の国司（国王）と三司官が相談した上で決めるべきものであり、これに関して在番奉行は関与すべきではないという態度をとった。その理由を薩摩藩は「琉球国之儀自古来唐と日本ニ相随罷居候、当時御当家ニ被成拝領候へとも日本国之内にて無之候間、如此沙汰ハ従此方御指図可難成候、（中略）兎角向後琉球国之為能様ニ相談を以可有挨拶之段[96]」、つまり琉球は古来から中国と日本に従っており、ただいま島津家の支配下にあるが、日本の一部ではないので、清朝の招論に対して藩としては指示を出しがたい。将来琉球が有利になるように清朝に対応すべきであると主張した。豊見山和行が指摘しているように、薩摩藩は清朝の招論への選択を最終的に琉球に任せた[97]。ここで注目したいのは、明清交代後、薩摩藩は琉球を日本国の内ではなく、薩摩藩の支配下にありながら、中国にも日本にも従う国として位置付けるようになった、ということである。

前述したように、一六五五(明暦元)年になると、幕府は清朝が琉球に弁髪・衣冠などを強制したら、それを受け入れるよう薩摩藩に命じ、清と琉球の冊封・朝貢関係を認めたのである。幕府が琉球支配を理由に、清朝との摩擦が大きくなることを懸念していたからである。その後、島津光久は一六八一(天和元)年五月二五日、幕府に提出した起請文にそれまでみられなかった特別な「附」を加えた。これによると、薩摩藩主は新しい将軍を重んじることを宣言したが、「附」では「琉球国」が日本の支配に違背し、邪儀を計っても、薩摩藩はそれに荷担しないと誓ったのである。[98] 紙屋敦之が指摘しているように、「琉球国」とはただ琉球のことではなく、その後ろに清の存在があることを念頭に置いていたのである。幕府は、東アジアの変化の中で、日本・薩摩藩と琉球との関係はどのように変わっていくかという懸念から、南の空間に視線を向け、清朝の存在を考慮して琉球を位置付けたのである。[99]

これに関連して、一六七八(延宝六)年から始められた北京に進貢のために派遣された使節は、琉球に帰国後、清朝の情報について報告するために薩摩藩に行くこととなった。このような使者は「唐之首尾御使者」といい、一八七〇(明治三)年に至るまで琉球から薩摩藩に派遣された。清朝の動きを警戒していた幕府にとって、薩摩藩を経て琉球によってもたらされる中国情勢の情報は非常に重要なものと見做された。長崎から得られる中国情報と異なり、薩摩藩は琉球使節を通じて幕府に北京の情報を直接伝える立場にあったのである。真栄平房昭が指摘しているように、幕府側が琉球を「異国」として位置付け、中国との朝貢関係を許した一つの重要な理由は、「情報の輸入という特殊な役割を琉球にもとめた」ということである。[100]

前述したように、一八世紀初期になると、幕府は薩摩藩に対し二回にわたり琉球使節の派遣を「無用」として断った。実際には、幕府・薩摩・琉球それぞれは琉球使節の派遣や受け入れのために多大な費用負担をする必要があった。[101]その際、薩摩藩は琉球使節派遣の許可を得るために、一方で東アジアにおける琉球の位置付けに注目し、他方で琉球を日本の従属国であることを強調したのである。これにより薩摩藩は、幕府の琉球使節に対する評価を転換させることに成功した。さらに、琉球が薩摩藩主を軽くみるようになったことを理由に、一七〇九（宝永六）年に琉球使節の再派遣を願った際、藩主島津吉貴は自分の地位を昇進するよう幕府に働きかけ、これにも成功した。その結果として、一七一〇年の琉球使節以降、琉球使節の江戸参府毎に、幕府は薩摩藩主の地位を昇進させたのである。[102]これからも、薩摩藩の威信のために琉球使節の政治的な意義は非常に大きかったことが理解できるだろう。

幕府に琉球使節の派遣を許可されてから、一七〇九年九月二六日に薩摩藩は琉球に、琉球使節の清国風もしくは異国風を強調するよう命じた。これについては二つの重要な解釈がある。紙屋は、薩摩藩の論理からみると清朝の朝貢国である琉球から琉球使節が江戸に参府することが将軍のご威光を高めるので、薩摩藩は琉球使節の中国風という「演出効果」を実施した、と述べている。[103]

もう一つの重要な先行研究は、豊見山和行の解釈である。豊見山は、従来の琉球使節に関する研究には、江戸に参府する琉球使者に対して、薩摩藩が服装や言葉、立居振舞に至るまで異国風（中国風）を強制したという通説[104]を批判する。豊見山は薩摩藩が琉球使者に清国風の衣装を強制したものではなく、清国・異国風を「全体的に強調」するよう命じた、と述べている。特に、薩摩藩の史料では琉球使者の衣装を清国風に強要する命令が存在せず、そもそも琉球の正式な服装は中国衣装であったことを指摘した。また、豊見山は、一七〇九年の薩摩藩の命令を一六八一（天和元）年の琉球使節に関する薩摩藩内の「覚」と関係付ける必要があると述べている。[105]この「覚」は一六八二（天和二）年の綱吉への慶賀使の準備に関する覚である。薩摩藩は、「近年江戸御当地御公界前々相替、年々結構有之候」、すなわち、当時江戸は「結構」な町となったので、琉球使者の格好も、使者が進上する献上品もより入念に整えられなければならない必要があると考えていたのである。豊見山によると、一七〇九年の薩摩藩の命令は、一六八一年の「覚」の延長上として理解すべきだと指摘している(106)。

次に、一九世紀における薩摩藩の琉球使節に対する態度について簡単に述べたい。前述したように、一七〇九年から、琉球使節派遣毎に薩摩藩主の地位の昇進が始まり、藩の威信のために琉球使者を江戸まで連れることはきわめて重要な儀礼であったに違いない。しかし、天保年間(一八三〇〜一八四四)から、琉球使節に対する薩摩藩の態度は若干変わっていくと思われる。

周知のように、一九世紀半ばになると、薩摩藩は財政困難にあったので、家老調所広郷を中心に商人からの借金割引、奄美の砂糖専売制の搾取強化、密貿易などの財政改革が行われた。このような経済危機は琉球使節にも影響を与えたと思われる。

一八三二(天保三)年の琉球使節は、最初に一八三〇年に計画されたが、薩摩藩は「貢物漂没」を理由に幕府側に使節の延期を認めさせることに成功した。「貢物漂没」とは、江戸参府の献上物を運び、中国に行った琉球の進貢船が沈没し、貢物がなくなったことを意味している。しかし、鈴木孝幸の研究によれば、「貢物漂没」とは薩摩藩の「建前」的な理由であり、事実ではない。鈴木は、一八三〇年の本当の使節延期の理由は、当時の薩摩藩の財政難であったことを指摘している。つまり、薩摩藩は自藩が困窮していたので、大きな負担を伴う琉球使節派遣の延期を認めさせるために、幕府側が受け入れる理由を立てたのである(107)。

また、一八五五(安政二)年一〇月二日、江戸は大地震に襲われた。この安政大地震により薩摩藩の上屋敷(芝屋敷)は大被害を受け、そのため同藩は一八五六年に予定されていた琉球使節(家定のための慶賀使)を延期することを幕府に願い出た。一八五五年一一月二日に幕府は薩摩藩の願い通り慶賀使の参府を延期することを命じた。[108] その際、薩摩藩が述べた理由は「来秋迄者御普請等成就不致候付」、すなわち藩の江戸屋敷の被害の普請を来年の秋まで完成することが不可能である、ということであった。しかし、『斉彬公史料』では、薩摩藩内の通知では「併来秋之事故夫迄差急候得は可也ニ出来可申と存候、既ニ寅年ニは三月類焼ニて、十月は参府も整ひ候事故、来年ニ候間大丈夫ニ出来とは存候得共、其節は火事計ニて此節とは相替候事故、午年迄差延候方ニては如何可有之哉[109]」、と述べている。これによると、江戸屋敷の普請を急げば(琉球使節が江戸に到着する予定がある)来年の秋まで間に合うと思われる。一八四二(天保一三)年の際も、三月に江戸屋敷で類焼があったのに、一〇月に無事に参府ができたのである。しかし、その際は火事だけがあったが、今回(一八五五年)は地震と火事があったので被害が大きく、一八五八年まで延期してはどうであろうか。そうであるならば、芝屋敷の普請を「心長く」完成したく、「尤是迄之奥向其外余り手広」であったので、「此度は手丈夫を第一ニいたし、奥向等成丈け手狭ニいたし旁ニ付、参府延引之義表向伺候ては如何有之哉[110]」と述べられている。すなわち、島津氏による琉球使節延期の要求の最も重要な理由は、芝屋敷を急がず普請し、また屋敷の奥を以前より「手丈夫」と「手狭」にすることを考えていたのである。

右の二つの出来事から判断すると、天保年間以降、琉球使節に対して薩摩藩の態度に若干の変化がみられるのではないかと思われる。従来通り薩摩藩にとって琉球使節はきわめて重要な儀礼であり、一八四九(嘉永二)年に琉球使節準備のために藩は琉球に銀八〇〇貫目、一八五三(嘉永六)年に同じ理由で銀一〇八〇貫目の拝借を許可しており、琉球使節派遣に従来通り力を入れた。[111] しかし、同時に藩の財政難や江戸屋敷の改善、いわゆる藩の私的な(経済的な)問題を理由に、使節を延期させる、また遅らせる政策をとる傾向がみられる。その際、幕府に本当の理由をいわず、幕府が受け入れる「建前」の理由を述べた。これに関連して、第二部では、一八六〇(万延元)年に薩摩藩が、琉球使節の実現から利益を得るよりも、藩が直面していた政治的な情勢を切り抜けることを優先させ、幕府に事実をいわずに「建前」の理由で琉球使節派遣の延期を要求するに至ったことについて論じる。

第三節　琉球からみる琉球使節の意義

東アジアの伝統的な国際秩序は、明（その後清）が周辺の国々と形成した冊封・朝貢体制である。このシステムにより、一方で中国の皇帝が朝貢国の君主を「国王」として認めており、他方で朝貢国が宗主国の中国へ進貢し、中国の暦（年号＝時間）を使用することになっていた。琉球はとぎれなしに明、のちに清朝の朝貢国でありながら、一六〇九（慶長一四）年から薩摩藩の支配を受けるようになり、一六三四（寛永一一）年に幕藩体制の中の異国として組み入れられた。日本と明朝の国交回復のために努力を尽くすことを拒否した琉球国王（中山王）尚寧と異なり、尚豊（在位一六二一～一六四〇）はより協調的な姿勢を示し、中国と日本への朝貢にバランスをとった。豊見山和行が明らかにしたように、尚豊が中国と日本への二重朝貢を両立させる外交方針を作った(12)。これにより、琉球は一八七九（明治一二）年に至るまで中国と日本の間に独立した領土的な空間を維持することができた。つまり、一六〇九年以降、琉球の主権（王権）に制限があっても、幕藩体制の中で琉球は一つの王国として存続でき、また朝鮮・ベトナムなどの君主と同様に、琉球の君主も中国皇帝の冊封によって「国王」（琉球国王の場合、「中山王」）として自らの王権が認められた。これにより、琉球は当時の東アジア世界の伝統的な外交体制（朝貢体制）に一つのメンバーとして参加し、琉球国王はその国際的な正当性（冊封）も付与されたのである。

近世における琉球・日本（薩摩藩・幕府）と中国間の一つの重要な特徴は、清朝に対する琉球による「日琉関係の隠蔽政策」である。明清交代後、幕府は清朝と琉球の冊封・朝貢関係を認めた。紙屋敦之は、これは幕府が日本による琉球支配が清朝との対立の要因になることを恐れていたために、薩摩藩がとった政策として見做している。これにより、島津氏から指示を受けた琉球王府（蔡温）は、一七二五（享保一〇）年に琉球と日本の関係を琉球と「トカラとの通交」とするフィックションを作り、清朝に対して琉球と日本の本当の関係を隠蔽するようになった。トカラは薩摩藩と奄美大島の間にある七島（トカラ島・宝島）のことであり、中世時代において琉球と薩摩藩の両属地域として位置付けられていたが、薩摩藩の琉球侵攻により薩摩藩の直轄領土となり、一八世紀初期から清朝に対して琉球と日本の関係を隠蔽する盾として使用された。[113]

渡辺美季が指摘しているように、幕府が清朝と琉球の朝貢関係の開始を許可する前に、薩摩藩はすでに琉球に日本との関係を隠蔽することを命じていたことに留意すべきである。[114]また、渡辺は、一六八四（貞享元）年に清朝が海禁を解除したので、琉球において中国人の漂着民が増え、そのため琉球は「日琉関係の隠蔽政策」を新しい段階に進める必要が生じた。その際、琉球は日本側（薩摩藩・幕府）の許可を得ないまま自らの判断で清朝側の命令に従い、琉球に漂着する異国人を日本との関係が露見する恐れがあった長崎回送のルートではなく、朝貢ルート（福建への回送）を利用することを決定した。その時から幕末に至るまで、漂着民の回送は清朝の朝貢ルートを通じて行われたのである。[115]

このように、一七世紀から一八世紀初期にかけて薩摩藩にとっても琉球にとっても、清朝に対する「日琉関係の隠蔽政策」が重要となった。本書の第二部では、幕末、西洋列強が東アジアに進出するようになった時、琉球王府が西洋列強に対して行った「日琉関係の隠蔽政策」と、幕府が西洋列強に対してどのように琉球を位置付けたか、ということについて詳しく分析する。

次に、琉球使節に対する琉球王府の認識について①王府の権力制度、②政治的な意義、③江戸での名声、

④王国内的な儀礼という側面から述べたい。

まず、①王府の権力制度について、首里王府にとって琉球使節の意義を理解するために、真栄平房昭の研究は非常に重要である。[116]真栄平によると、近世琉球の一つの特質は、貿易と土地所有が相互補完的に結びついた構成にある。その支配構造を支えたのが「旅役知行制」である。旅役は琉球の家臣団からみると国王へのご奉公であった。琉球には「地下旅」（琉球王国内へ出向くこと）、「大和旅」（薩摩藩・江戸への使節）、「唐旅」（中国に行くこと）という三種類の旅役があるが、その中で最も重要なのは中国への旅役である。普通、「地下旅」を経て「大和旅」を行ってから、「唐旅」役に任命するパターンがあり、旅役の経験回数の多い役人から優先的に知行が与えられる習慣があった。すなわち、首里王府にとっては江戸まで琉球使節を派遣することが、自らの権力制度を維持するためにきわめて大事な外交儀礼であったのである。また、琉球の役人にとっても琉球使節の江戸参府に参加すると、国王への最も肝心なご奉公である「唐旅」に選ばれるため、王府の中で昇進するためにも重要な経験であった。真栄平の研究を重視した紙屋敦之は一八世紀初期に二回にわたって幕府が琉球使節を「無用」として拒否した際に、薩摩藩だけではなく、王府も困惑したことを述べている。[117]

江戸へ参府する琉球使者にとっては、高い教養、とりわけ中国語（漢文）・中国の文化と日本語（候文）・日本文化の教養を身に付けるのは不可欠なものだったことは想像に難くない。琉球使節の最も重要な使者は琉球国王の代理人として派遣された「正使」であった。正使として国王の親戚が選ばれ、「王子」という称号が付与され、象徴的な役割を果たしていた。特に、「副使」、すなわち使節の中で二番目に大事な使者として江戸まで出かけた琉球役人（普通、親方の地位）の多くは、帰国して数年後に「三司官」に任命された。三司官は首里王府の行政の最高責任者であるので、琉球にとって琉球使節の江戸参府はきわめて大事な外交儀礼だったことが理解できるであろう。

次に、琉球使節の②政治的な意義について考察する。

前述したように、一六〇九（慶長一四）年以降、琉球は薩摩藩の支配を受けるようになったが、その際、幕府（家康・秀忠）は日本と明朝の国交回復のために琉球の媒介役割を重視したので、琉球と明朝の朝貢関係を継続させた。また、明清交代後においても幕府は清朝と琉球の朝貢関係の開始を認めた。それを受けて、琉球と薩摩藩は清朝に対し琉球と日本の関係を隠蔽するようになった。幕府にとっては琉球と中国の関係を重視した結果、薩摩藩による琉球支配は間接的なものとなった。つまり、薩摩藩による琉球支配には限界性があり、琉球への薩摩藩からの直接関与を阻止したのが、琉球と清朝の朝貢・冊封関係であった。

琉球使節という儀礼も、琉球と清朝の朝貢関係に関わりがあった。紙屋は、一七〇九年に幕府が東アジアの国々を意識して琉球使節を再考察するようになってから、「琉球使節を派遣することで、琉球は幕府に対して中国との関係が重要であることを強調できる」と指摘している。[118]そして、紙屋は、一七〇九年以降、幕府にとって琉球と清朝の関係は自らの「ご威光」のために重要な意味を持つようになったが、琉球はこれを、琉球と清朝との冊封・朝貢関係を維持させてもらうために主体的に利用した、と述べている。これにより、琉球にとっては政治的な面で清朝へ朝貢するのがより不可欠なものとなった。そのため、清朝の朝貢体制における自らの高いランクを維持するのが琉球にとって重要なものであり、このことを明確に示すのは一貢免除問題である。[119]一貢免除問題とは、中国皇帝は、一七二六（享保一一）年が琉球の進貢の年に決められていたが、首里王府にその進貢を免除する恩恵を施した。これに対して、一七三〇年一一月、尚敬は、清の朝貢国の中で朝鮮に次ぐ第二の地位を維持するために、一貢免除の撤回を要求した。一七三四年に琉球側は一貢免除を廃止することに成功したが、その後、一七四〇〜四四年、五六年〜五八年にも同様の問題が起きた。最後に一七八八（天明八）年にも一貢免除の問題に直面したが、その際にも琉球は免除なしで清朝に朝貢することに成功したのである。

幕府が形成した日本を中心においた独自の対外秩序において、琉球使節は、朝鮮通信使の場合と同様に、「異国」から来る外交使節であった。琉球は薩摩藩の支配下にはあったが、日本の「異国」であった。琉球側からみると、琉球使節は徳川幕府・将軍へのご奉公であった。これに関して、近世琉球における最も重要な政治家の一人であった蔡温(三司官の在職、一七二八～一七五二)が記した諸記録に注目したい。

一七二二(享保七)年に蔡温は「覚」の中で、「当地は小国の国力によって王国の御飾(体面)を維持、その上、御国元(薩摩)へ毎年の上納や上国する人々の費用、唐へ進貢・接貢を実施し冊封使や指揮使を迎える費用、江戸へ遣使する費用など、いろいろと他国とは異なり余儀ない御公界(奉公)があるので、〔薩摩は〕必ず〔その点を〕配慮して適切なご判断をされ、〔琉球が〕困窮するような事態には決してならないだろう」[120]と述べた。渡辺美季が指摘しているように、右の史料では蔡温が琉球と薩摩藩の密接な関係を強調しているが、その史料から蔡温からみる琉球使節の意味が理解できるだろう。すなわち、琉球使節は、薩摩藩への上納や薩摩藩へ派遣する使節、また清朝への進貢使・接貢使や清朝からの冊封使の接待と同様に、琉球が中国と日本(薩摩藩・幕府)の間に自らの独立性の空間を維持するため、両国への朝貢における一つのご奉公として位置付けられたのである。

一七三二(享保一七)年に、『御教条』では蔡温は琉球が「唐より封王有之候」、つまり中国との朝貢・冊封関係を成立した上で、国元(薩摩藩)の「御下知に相随候以後」、すなわち藩の監督も受けるようになってから「安堵」することができたと述べている。[121]そして、一七五〇(寛延三)年に、『独物語』では蔡温は琉球について「偏小の国力を以唐大和への御勤御座候に付ては御分力不相応程の御事候」[122]、すなわち力が弱くて小さい国であり、唐・大和への勤め(ご奉公)を担ぐには力不足の王国である。そして、琉球使節について「江戸立又は唐へ慶賀使謝恩使抔之御物入も兼て計得置不申ば不叶事に候」[123]と書いた。つまり、江戸立、また清への慶賀使・謝恩使などが伴う費用を予めその用意をすることが必要であると述べた。

以上からも、蔡温は琉球が中国と日本（薩摩藩・幕府）の間に置かれ、薩摩藩の監督下にあり、国力がなくても両国へもご奉公することを重視し、その中の一つの大事なご奉公として琉球使節の江戸参府を位置付けたことが理解できるだろう。このように、政治的な視点から、琉球使節は、清朝への慶賀使・謝恩使の場合と同様に、琉球が中国と日本の間において自らの独立性の空間を維持するための重要な儀礼であったのである。

次に③江戸での名声について渡辺美季の研究が最も重要である。渡辺は「首里王府は一八世紀前半頃から、体制教学として儒教を採用しつつ、自らを小国ながら中日への御勤（国の奉公／国務）を担い、それ故『軽からざる』御外聞（国の評判）を有する国であると規定した…さらに御外聞に関しては、中国との関係によって養われた文化・学問（主に儒教）によって日本への御外聞を高めようとする国家的自意識の存在や、このような自意識が個々人の琉球人（特に士）に共有されて日本に向けて発揮されていた様子が確認できる」と指摘している[124]。このように、琉球にとって中国との朝貢関係は自らの文化の「外聞」を高めるために重要であり、このことが琉球使節の江戸参府の際に高い教養の琉球使者によって実現されたのである。そして、琉球使節の全体的な異国・清朝風に関する豊見山の解釈に基づき、渡辺も琉球使節の「清朝風」は薩摩藩命令というよりも琉球が日本に自らの中国めいた文化を発揮する意志として捉えるべきだと述べている[125]。

渡辺が紹介した史料[126]の中で、琉球使者の衣装について一八五〇（嘉永三）年に王府から江戸参府に選ばれた使者へ次の興味深い指示が記されている。すなわち、琉球王府は琉球使者の装束について「幅狭袖短候儀見分不宜付而、先年被仰下趣有之候、弥其心得を以相調候様末々迄屹与可申渡事、附、形付衣装者大和めき不宜付著用候儀可被召留候」[127]と。つまり、幅狭袖短の衣装は醜いと思われ、以前に指示が与えられたので、その指示通り心得て衣装を調えること。これを使者の供に至るまで厳しく命じている。そして、「附」では、「形付」＝紅型は日本風に見えるので「不宜付」、身に着けてはいけない。右の史料のように、琉球使者の衣装に詳しい指示を出したのは、薩摩藩ではなく首里王府であった。しかし、王府は薩摩藩の命令（一六八一年、琉球使者の衣装を「結構」にする覚書、また一七〇九年の使節を全体的に異国・清朝風にする指示）を無視することもできなかったと考えられるだろう。これに関連して、右の一八五〇年の王府の史料の「附」のところで「不宜付」と書かれているが、日本風に見える衣装が「良くない」と思っているのが王府のみならず、その背後にあった薩摩藩、また幕府も同様であったと考えられる。第三部で詳しく述べるように、一八五四（安政元）年に琉球は、琉球使節派遣を契機に薩摩藩・幕府に対して、西洋人に琉球と日本の本当の関係を露見させないよう働きかけた。その際、琉球は特に琉球使節派遣の時に「琉人行列板行」、すなわち琉球使者の行列の刷物が江戸をはじめ日本には広く流布されていることに注目した。これについて琉球が「殊更江戸立之儀者天下向至而晴々敷勤、古来より之模様を以夫々相調、誠ニ国分不相応之旅粧」だと主張した[128]。つまり、江戸参府の際、琉球は「天下」＝幕府のために「晴々敷」く勤め、先例に従って使節をそれぞれのところを調え、誠に琉球の国分で用意できないほど立派な旅（使節）の装いだといっている。これによって、琉球は、薩摩藩・幕府がどのような異国から来る外交使節を見たいのかということを念頭に置きながらも使節の準備を行ったことが窺える。要するに、琉球は、一方でご奉公として薩摩藩・幕府が見たい外交使節を意図的に見せたが、他方でその使節の詳細（衣装の色、形、模様、スタイル、サイズなど）について自らで決め、残っている絵図を見れば琉球はどのように「美しく」自らの使者を日本で登場させたかったのか理解できるだろう。

一八五〇年の王府の指示についてもう一つの一文をみよう。

音楽之儀、於和朝殊之外感心有之由候、尤江戸立第一之粧ニ候得共、能々音律節度相究熟練仕候様、可被加下知事、

すなわち、幕府は琉球使節の音楽について特別に関心を持っているとのことで、音楽(座楽と路次楽)は江戸立の第一の装い(外見の様子、飾り、装飾のこと)であり、王府は音楽家がよく熟練するよう命じた。以上の指示で理解できるように、王府にとって音楽は琉球使節の最も重要な「粧」であり、座楽の演奏の際に幕府側、路次楽の演奏の際に大名・家来・町人・文人・芸人・農民などの視線は琉球使者に止まったことが想像に難くない。[129] ロナルド・トビが指摘しているように、すべての行列は「みる・みられる・みせる・みせられる」という「四見の原理」によって進行する儀礼である。[130] これにより、薩摩藩・幕府側は琉球使者を他の大名や一般の日本人などに見せる、行列に関心を持っている日本人が行列を見に行く、また琉球人も日本側により見られることを意識した上で、自らを見せるという多重層の視線が絡み合う。参勤交代の大名行列、外交行列(琉球・朝鮮使節)、オランダ人の江戸参府からみると、徳川時代は行列の時代であった。大名行列と異なり、武器を見せるというよりも、琉球使節は朝鮮通信使と同様に自らの文化を見せる行列であった。[131] 前述の音楽に関する王府の指示で記されているように、王府は音楽が江戸立の第一の装いであり、琉球使者の音楽家に熱心に「音律節度」の練習することを命令した。すなわち、琉球使節の「装い」の中で、音楽を奏でることも重要な要素であった。そうであるならば、琉球使節は(朝鮮使節と同様に)、「みる・みられる・みせる・みせられる」のみならず、「きく・きかれる・きかせる・きかせられる」という「四聞の原理」があった多彩でにぎやかな劇的儀礼であったといえるであろう。

最後に琉球使節の④王国内的な儀礼という側面について簡単に説明する。

二〇一〇年に筆者は、一八四二（天保一三）年に予定されていた琉球使節の準備に関する「道光一八戊年御手形写」という史料について論文を書いた。[132] この八重山島の史料を通じて一八四二年に琉球使節が派遣される前に首里王府から八重山在番役人（地下旅の王府役人）へ出された指示の分析を行った。首里王府は、琉球使節派遣を理由に、王府の統治下に置かれていた八重山に様々な命令を下し、江戸参府の用意について周辺の「属」の島々にも大きい負担をさせた。特に、琉球使者のために、八重山の優れた産物（上布・海鼠など）、そして宮古島の綺麗な馬などを要求した。この論文ではこのような八重山島への指示の内容を考察することにより、琉球使節について新しい側面を明らかにした。これにより、琉球使節、または清朝の冠船（冊封使）に関わる儀礼は徳川幕府や清朝と首里王府、いわゆる支配者と朝貢国との儀礼だけではなく、琉球王国内でも首里王府と王府に属していた周辺の諸島々、すなわち小さいレベルでの君主と臣下との関わる儀礼でもあったことが明らかになったと思われる。

おわりに

本章では薩摩藩と幕府だけではなく、首里王府の視点も入れることで琉球使節を全体的に検討した。琉球使節は時期によって、薩摩、幕府、琉球、それぞれの思惑により、その意義に変化がみられるのである。

徳川幕府は琉球を「異国」としながら、薩摩藩の領分、すなわち日本の「属国」と位置付けた。幕府は一七〇九（宝永六）年から琉球使節を東アジアにおいて日本のご威光を高めるのに役立つと考えるようになった。そして、一八一一（文化八）年から、朝鮮通信使が日本に来なくなったので、日本を中心に独自の対外秩序を形成した幕府は、自らの威信・栄光を高めるために琉球使節をより重視した。これが琉球使節を名目に薩摩藩に拝借金を許すこと、また東海道に沿った御料・私領に対し国役金を賦課したことに反映されている。

一六三四（寛永一一）年、薩摩藩は第一回目の琉球使節を派遣したことで、幕府から、琉球の石高も収めるよう命じられた。そして、異国を支配する唯一の藩として、将軍・幕府・諸大名の前で自らの名声を高める絶好の機会を得ることができた。しかし、一七〇四（宝永元）年と一七〇九年に、幕府により琉球使節の派遣を「無用」と退けられた時、薩摩藩にとって琉球使節の新しい役割を見つけることがきわめて重要な問題となった。そこで薩摩藩は、中国の冊封・朝貢体制における琉球王国の高い地位を強く示すこと、また琉球国王は徳川将軍からみて陪臣であることを主張することで、幕府の琉球使節に対する消極的な態度を変えることができたのである。これに関連して、薩摩藩は琉球使者に清国風を全体的に強調するよう命じた。一七一〇年の琉球使節以降、幕府は、江戸まで琉球使者に同行した薩摩藩主の大名としての地位を昇進させた。これにより薩摩藩にとって琉球使節がより重要な政治的な意味を持つようになっていたが、一九世紀半ばになると、薩摩藩にとっての琉球使節の位置付けが微妙に変化し始めた。薩摩藩にとってこれらの使節は儀礼として重要なものであったが、藩内に他の問題が生じたので、琉球使節派遣よりもそれらの問題の解決を優先させた。

琉球王府は、薩摩藩・幕府から琉球使節を派遣することを命じられ、一七〇九年以降、薩摩藩により琉球使節を異国・清国風に強調することを命令された。しかし、王府は、これを主体的に捉え、使節を日本へのご奉公と見做し、清朝と日本の間で自らの独立性を維持するために利用した。そして、琉球の「旅役」知行制から判断すると、王府にとっては琉球の権力制度を支えるために江戸立は不可欠な儀礼であったのである。一九世紀の王府の指示では、首里王府は江戸立を通じて日本で中国文化に近い琉球の優れた文化をみせることをきわめて重視していたのである。

より広い視点で琉球使節を考察すると、近世における琉球・清朝、また琉球・日本（薩摩藩・幕府）の関係の複雑性を別の角度から解明できる。清朝と琉球、そして日本と琉球の関係は、国と国の上下関係であり、その中から清朝と日本は琉球の従属的な位置付けを強調した。同時に、琉球はこれらの二つの大国との関係を自らの独立性の空間を維持するために利用したのである。このような状況の中では、琉球にとって琉球使節を江戸へ派遣するのは、異国の君主として琉球国王が徳川将軍へお礼を述べるために使者を派遣していた、というきわめて大事な儀礼として見做されていた。従来、このような琉球と清朝、琉球と日本という外交関係が主に注目されていたが、琉球側の国内的な視点からみると、王府は江戸へ使節を派遣することで自らの権力制度を維持し、中国と日本の文化を学ぶことで琉球役人のキャリアを昇進させるためにも重視していた側面も重要であると思われる。

また、同時に琉球使節の考察を通して、近世東アジアの複雑性がより理解できるのではないかと思われる。首里王府は中国の朝貢体制をモデルにして属の島々と朝貢関係を結び、それらの島々に中国から琉球へ来る冊封使の接待、また琉球から江戸へ派遣する使節の準備のため大きな負担をさせた。このように、中国の冊封・朝貢体制、また幕府の独自の対外秩序は、これらの中心（中国・日本）と周辺の国々（朝鮮・琉球・ベトナムなど）との関係だけで形成されたのではなく、周辺の国々の小世界・ミクロコスモスが形成されることで、全体的なシステムが出来上がった、ということがいえるのではないか(133)。

以上みたように、一七世紀から、中国（明・清朝）と日本（薩摩藩・幕府）の間に置かれていた琉球は「安堵」しており、琉球による「日琉関係の隠蔽政策」を通じて日本の琉球支配を理由に清朝と幕府の間には問題は起こらなかった。しかし、一九世紀半ばから、東アジアにおいて恐ろしいパトナーが登場し、その時までの琉球・清朝・日本間の安定性を動揺させた。これは、いうまでもなく西洋列強である。第二章と第三章では、これらの西洋列強の東アジア進出に対する琉球・薩摩藩・幕府の対応について考察する。

第二章　西洋列強の東アジア進出に対する琉球の対応

はじめに

第一部第一章では琉球・薩摩藩・幕府の関係ついて、一九世紀の半ばまで論じてきたが、本章以降は、近世末期について実証的に分析する。第二章では、幕末において琉球が結んだ「三条約」について論じる。琉球は、一八五四(安政元)年にアメリカ、五五年にフランス、五九年にオランダと修好条約を締結し、中国と日本と同様に、西洋列強が東アジアの国々に導入させた「条約体制」に入ったのである。(134) 琉球王府は、一八四〇年代(特に一八四四〜四六年のいわゆる外艦渡来事件)までは西洋列強(フランス・イギリス)の開港要求を断っていたが、米国のペリー提督の圧力によりはじめてアメリカと条約の締結を余儀なくされた。その際、琉球側は、積極的に西洋人側と条約の規定について話し合い、自らの意志を認めさせようとした。琉球の修好条約に関する先行研究[135]では、主に仏国・蘭国・薩摩藩の意図や狙いについて述べられているが、条約に対する琉球側の対応という視点からみると十分ではないと思われる。また、先行研究によって、薩摩藩の指示により琉球は修好条約を尊守しないようになった事実は判明したが[136]、琉球王府の主体性という視点から検討する余地があると思われる[137]。本章では、開国交渉の際に、琉球という王国の先行きがどうなるか恐れていた琉球王府が、西洋人にどのように対応したかを明らかにしたい。そして、なぜ琉球王府が修好条約に定められている「和睦相交」、「追行人引取」という条項を遵守しないことに至ったかについて検討を行う。一八四四（弘化元）年から、琉球王府は西洋人に対応するため新しく外交担当の官職を設置した。これは総理官と布政官という[138]。そして、同時期から、西洋列強に対しても、それまで清朝に対してとってきた「日琉関係の隠蔽政策」をとった。本章では、琉球王府が修好条約の一部を遵守しない理由と、琉球王府が新しく外交担当の官職を置いたこと、そして「日琉関係の隠蔽政策」が密接な関係を持っていたことを明らかにしたい。

第一節　外艦渡来事件に対する琉球の対応

一八五〇年代に締結された「三条約」の課題に入る前に、琉球の視点から一八四四～四六年の外艦渡来事件に関する最も重要な出来事について少し触れたい[139]。

一八四四（弘化元）年三月一一日フランス船のアルクメーヌ号（フォルニエル・デュプラン艦長、E. Fornier-Duplan）が来航し、デュプラン艦長が琉球に和好（和親）・通商の関係を結ぶことを要求した際、琉球王府は以下のように返事をした[140]。

小国産物少、金銀類出産無之、交易之儀何分ニ茂不相調、殊ニ清国之屏藩ニ而彼国並度佳喇島迄を致通融、右外余国之交通無之段、清国江も相知申事候付、勝手次第外国致取合候儀不相叶、

すなわち、琉球は小さい国であり、産物は少なく、金銀類の産出がなく、清国の「屏藩」＝朝貢国であり、清朝と（日本の）度佳喇＝トカラ列島とのみ交際・交易をし、そのことを清朝が知っているので、勝手に他の国と交際・貿易することができないという。一八四四年から、琉球王府は西洋列強との交渉において、琉球王府にとって異国人との対立を避けるのは最も重要な外交政策であったので、このように琉球が交易の相手として利益が少ない国であると主張するとともに、異国人が要求していた品々を無償で与えた。常に琉球を小さくて貧乏な清朝の朝貢国で、日本との関係がトカラ列島に限ると主張していったのである。

またこの時、琉球王府はデュプラン艦長の開港要求を拒否したが、デュプランは一人の宣教師（オーギュスタン・フォルカード、T.A. Forcade）と彼の副通事として一人の中国人を琉球に置いて出国した。そのため、一八四四年から、王府はこのような未曽有の状況（長い間西洋人が在琉すること）に直面するに至った。この結果、王府は通事・尾行人（通事の役割をしながら、異国人を警戒する役人）などを付けることで、彼らの動き（キリスト教の普及活動など）を監視することとなった。琉球王府は琉球から西洋人の宣教師を追放したかったが、自らの力のみでは不可能であり、さらに西洋人に日本との関係を隠蔽する必要があったので、琉球から宣教師を追放するために、清朝に頼るしかなかったのである。(141)

同（一八四四）年に、琉球王府は、琉球側と西洋列強との交渉のため、それ以前にはなかった新しい官職を設置した。これは総理官と布政官という建前の官職であり、総理官は摂政、また布政官は三司官に相当する

ものである。摂政と三司官は王府の政務を執る最高の官職であり、西洋人との交渉において、このような琉球国行政の最高責任者を守るために建前の官職を作った。また中国風の官職（総理官・布政官）を設置することで、琉球と日本の関係を隠蔽することもできた。

一八四六（弘化三）年になると、琉球王府は二つの大変な事件に対応した。一つはフランス艦隊のセシーユ提督が来琉し、再び開国を要求した事件である。今回も、琉球側はフランス側の開港要求を固く拒否し、セシーユ提督（J. B. Cécille）の来琉も失敗に終わったのである。特に、交渉中において、セシーユ提督が琉球側にヨーロッパの国々と交易関係を開始すれば、「日本人之厳密取締ヲ受候ヲ可免候[142]」、すなわち日本側（薩摩藩・幕府）の取り締まり（支配）を免れることができると主張した。セシーユ提督をはじめ、アヘン戦争後に琉球に来航したほとんどの西洋列強は琉球が中国の朝貢国でありながら、日本の支配下にもあることをある程度まで認識していたのである。

もう一つの大きな問題はハンガリー生まれでイギリス国籍を持ったバーナード・ジャン・ベッテルハイム（B.J. Bettelheim）医師・宣教師の来琉である。ベッテルハイムはキリスト教の布教が禁止されていたにもかかわらず、様々な手段を通じて王府の命令に背いたので、王府は彼の動きと布教活動を厳しく監視する政策をとった。その一つの結果として、一八四六（弘化三）年に首里王府は異国人への対応について非常に詳しいマニュアルを発布した。これは「異国人江返答之心得」であり、想定問答集の形で異国人側の質問とそれに対する返答の指示が記されている。特に、王府は「異国人江返答之心得」を作成することにより、琉球が西洋列強との交易に値する品物がないように見せかける、王府の最も重要な官職の実職を隠蔽する、また琉球と日本の関係を隠蔽しようとしていた。その中で、琉球と日本の関係について次の通りに記されている。[143]

一琉球者度佳喇計致取合日本江者交通無之候哉与相尋候ハヽ、度佳喇島人計致交通日本江者一切取合不致段相答候事、

右の史料から、王府は、西洋人に対して琉球が日本(薩摩藩・幕府)と一切関係しておらず、トカラ列島の人々とのみ交際・交易関係を結んでいると答えるよう命じたことが理解できる。これにより、王府にとって宣教師をはじめ西洋人に琉球と日本の本当の関係を隠蔽することが非常に重要な政策であったことがわかる。

外艦渡来事件に対する王府の対応について、最後にもう一つの大事な出来事について触れたい。一八四六(弘化三)年に、琉球への西洋列強(フランス)のプレッシャーを切り抜けるため、薩摩藩は幕府(老中阿部正弘)に琉球とフランスの通商関係を開始するための黙認を獲得した。これにより、薩摩藩は一八四六年にも、翌年の四七年にも琉球側にフランスとの通商関係を開始するよう圧力をかけた。しかし、四六年に、首里王府は、薩摩藩の様々な品物によってフランスとの貿易を行うとすれば、清朝には琉球と日本との関係が露見する可能性があるので、清朝との冊封・朝貢関係に障害になることを理由に、その要求を拒否した。[144] そして、四七年に、広東でフランスとの通商関係を開始するということを、薩摩藩(家老調所広郷)が提案したことに対して、琉球側は「大清江進貢之国々各構之省々ニ而も貢船外交易者堅禁止之旨」、すなわち清朝が朝貢国の進貢使に指定した港のみで通商を許し、それ以外の場所では交易を固く禁じていることを理由に断った。[145] 薩摩藩はそれ以上の圧力をかけることができず、琉球とフランスの通商関係は開始しなかった。このことからも、第一部第一章で述べたように、薩摩藩による琉球支配には限界性があったことが明らかになる。その後、琉球は西洋列強(イギリス)の開港要求を拒否し続けたが、一八五〇年代になると、アメリカによる開港要求の圧力に屈した。次に、一八五〇年代の動きをみよう。

第二節　「三条約」締結交渉での琉球の対応

ここでは、琉球王府が西洋列強と修好条約締結の交渉をした際、どのような点を問題にしたかということについて検討を行う。アメリカ・フランス・オランダ各国との交渉をみよう。

一　アメリカとの交渉

マシュー・カルブレイス・ペリー（M. C. Perry, 以下、ペリー）は、一八五四（安政元）年三月三日に幕府と日米和親条約を締結することに成功した後、六月七日に琉球との条約を締結するために那覇に戻り、一七日に琉球王府と修好条約を結んだ[146]。

琉球側の史料で、アメリカとの交渉において琉球王府が何を問題にしたかを理解することができる。
一八五四年六月一四日付の次の史料をみよう[147]。

且当地中朝之藩国ニ而、凡行ふ所之大事者中国差図を得不申候而者難相成事候処、新規ニ他国与親睦可致与之約条相定印押相渡候而者唐都合向不宜、依体者進貢之故障ニ茂可成立、旁以至極驚入候間、道そ御聞分被給度申入候処、唐江渡海不致候ハヽ、何之差支有之候哉与申ニ付、前明以来唐藩邦ニ被封段々蒙高恩居、且進貢之序上下冠服用之薬種類買渡、兎哉角国用相達候付、唐通融相絶候而者、国家難立行段者勿論、第一臣子之道不相立与相達、旁之訳合提督江宜転達被給度、

右の史料によると、琉球王府はアメリカ人と交渉していた際、当地（琉球）は中国の「藩国」＝朝貢国であり、重要な課題に関しては中国の指図を受ける必要があり、新規に他国と「親睦」＝和親条約を定め、調印を押すことは中国との都合でよろしくなく、場合によっては進貢の支障にもなる、どちらにしても非常に心配しているので、何とぞ琉球側の状況を理解していただきたいと申し入れた。これに対して、アメリカ側は琉球が中国に渡海しなかったら、どのような差し支えがあるかと反論してきたので、琉球王府は明朝以来琉球は中国の朝貢国であり、代々国王が冊封されていろいろ厚遇を受けており、さらに、進貢のついでに上下冠服用の糸反物、病用の薬種類、すなわち琉球に必要なものを手に入れることができ、中国との「通融」＝朝貢関係が絶えたら、琉球の「国家」＝王国が立ち行かなくなるのはもちろん、第一、中国皇帝と琉球国王の君臣関係が危うくなるということをペリーに伝えてほしい、と要望していた。この史料が示すように、琉球王府はアメリカ側に琉球が中国の朝貢国であり、アメリカと和親条約を締結することに対して、中国の指図が必要であると述べ、清朝の指図を受けずにアメリカと条約を結ぶのであれば、中国との冊封関係が途絶える可能性があり、これにより琉球の王国体制が維持できなくなると主張したのである。

次に、他の二つの点についても注目したい。琉球王府がアメリカ人から薩摩藩との関係について聞かれた際、「一、昨日出帆之楷船者薩摩江罷渡候哉与申ニ付、薩摩者此地不致通融、属島江罷渡候段相達候処、不落着之体為有之由」[148]とあるように、アメリカ人が琉球から出帆した楷船（江戸時代、琉球が毎年薩摩藩へ米・砂糖などの貢納物を送るために派遣した官船）を見た際、その船が薩摩藩に行くのかと聞いた。これに対して、琉球の役人は、当地（琉球）は薩摩藩と交流しておらず、「属島」に行くのだと答えたが、アメリカ側が納得しなかったと述べたのである。以上から、琉球王府が、薩摩藩との関係を隠蔽したことがわかる[149]。

また、アメリカ人が日本もすでに和親条約を締結したとの理由から、琉球も条約に調印を押すことを促した際、琉球王府は「琉球者唐藩国ニ候得者、被申候通ヶ条書広相聞(響)候而者可差障[150]」、つまり琉球が中国の朝貢国であり、アメリカと条約を締結したことが中国に漏れたら支障となるということも主張した。このように琉球側はアメリカに対して強く抵抗したが、アメリカ側が取り合わず琉球の国難となり、条約を締結するに至った[151]。

以上からみると、琉球王府は琉米修好条約の締結交渉を行った時に、繰り返して琉球を中国の朝貢国として位置付け、清朝から指図を受けずにアメリカと条約を結ぶと中国との朝貢関係に支障が生じると主張する一方で、薩摩藩との関係を隠蔽したことが理解できる。

二　フランスとの交渉

アメリカについで琉球と条約を締結したのはフランスであった。一八五五(安政二)年九月二七日、フランス東洋艦隊の司令長官であるニコラ・フランソワ・ゲラン(N. Guérin)が固い意志を持って那覇に来航し、琉球に条約の締結を要求した。条約締結の交渉は一〇月一日(第一回目)をはじめ、三日、五日、七日、八日、一二日、一五日と七回にわたった。琉球王府はフランス側の通商貿易関係の開始要求を拒否したが、すでにその時琉球はアメリカとの修好条約を締結していたし、ゲランの命令によって兵士が上陸してしまっていたためフランスの圧迫に屈し、一〇月一五日に修好条約を締結した[152]。

琉球王府はフランス人の要求に対して、「仏国船渡来之節之好官并薪水・糧食等ハ随分可相達候得共、交易向并地面・人家買入、又者借宿等ニ而領事官・商民共逗留為致候儀ハ何共難応事候間[153]」と述べた。すなわち、琉球はフランス船に薪水・糧食を提供することなら同意するが、フランス人が新しく要求している交易、土地・家屋の購入、借宿で領事官・商民を逗留させることなどには応じがたいと述べた。次に、琉球王府は、琉球

と条約を締結するためにフランス皇帝の命を受けたゲランに対して、琉球の王国情勢について以下のように説明した。(154)

敝国者往古より唐之屏藩ニ相立、且日本之属島度佳喇島茂素より交通いたし国家相立候次第ニ而、右両国得差図不申候而不叶事候間、返詞口来之間相待被給度申入候処、琉球者中国・日本之地方ニ而茂無之彼国相談ニ不及、勿論右両国不致候而不叶事候ハヽ、昨日被相渡候ヶ条書茂右両国相談之上相渡筈候処、其分者相談無ニ約定可相済与申事ニ相重候得者、右両国相談不致者不叶与候儀何共相聞へ不申与申候付、昨日相渡候ヶ条書者亜国同様之成ニ而彼両国相談なしニ而兎哉角可相済候得共、貴国皇命之ヶ条者地面并人家買入、又者借宿人数多少無構被相住度与之事ニ而、誠ニ無此上難題、是非右両国得差図不申者不叶事ニ而、

右の史料の日付は一〇月八日(交渉第五回目)である。内容から、琉球は昔から中国の「屏藩」=朝貢国であり、さらに、日本に従属しているトカラ列島と昔から交通していることで「国家」=王国として「相立」ことができたので、中国とトカラ列島の役人から指図を受けなければならない。それ故、琉球側はフランスにその返事が来るまでの時間を要求した。これに対して、フランス人は琉球は中国と日本の一地方ではないので、両国に相談することに及ばない。もちろん、両国に相談しなければならないのなら、昨日(七日)フランス側に渡した条約書に関しても両国に相談した上で渡すことになるはずだが、琉球側が相談することなく条約を締結しようとしたことから判断すると、両国に相談する必要があることは聞き入れない、と主張した。これに対して、琉球王府は、昨日渡した条約書は琉米修好条約と同じものであるので、両国(清朝・トカラ列島)に相談

することなく締結できるが、フランスの条約草案に定められた地面や人家の購入、そして借宿にフランス人の領事官・商民を逗留させる要求は、誠にこの上もない難題であり、是非中国とトカラ列島の役人の指図を受けなければならないと主張した。

以上からみると、ゲランは条約締結を強く求めた際、琉球を「中国・日本之地方ニ而茂無之」、すなわち中国・日本の両国から独立している王国として位置付けた。琉球王府はフランス人に対して、琉球を中国の朝貢国として位置付けただけではなく、「国家相立」ために日本の属島トカラ列島との交通も不可欠であることを述べ、両国からの指図を受けることなく条約を締結できないと主張した。そして、王府が、琉球がアメリカと締結した条約とフランスが新しく提出した条約草案には重要な差異があることに注目していたことに留意すべきである。

フランス側との交渉において、琉球王府は次のことも述べた。琉球にとって中国とトカラ列島の役人から指図を受けることは琉球の「国家相立」＝王国として存続することに関わるものであり、「琉球者中国之屏藩ニ而是非彼国皇帝得差図不申者臣子之道を失進貢被召留、且度佳喇島茂素より交通いたし、不自由之小邦彼国々補助を以相立申事ニ而、右島官江茂相談不致候而者交通相絶一国難立行事候間」[155]、すなわち琉球は中国皇帝から指図を受けなかったら、中国皇帝と琉球国王の君臣関係を失い、進貢も中止される。一方で、トカラ列島とも昔から交通しており、不自由で小さい琉球がトカラ列島の援助によって存立しているため、彼島の役人に相談しなかったら、交通を中止されて、琉球は一国として維持しがたいと述べた。琉球王府は、修好条約の締結交渉の際、フランス側に中国とトカラ列島の間で琉球王国が漸く立ち行くことができると主張したのである。前にも述べたように、琉球王府は、一八四四(弘化元)年のデュプラン艦長の来琉の際にもフランス人に対しては同じ政策をとった。つまり、琉球は小さい国であり、産物は少なく、金銀の産出がなく、清国の朝貢国であり、清朝とトカラ島とのみ交易をし、勝手に他の国と貿易することを決めることができないと述べていた。このように琉球王府は、フランス側に一〇年前とほとんど同じことを主張したことがわかる。

三　オランダとの交渉

薩摩藩主島津斉彬が琉球を通じて海外貿易を開始しようとしたことは、よく知られている史実である。一八五七年（安政四）八月、斉彬は市来正右衛門（四郎）を琉球に派遣した。市来は一〇月一〇日琉球に到着し、一一月三日、摂政・三司官と他の数人の役人を呼び、藩主の秘密計画を伝えた。[156] 斉彬の指示によると、第一は琉球の大島及び薩摩の山川でオランダあるいはフランスとの貿易を開始する、第二は蒸気船を購入する、第三はイギリス・アメリカ・フランスへ留学生を派遣する、第四は台湾で渡唐船のための碇泊場を設置する、第五は福州の琉球館を広げて中国との通商を盛大にする、第六は渡唐商人の協力で中国に大小砲を売る。そして、第七は三司官座喜味親方に関わる一条であり、第七以外、すべての案件は貿易に関するものである。これによって斉彬は琉球を通じて、西洋（オランダあるいはフランス）、福州（中国）との間に、いわゆる海外貿易を計画していたことがわかる。

一八五七年に幕府は、オランダ側が長崎奉行に琉球と条約を締結したい姿勢を示した際、その条約締結の交渉には関与しない方針をとった。その状況の中、オランダと琉球の修好条約締結は、オランダと非公式なやりとりをした薩摩藩（斉彬）の積極的な意志によって行われたものである。

一八五八年四月から、まもなく条約を締結するために琉球に来るオランダ使節への対応を準備するため、琉球王府と薩摩藩は様々な文書を交わした。その中で、薩摩藩の媒介により琉球とオランダが条約を締結することについて、琉球王府が何を問題にしたかということについて注目したい。次の史料をみてみよう。[157]

左候而彼之使者ゟ琉球之儀日本江通信服従之国ニ而此節約条相結度　公辺江願立御聞済相成候付為致渡海段申候ハヽ、如貴命日本服従之国ニ而候得共対中朝候而者一国独立之所餘国交通無之段申成し、大明以来是迄進貢無断絶相勤日本随順之段者深秘事ニ致し、此以前仏亜両国之使節渡来約条取替候節も日本通融之成行者深致穏蜜置候間、貴客宜御得心御座候而逗留仏人・唐人者勿論余国之者共江不致口外、清国江洩聞へ無之様深ク御思慮有御座度段被仰入事、

この史料によると、琉球王府はオランダ使節の要求を想定しているのである。オランダ人は琉球が日本に通信服従している（すなわち、徳川幕府と通信関係を持ちながら一方で薩摩藩に従属している）国であることを知っているので、もし、幕府の許可を得た上で、琉球と条約を締結したいとの要求をするのであれば、琉球王府は次のことを主張したいと薩摩藩に述べた。まず、琉球は日本の通信服従の国であるが、中国に対しては「一国独立」であり、他の国と交通していないと述べてきた。また、琉球は明朝以来これまで断絶することなく中国に進貢してきて、清朝に対して日本の支配を隠蔽しており、アメリカ（一八五四年）とフランス（一八五五年）と修好条約を結んだ時も、日本との関係を堅く隠蔽した。それ故、オランダ人が清朝に対しても他の西洋列強に対しても琉球と日本の本当の関係を暴露しないでほしい、と琉球王府は薩摩藩に述べている。琉球王府は、薩摩藩と琉球の関係をよく知っているオランダ人に対して、清朝に対する隠蔽政策を事実上認め、琉球と条約を締結する代わりに、オランダ側に「日琉関係の隠蔽政策」を内密にしてほしいと考えていたのである。

また、琉球王府は薩摩藩に対して「一、交易向者於大島被仰付御内約之由御座候共」とあるように、薩摩藩からオランダ人との交易は大島で開始する内約を命じられたが、オランダ人が沖縄本島北部の運天で交易す

ることを要求したら、「琉球者小国ニ而物産乏大国江之交易者何分ニ茂不相調」、つまり、琉球は小さい国であり産物は乏しく、大国との交易を用意することができないと反論する。さらに、琉球王府は、オランダに交易を許したら、フランスをはじめ諸国も琉球との交易を要求すると予想できるという。そして、「殊ニ仏国約条ニ余国与商を開候ハヽ、彼国ニも同様商売不致候而不叶段相見得候付而、仏国者勿論余之国々江も同断取企可申」、フランスとの条約の内容で理解できるように、他の国と交易関係を開始するのであれば、同じ特権がフランスにも与えられることが定めているので、フランスはいうまでもなく、他の西洋列強も同様の特権を要求することとなる、とみていた。このような状況の中で、王府は薩摩藩に次の通り主張した。(158)

此上諸国交易可仕与申数艘交々渡来多月滞留仕候筋相成候ハヽ、貧疲之国柄夫限及滅亡候外無之、勿論日本品過分運天江運ひ越諸国与広交易仕候筋相成候ハヽ、日本随順之所おのつから清国江も及露顕進貢之故障も可成立賦ニ而旁以至極心配仕事候間、於運天之交易者幾重も被差免度被仰入候事、

これによると、様々な国が交易したいといって、数多くの船が来琉し、琉球に数ヶ月にわたって滞在する状況になるのであれば、琉球は貧国の国柄であるので滅亡するほかはない。また、運天で薩摩藩の諸品によって琉球とオランダの交易を開始することについて、日本の諸品をたくさん運天に運び、諸国と広く交易をしたら日本の支配を清朝に伝えられ、進貢の故障となり、非常に心配なので、運天港を交易場とすることは極力免除してほしいと、琉球王府は薩摩藩に願い出たのである。右の史料で理解できるように、琉球王府はフランスとの修好条約に含まれていた最恵国約款の意義をよく認識していたことに留意すべきである。

その後すぐ、一八五八(安政五)年七月一六日に斉彬が亡くなった。つづいて、一八五九年五月二九日、オ

ランダ政府の代表としてジル・ヴァン・カペレン(Van Koperen)が那覇に来航し、琉球と修好条約を締結することを要求したのである。六月一日、総理官高嶺按司は船長ヴァン・カペレンと会い、オランダと琉球との琉蘭修好条約は同七日に締結された。その交渉中、琉球王府が提起した問題は主に二つである。一つは、「貴国江之通商并領事官召置礼拝堂相立候等之事々者難応候間、道そ断聞済呉候様頼入候[159]」、すなわち、琉球王府は、オランダ人が要求している交易、領事官の駐在、礼拝堂の建設などは容認しがたいので、何とぞ以上の要求を取り下げてくれるようにと願ったこと。もう一つは、修好条約における国王の署名に関わるものである。これについて次の史料をみてみたい[160]。

且荷蘭国王与此地之国王与互ニ印押取替可致与申ニ付、亜・仏両国茂総理官・布政官迄ニ而印押取替居候間道そ其通取計呉候様段々致相談候得共、彼国者約条国王相立候佐法、然共此方者総理官・布政官迄相立候而可相済、彼国王者是非相立候与申募気象茂不宜、此上者幾重致相談候而茂聞入候模様不相見得候付、彼者申候通蘭国国王者相立させ、左候而総理官・布政官与約条取替之四書漢字ニ而書認呉候様通事係共江申ニ付、逗留仏人者漢字茂能存知居候間彼者江書認させ可宜与相達候処、

この史料の日付は六月五日であり、その内容から以下のことがわかる。オランダはオランダ国王と琉球国王が修好条約に印を押すことを要求したが、琉球王府はアメリカ・フランスと修好条約を結んだ際、琉球王府の総理官・布政官が印を押して条約を交わしたので、オランダとも同じ形で修好条約に調印したいとオランダ側と交渉した。すなわち、オランダは是非ともオランダ国王が条約に印を押したいと立腹し苛立っている。琉球王府は、これ以上相談しても聞き入れないと思われるので、オランダの場合は国王に印を押させ、

琉球側の場合は総理官・布政官に印を押させることを提案した。そうして、王府は、総理官・布政官との「約条取替」の四つの書を、逗留フランス人が漢字をよく知っているので彼に書かせればよいと考えていた。その後、オランダ側は琉球王府の提案に従ったのである。

琉球王府は、一年前(五八年)にオランダに清朝に対する日琉関係の隠蔽の事実を語ることを考えていたが、五九年にオランダ使節が来琉した際、右の諸史料で確認できるように、琉球の政治的な位置付けについて何も問題を提起することなく、交易、領事官の駐在、礼拝堂の建設、また国王の署名に関して異議を唱えるに至った。興味深いのは、琉球王府は西洋の作法を遵守しながら、外艦渡来事件をはじめ、アメリカ・フランスとの修好条約締結交渉の前後に至るまで、常に西洋人の相手として総理官・布政官が当たるという琉球の外交慣行方式をオランダ側にも認めさせようとしたのである。

以上の三つの交渉過程からみると、琉球王府にとって西洋というものは、一つのものとして見做されたのではなく、それぞれ異なる国として意識されていたといえる。琉球は、アメリカ・フランス・オランダに対して、それぞれ異なる政策をとり、その国によって一番成功しそうな方針を策定したのである。琉球王府は、条約締結を求めたアメリカとフランスに対して強く抵抗したが、琉球「国難」の状況になったので、結局条約を結ぶよりほかやむをえなかった。

一方で、外艦渡来事件でみたように、アヘン戦争後において琉球に来航した西洋列強は、琉球が中国の朝貢国でありながら、日本の支配下にもあることを認識していたが、一八五〇年代に琉球と修好条約を締結する際、西洋側は、琉球という王国を国際法において独立国家として認めたことに留意すべきである。ゲラン提督は、琉球が「中国・日本之地方ニ而茂無之」という理由に、フランスと条約を締結することについて清朝にも日本にも相談することにならないと主張した。また、次章で述べるように、ペリーは幕府に琉球の開港要求をした際に、幕府は琉球ははるかに遠い国であり、その開港について我々幕府が交渉に入ることができないと述べたので、ペリーは「アメリカ人が琉球と自由に交通すること不可なりとの充分の理由なきが故に、この点を固執す」と強調し、その直後琉球王府と条約を締結したのである。後で述べるように、西洋列強がこのように琉球の外交権を認めたことが、本書の第三部の最も重要な課題となる。[161]

第三節　琉米・琉仏修好条約への琉球の緊急対応

一　琉米・琉仏修好条約

ここでは、琉球が締結した条約の内容をみてみたい。琉米修好条約は漢文と英語で記され交換された。「琉球国中山府」代表として、総理大臣尚宏勲と布政大夫馬良才が印を押し、ペリーはアメリカ政府の代表として調印した。年号は清朝(中国)の年号と西暦が記されている。琉米修好条約は次のように定めている。[162]

一此後合衆国人民到琉球須要以礼厚待和睦相交、其国人要求買物雖官雖民亦能以所有之物而売之官員無得設例阻禁百姓凡一支一収須要両辺公平相換、
一合衆国船或到琉球各港内須要供給其薪水而亦公道価銭支之至若該船欲買什物則宜于那覇而買、
一合衆国倘或被風颶漂壊船於琉球或琉球之属洲倶要地方官遣人救命救貨至岸保護相安俟該国船到以人貨附還之而難人之費用幾何亦能向該国船取還於琉球、
一合衆国人民上岸倶要任従其遊行各処毋得遣差追随之窺探之但或闖入人家或妨婦女或強買物件又別有不法之事則宜地官拿縛該人不可打之然後往報船主自能執責、

一於泊村以一地為亜国之墳所倘或埋葬則宜保護毋毀壊其墳、
一要琉球国政常養善知水路者以為引水之用使其探望海外倘有外国船将入那覇港須以好小舟出於沙灘之外迎引其船入港使知安穏之処而泊船該船主応以洋銀五円而謝引水之人倘或出港亦要引出灘外亦謝洋銀五円、
一此後有船到琉球港須要地方官供給薪水薪毎一千觔価銭三千六百文水毎一千觔工価六百文凡以中大之玭玴桶六個即載水千觔、

第一条は、アメリカ合衆国市民が琉球に来る際、礼をもって歓迎し、和睦(和親)を交わすこと。官人であれ人民であれ、彼らが要求する品物を販売すること。これに対して王府の役人が妨げることなく、販売する人々が公平な価格で売ること。

第二条は、アメリカ船が琉球の各港に到来した際、薪水を公平な価格で販売し、それ以外の物資を要求したら、那覇で購入すること。

第三条は、アメリカ船が琉球、また王府が支配している島々で破損・難破した際、地方官のもとで救出し、船員と荷物を保管し、アメリカ船が来琉する際に引き渡すこと。これに伴った経費の補償を受け取ること。

第四条は、アメリカ人が上陸した際、王府による尾行人を付けないこと。ただし、人家に侵入、婦女に対して暴力、琉球人に強制的に品物を販売させることなどアメリカ人の不法な行為が起こったら、本人を処罰するために捕縛して船長に引き渡すこと。

第五条では、泊村にアメリカ人の墓所を建設して、死者を埋葬し、墓所を保護すること、またこれを損なわないこと。

第六条は、琉球は那覇への水先案内人を用意し、異国船の出入りの見張りを行うこと。水先案内人に代銀として入る時と出る時、それぞれ洋銀五枚を支払うべきこと。

第七条は、今後アメリカ船が来琉した場合の薪水の調達に当たっては、薪一〇〇〇斤に付き代銭三六〇〇文、水一〇〇〇斤に付き同六〇〇文として、それぞれ支払うべきこと。

アメリカとの修好条約で最も重要な内容は次の通りである。第一条では、琉球人とアメリカ人の間に「和睦」、すなわち「和親」の関係が結ばれたので、琉球も日本のように「和親」関係の時期に入った。また、アメリカ人にある程度までの自由交易を許した。第二及び六条では、薪水の販売と水先案内への礼銀として琉球ははじめて異国人から代金（補償）を受け取るようになった。フォルカード、ベッテルハイムをはじめ、異国人が繰り返して王府の尾行人に対して抗議した結果、第四条では尾行人を廃止することになっている。これにより、アメリカ人が琉球に自由に行動できる特権を獲得した。琉球王府は琉米修好条約の締結により琉球においてアメリカ人に自由交易・行動を許すことになったので、当条約の内容が重要な意義を持ち、上陸したアメリカ人の行動を監視することがより複雑な問題となったのである。

次に、琉仏修好条約についてみてみたい。

フランスとの修好条約は領事裁判権と最恵国約款が加えられたので、琉米修好条約より一歩も二歩も進んだものとなった。琉仏修好条約は漢文とフランス語で作成され、清朝の年号と西暦が使用されており、「琉球国中山府」代表として、総理大臣尚景保、布政大夫馬良才、布政大夫翁徳裕が調印した。琉米修好条約にみられない、新たなヶ条（第二、第九、第一〇条）をみよう。(163)

一地方房屋船艘を買度段々致相談候得共、許容無之終ニ借用之方ニ相談相究候。此後仏人地方房屋船々入用之節地方官江申出候ハヽ無口能可借渡、若借渡候地屋船仏人意ニ不相叶候ハヽ、住用之暫久を不論地方官仏人相合意ニ叶ひ候所を撰替其便ニ可任、自然琉球官員繰替不相達候共仏人者是非借替可致、其時何角申立間敷、且石炭格護之地屋泊村埠頭近辺左右或者借渡或者賃与ひ、房屋も間数無構或者高ク或者大ク可造立、且仏人居住之地屋船時宜ニ随ひ琉球之友人も互ニ可致保護候。

右は第二条だが、土地・家屋・船舶について、以後フランス人が要求したらそれらの物を借用させること。石炭貯炭所の設置場所、施設の保護、フランス人の家屋、船舶などを適宜、保護すること。

一仏国之船滞船中水主等逃走、地方官江申出候ハヽ不隠置様捕付船主江可引渡、又琉球人罪を負仏人之住家又者船中江逃入、地方官ゟ占罪科之縁由を述逗留人又者船主江申出候ハヽ是又不隠置相捕官人江可引渡候、

第九条は、上陸したフランス人が逃亡した際、地方官は船長に報告した上で、本人を逮捕してフランス側に引き渡すこと。琉球人が罪を犯してフランス人の住居や船に逃げ込めば、フランス側は王府の役人に本人を引き渡すこと。

一仏国・琉国不法之もの共互ニ争闘打擲いたし候節、琉球人者国法を以咎目申付、仏人者其船主ゟ本国之法例を以咎目可申付、船主不罷居節者以後来着之船主ゟ取行之、曾而和好を傷る間敷候。

第一〇条は、琉球とフランスの両国の違法者は互いの法律に基づいて処罰すること。これは治外法権のことである。この第一〇条の後に、

以上十一ヶ条いまた穏ニ議定不致事多し、若此以後琉球国別国与を通して貿易し、地を売て人を留候等之事共有之候ハヽ、仏国ニも同前約条ニ可相加其節何角申立間敷候、

と記されている。このようにフランスに最恵国約款を与えることが定められているのである。第二条で、土地・家屋の借用が定められたので、琉球王府は、条約締結交渉中にフランス人が要求していた土地・家屋の購入を避けることができたことがわかる。しかし、アメリカとの条約とは異なり、フランス側は、琉球におけるフランス人の滞在の長期化を要求として盛り込んだ自らの条約草案を琉球側に認めさせようとしたのである。

最も重要なのは、琉米・琉仏修好条約には、琉球と日本の関係（支配関係）について何も触れられておらず、その条約の形式と内容から判断すると、日本（薩摩藩・幕府）は琉球に影響力がなかったことが窺える。オランダと琉球との琉蘭修好条約の内容はアメリカとの約条とほとんど同じであるので、ここではその内容について触れないこととする。

二　朝貢体制から条約体制への変換に伴う琉球の対応

前述したように琉米修好条約締結交渉の際、琉球王府は、アメリカに薩摩藩（日本）との関係を隠蔽したが、

琉米修好条約を結んでまもなく、薩摩藩にアメリカに対する今後の政策を問い合わせた[164]。一八五四(安政元)年六月一七日に琉米修好条約が締結されており、七月五日に琉球王府は薩摩藩へ書簡を送った。その内容によると、琉球王府は、アメリカ人の要求に対して「尽手数相働為申事候得共、夷人共更ニ汲取無之既ニ国難成立候境節相及、不及是非申立通印押相渡[165]」すなわち、薩摩藩にアメリカとの条約を結んだことを知らせ、修好条約を締結しないようにできるだけ力を入れたが、アメリカ人は琉球の懇願を受け入れることなく、琉球の「国難」の危機に直面するに至り、やむをえず条約を締結するに至った、と説明したのである。そして、これからのアメリカ人への対応について「右付而者以来之儀彼ヶ条ニ応し取扱不仕候而者難題成立可申、去亥年被仰渡候御条書之御趣意ニ茂相替今更必至与差迫何共迷惑至極奉恐入候。依之向後之儀何分茂御差図被仰付被下度奉願候。仰渡之趣国中島々江茂早々申渡置度候[166]」とあるように、今後、条約の諸規定を守らなければ琉球は難局に立たされることになるが、去る一八五一(嘉永四)年に薩摩藩から「御條書[167]」を与えられ、修好条約によりこれも変えることとなり、琉球王府は薩摩藩に今後のアメリカ人の対応に関する指示を願い出た。琉球王府はその指示を早く王国中の島々にも伝えたいと述べた。

以上の史料から、琉球王府は、琉米修好条約を締結したことによって西洋の条約体制に入ってまもなく、旧来通り薩摩藩の監督の許に、修好条約に対する藩の指示を要求したことがわかる[168]。つづいて、次の史料に注目したい。薩摩藩の指示が届くまでの期間、首里王府は薩摩藩の在番奉行らと相談した上で、琉球国中の島々に対して臨時の指示を与えた[169]。

(本文両先島・久米島外者朱星之通)。

一右船御当地又者諸島江漂着難破船等之節者助舟差出、人数荷物取救介抱保護いたし、早々成行飛舟を以可申越、若其内彼国之船来着候ハヽ乗帰させ、尤其時々諸雑費請取候様申候ハヽ程能可請取事。彼者共上陸遊行之節御当地之人不追行筋ニ而候処、其通ニ而者可差障候間、彼者目ニ不懸様役々共気を付追行、若猥ニ人家江入候歟、或者婦女ニ妨、或者強而品物買取、其外不法之事共於有之者、不致打擲様早速船主江成行可申出事。

（中略）

一右外之事々者都而御用帳ニ基キ是迄之通可取計事。右者此節亜米理幹国提督来着申出趣有之、別紙文書写之通被仰付置候間、先以右ヶ条之通可取計候。右外異国之船来着等之節者右之振合ニ可相心得候。此旨御差図ニ而候。以上。

寅七月廿二日

兼城親雲上

宜野湾親雲上

喜屋武親雲上

宮古島・八重山島・久米具志川間切・久米仲里間切・慶良間島・伊江島・伊平屋島・渡名喜島・粟国島・今帰仁間切・久志間切・勝連間切・本部間切・国頭間切・読谷山間切・喜屋武間切

在番

一八五四（安政元）年七月二二日、琉球王府が薩摩藩の指示が届く前に沖縄本島と島々に出したものである。すなわち、アメリカの船が琉球本島または島々に漂着、難破する時には助け船を出し、人員を介抱して荷物を保護し、早速飛船で情報を申し越すこと。漂着したアメリカ人が琉球に滞在中、もしアメリカの船が来航したら、帰国させること。かかった諸雑費を受け取るよういわれれば、「ほどよく」受け取ること。アメリカ人が散歩している際、琉球の人々が「不追行」＝尾行しないことになっているが、そうすると何かと支障があるので、異国人が気付かないように役人に尾行させること。もしみだりに異国人が人家に入り、婦女を妨げ、強いて品物を買い取り、その他の不法な行動をしたら、打擲せずに早速船主に報告すること。この史料から三つの重要なことがわかる。まず、王府は、従来通り漂着した異国人を助け、荷物を保護することを命じた(170)。また、琉球側は異国人のためにかかった費用と苦労に対して代金を受け取るようになった。これが条約締結以前との大きな相違点である。そして、王府は、在番奉行らと相談の上、琉球の全地域に上陸したアメリカ人を隠密に尾行することを命じた。琉球は薩摩藩の許可を得て修好条約を遵守しないことにしたのである。琉球王府は琉球国中の役人たちに修好条約を守ることを命じたが、修好条約での規定以外は従来通りに(一八五一年の「御條書」)すること、また修好条約規定通りにすると問題となる箇条(尾行人を付けないこと)を今回(五四年七月二二日)指図したように取り計らうことを命じた。

以上からみると、琉球は表面的に琉米修好条約の規定を守ることを命じたが、修好条約の規定通りにすると問題となる諸条に対しては、薩摩藩の了承を得て背くことにしたのである。琉球王府にとって条約体制に入ることは、旧朝貢体制から離脱することなく、旧来通り清国を宗主国として位置付け、薩摩藩の監督を受けながら西洋人の条約体制を受容することを意味していたといえるだろう。

第四節　琉球王府と西洋人の対立点となる「和睦」「尾行人」

一　フランス人の抵抗

一八五五(安政二)年二月二六日、ベルテレミー・ジラール、ウージェーヌ・エマヌエル・メルメ、ルイ・フュウレの三人のフランス人宣教師と一人の唐人が那覇にやってきた。その後、フュウレは五月に一旦琉球を出国した。前述したように、一八五五年一〇月一五日にゲラン提督と琉球王府は琉仏修好条約を締結した。その一年後、五六年九月二七日から一〇月二日まで、ゲランはフュウレとピエール・ムニクーを連れて琉球に戻り、その後、体調が悪くなったメルメを香港に連れていくことになった[171]。その前後に、フランス側は琉球王府を厳しく批判した。フランスと条約を結んでまもなく琉球王府が琉仏修好条約の内容を琉球国中に知らせる約束をしたが、これに対してフランス人の宣教師は左の通り述べた[172]。

此節猶又国中堅被申渡候ハヽ、追行人又者道路通行之者相避候儀共無之、此両三日中ニ者其証拠可相分与申ニ付、猶又大湾所存形を以、此地之人御方等致驚怖候儀他国人不見馴所より相避候儀共有之、其上去々年亜水主那覇女致強姦候付弥以驚怖之心深相成、此儀人情自然之沙汰候間推察被給候様申入候処、右体悪行之仕形為有之段者兼而承居候。水主与我々引比候申分仏人を恥ミ候仕形、尤彼者共歩行之時通行之者共追行人目ニ掛不申節者驚怖之体不相見得、此等を以者仏人等を嫌ひ候筋ニ而無之追行人を恐候体相見得候段申ニ付、約条相成候以来追行人者引取居候付而者菟角道路通行之者見誤候半与申入候得共落着無之、

この史料の日付は一八五六（安政三）年九月七日であり、フランス人の宣教師（ジラル・メルメ）が琉球王府に琉球人が琉仏修好条約を守っていないと訴えていたことが述べられている。フランス人宣教師の主張は、琉球王府が厳しく王国中に条約を守ることを命じたのならば、尾行人がフランス人を追いかけることなく、また通行の人々も宣教師を避けないはずであるというものであった。大湾という王府の通事はこれに対して、

琉球人は異国人に慣れていないので近づかないのであり、さらに二年前（一八五四年）にアメリカの水夫が琉球人の女性を暴行したので一層怖がるようになった。琉球人の精神状態を理解してほしいと要求した。しかし、フランス人宣教師は、水夫と我々を同列にみるのは、フランス人を侮辱することである。また、通行人たちはフランス人宣教師の近くに尾行人がいない時には、（宣教師のことを）怖がらないようにみえる。フランス人を嫌いなわけではなく、尾行人を恐れているようにみえると反論した。これに対して、王府は（条約に定めている通り）尾行人を廃止したのに、通行の方々が「見誤」っているのだと述べたが、フランス人はそれを信じなかったのである。

この史料から次のことがわかる。琉仏修好条約を締結してから一年がたっても、琉球人が修好条約を守らないこと。特に、第五条の尾行人についてはそのことがみられる。そしてフランス人からすると、通行人が宣教師を避けることは、第一条に記されている両国の「互ニ友睦」が遵守されていないことになることは明らかである。さらにフランス人宣教師は次のことも訴えた[173]。

去年提督来着総理官与約条いたし、早速国中一統御申渡相成候段御返答有之、既ニ一年程相成候処、仏人等遊行之時人々相尋候得者約条之事々存知無之段致返答候者茂有之、

この史料の日付は九月二六日である。内容は、去年、ゲラン提督が琉球に来て総理官と条約を結び、総理官は早速王国中に条約を知らせることをフランス人に返事した。一年程して、フランス人が遊行の時に琉球人に修好条約のことを知っているかと聞いたら、修好条約のことを知らないと答えた者もいる。

以上の史料から、一八五六年九月の段階において、琉球王府は、王国中の役人に修好条約の内容を知らせ

たが、すべての人民のレベルに至るまでそれを知らせなかったことが理解できる。すなわち、琉球王府は、役人が修好条約に対応することで十分であり、締結した条約の内容を人民に知らせる必要がないと考えていたようである。その代わりに、尾行人を付けることで、宣教師・異国人と一般の琉球人の接触を監視していたのである。

二　琉米・琉仏修好条約に対する琉球王府の最終的な対応

フランス側の苦情に対して琉球王府は二つの政策をとったことに留意すべきである。一つは、外艦渡来事件の際と同様に、フランス人の滞琉問題について外交的方法として清朝に援助を要求した。[174] もう一つは、琉米修好条約に関する薩摩藩の一八五六（安政三）年正月付の指示[175]（「取計振之覚」）を受けた上で、琉球王国内において五六年一二月に次のように対応した。[176]

仏朗西・亜米利幹両国与ケ条書御取替相成候付諸事取計向之儀ニ付而者、先達而茂段々被仰渡置事候得共、猶又両国ケ条書別冊之通和文ニ引直、異国人江返答心得書等取添被仰渡候間、ケ条書可行事々仏国條書附書之通ニ而、附書無之條々者都而其通相心得、亜国条書も可行事同様候間、仏国之等ニ基キ可取行、尤右事々之内役場向取計相懸候儀共者向々江被仰渡置候。且異国人より何歟相尋候節、返答心得書ニ基キ無間違可相答、然者夷人等事何歟付約条相違之段咎目ヶ間敷有之候付而者、彼者共ニ対し表向者條書通之形不相心得候而不叶、且返答心得書之儀段々御取繕被仰付置候上、官名其外俗唱与者相替候も有之事候付、夫々存込薄候而者差当応対向届兼、御故障筋可致出来哉与御念遣之御事候条、一統事々存込候間壱月ニ両三度も人別ニ可申渡旨、諸間切・諸島江堅可被申渡候。此旨御差図ニ而候事。

辰十二月
御物奉行
一於村々人別学校所江召寄頭衆并中老中中取筆者ニ而
二於村々人別学校所江召寄主取中取ニ而
三人別学校所江召寄
厳重申渡、左候而妻子奴僕ニ至り堅可相守通候。証文各所柄次第四・五家、或者十家十五・六家、又者二・三十家ニ而も隣所各を以差出させ、其首尾来年三月中限御評定所江可被申出候。此旨御差図ニ而候事。
辰十二月
三平等
一学校所中取
二里主　御物城
物役　長史
三泊頭取

これによると、琉球王府は国中に以下の通り命じた。アメリカとフランスとの修好条約に関しては前より指示してきたが、今回は別紙の通り両条約を和文に訳し、「異国人江返答心得」を添えることも命じたので、条約の対応について「仏国條書附書」に即して取り計らうべきこと。「仏国條書附書」に指示されていない条項はすべて修好条約通りに対応すること。アメリカとの条約についても従うべき条項はフランスとの条約と同じなので、フランスの条約とその「仏国條書附書」通り取り計らうべきこと。今回の命令は「向々」＝すべての人民に至るまで知らせることになる。異国人に何か質問されたら、「異国人江返答心得」に即して答えること。異国人は琉球人が何かにつけ条約に違背することを咎めてくるので、彼らに対して表向きに修好条約通り取り計らうことを見せなくてはならない。また、「異国人江返答心得」ではいろいろな「御取繕」、すなわち何かを覆い隠すための「建前」が命じられ、官名とその他は普通に琉球で称されるのとは異なった官職の名があり（総理官、府政官など）、琉球人はこれをよく認識しないと異国人への対応がしがたく、支障が出ることを心配しているので、すべての琉球人が認識するように月に二・三回も聞かせる必要があり、諸間切・諸島々へ厳しく伝えること。また妻子、召使に至るまで伝えるように厳重に申し渡している。この命令を了承したとする証文を各所柄（各地域）に応じて四・五家、また一〇家、一五・六家、または二、三〇家毎に各担当役人で取りまとめて作成し、その首尾（結果）を三月中に評定所に提出することとしている。

以上からみると、琉球王府は琉球国中の人民に修好条約の内容を翻訳して知らせたが、実は修好条約に従うかどうかということについて「仏国條書附書」を作成し、その通りに対応することを命じた。「仏国條書附書」は琉仏修好条約の翻訳書でありながら、琉球王府は四ヶ条に関して特別な「附書」を付けて、条約（琉米・琉仏修好条約）をどの程度守るかについて詳しく説明した。つまり、首里王府による琉球国内における琉米・琉仏修好条約への対応策である。

ここでは、第一条と第五条に関する「附書」について分析する。最初に第一条の「附書」をみよう[177]。

附、本文互ニ友睦可有之与之儀、万一取違誠之友睦与相心得候而者至而御難題可成立候間、表向者友睦之体ニ而夷人等道中行逢候節不逃避時宜次第一礼を以罷通、且人家江蹈入候ハヽ女人住居座江不入様、手様等を以表座江招入茶水・多葉粉盆等差出致礼対迄ニ而少茂不馴親様相心得、

琉米・琉仏修好条約の第一条では両国人民の友好、商品の自由購入の保証が決められているが、これに対し「附書」では王府は次のことを指示する。第一条では琉球人と異国人は「互ニ友睦」の関係にあると書いてあるが、「友睦」の意味を勘違いしてはいけない。表向きでは友睦の態度を示し、異国人と出会ったら、逃げないで一礼して通行すること。その上、異国人が人家に侵入したら、女性の部屋へ入らないよう手まねで表座に招き、茶や水などをご馳走してもよいが、少しも馴れ馴れしく交際しないよう命じている。

この史料からみると、琉球王府は琉球人に異国人と親しくなってはいけないと命じている。そして、「友睦」というのは、「誠之親睦」のことではなく、相手に礼を以って挨拶、対応することと位置付けられたのである。すなわち、琉球王府は、第一条の「互ニ友睦」の効果を形骸化させたのである。

次に、第五条に関する「附書」をみよう。[178]

附、本文夷人共遊行等之節噺申掛候ハヽ、別冊異国人江返答之心得書ニ基キ致応答、且夷人共品物押買其外不法之事有之節ハ、隣家又者村中之者召寄手荒取扱無之様柔和加相談、乍其上聞入無之麁抹之仕形於有之者、不致打擲様捕付早速成行可申出、且又追行人引取候而者夷人共行先不相分、何様故障付之儀可致出来候付、当分通追行人密ニ被召附置候。

第五条では、異国人が遊行する際、尾行人を付けないこととなっている。そして、異国人が商品を押買い、または不法な行動をとったら船長に通知することとしている。これに対し「附書」では、異国人が話かけたら、「異国人江返答之心得」に従って答えるべきである。異国人が押買いしたら、隣家・村中の人々を呼び丁寧にアメリカ・フランス側と協議する。聞き入れず粗暴な異国人がいれば、打擲せずに捕まえて早速王府に報告すること。尾行人を引き払うと王府は異国人の行き先（行動）も把握できず（また、異国人が琉球の道を知らず、）どのような事件が発生するかもしれないため、何らかの支障が起こりやすいので、従来通り密かに尾行人を付けることを命じた。

以上からみると、首里王府は琉米・琉仏修好条約に違背することを王府の役人をはじめ人民に至るまで命じていたことがわかる。特別に琉球王府が背くことにした条項は第五条である（琉米修好条約では第四条となっている）。そして、第一条に関しては、薩摩藩は、一七〇四（宝永元）年・一八五一（嘉永四）年の「御條書」でも、一八五六（安政三）年の「取計振之覚」でも琉球に対して厳しく異国人と親しい関係を結ぶことを禁じていた。従って、琉球は薩摩藩の命令によって第一条の「互ニ友睦」の効果を形骸化させ、「互ニ友睦」を「誠之友睦」のことではなく、挨拶のみして親しくならないように命じたのである。

そして、琉球王府は第五条に違背し、尾行人を付けることにした。これに関して薩摩藩は一八五六年の「取計振之覚」では、自らの利益（表向きは幕府の「御大禁」を守るためと述べたが、実は薩摩藩の琉球支配を失わない）のために尾行人を付けることを命じた。このように、琉球は薩摩藩の命令に従って尾行人を付けたが、しかし、琉球にとっても尾行人を付けることが重要な政策であった。次に、これについて詳しく分析する。

三　琉球にとって尾行人を付ける意義

長いスパンでみると、琉球王府にとって、異国人に尾行人を付けるのは、薩摩藩に一六六三（寛文三）年から、（清朝）冊封使の家来とその他の中国人が自由に琉球国内を歩き回らないよう取り締まりを命じられていたことに関連している。[179]西洋人にも尾行人を付けるのは、中国人と同じように監視する、また国内移動を取り締まる、すなわち旧来通り異国人に対応することである。しかし、琉球の視点からみると西洋人に尾行人を付けることについて別の理由も挙げられる。

琉球王府は、一八五四(安政元)年に尾行人について王国内に臨時の指示(「彼者共上陸遊行之節御当地之人不追行筋ニ而候処、其通ニ而者可差障候間」)を出した際にも、また一八五六年一一月の「仏国條書附書」という対応(「夷人共行先不相分、何様故障付之儀可致出来候」)を出した際にも、尾行人を付けないのであれば、何が起こるかわからないので、従来通り尾行人を付けるよう命じた。これにより、次のことが理解できる。王府にとって尾行人を付ける一つの大事な意義は、琉球人民を守ることである。一八五四年の王府の臨時の指示で理解できるように、西洋人が琉球で出歩く際、「若猥ニ人家江入候歟、或者婦女ニ妨、或者強而品物買取、其外不法之事共於有之者[180]」、すなわち異国人が人家へ入ること、琉球女性に暴行を加えること、強制的に品物を購入すること、また他の不法な行動(キリスト教を普及することなど)を犯す懸念があったからである。そして、尾行人を付けることについて、次の理由にも注目しておきたい。

一八四四年、デュプラン艦長が王府に対して和好・通商の要求をし、フォルカードを琉球に残して去った後、琉球王府は異国人への対応に当たって「作名作官」という政策をとった[181]。

摂政・三司官・御書院当御名儀、仏朗西人共ゟ相尋候ハヽ、実成相答候方可然哉御案内之上申越候様問合之紙面相達、いつれ茂申談候処、実成相答候ハヽ何様何様差障候儀も難計候間、若逢尋候ハヽ別紙作名作官之通相達、実御名儀并摂政・三司官之御役名茂不相洩様堅取締申渡、尤通事中ハ勿論、関番人其外寺出入之面々下遣迄も夫々存込させ齟齬不致様可被取計候且又仏朗西共方々罷通候時往還人応答不致様、通事其外附添人共能々気を附取計候様、堅可被申渡置候。此段及返答候以上、

この史料の日付は一八四四(弘化元)年一一月一〇日である。フランス人(フォルカード)に摂政・三司官・御書院当の官職を実際の通りに実名で返事すると、どのような差し障りがあるか予想できないので、聞かれたら「別紙作名作官」の通り返事して、実名と摂政・三司官の役名を洩らさないよう厳しく命じた。特に、通事はもちろん、関番人、その他の寺に出入りする人々、下使いまで齟齬がないように「作名作官」のことを念頭に置かなければならない。また、フランス人(宣教師)が通行する際、人民と会うたびに、通事と「附添人」＝尾行人は王府の官職の偽造が洩れないように気を付けることが命じられた。

この史料を通じて、在琉異国人に対する琉球王府の対応の一つの特徴として、二つの異なる物理的な空間を見出すことができる。一つは、異国人の滞在地である寺とその周辺のことである。これは、囲まれた空間(closed space)であり、その出入りは王府の役人によって固く警備されていたので、異国人に琉球の重要な情報などが漏洩するのは不可能であると思われる。もう一つは、出かける時に異国人が歩く道々のこと、つまり、広大で公共の空間(open space)である。ここには境界線は引かれておらず、予めその道程を決めることはできない。またそこを異国人が通る際、どのような琉球人民を配置するか予め決めておくなど到底不可能であった。従って、この公共の空間では、琉球の重要な情報を守るために、いつも琉球の役人を異国人に付けておくことが必要であった。

前述の「作名作官」とは総理官と布政官のことで、異国人に対応するために設置した建前の官職である。ここで注目したいのは、総理官・布政官の設置と在琉異国人に尾行人を付けることとの密接な関係である。右の史料で理解できるように、総理官・布政官が設置される前に、王府はすでに異国人に尾行人を付けることを命じた。さらに、摂政・三司官が王府の最高の官職であるので、これらの高官の偽装は琉球国のイデオロギー的、象徴的な領域（the ideological／symbolic sphere）を守ることを意味している。これについて、王府にとって異国人に摂政・三司官の実名を知らせないように、公共の空間では「通事其外附添人共能々気を附取計」ことは不可欠な対策となったと思われる。

前述したように、一八四六（弘化三）年に琉球王府は異国人への対応について「異国人江返答之心得」を作成した。このマニュアルの一番重要な点は、琉球と日本との隠蔽政策と琉球の官職偽名のことである。「異国人江返答之心得」は特に最前線の那覇港や泊港、寺とその周辺（囲まれた空間）で働いている役人、また宣教師を警戒する役人たち、すなわち公共の空間で役割を果たす通事・尾行人のために考えたものと思われる。通事・尾行人が「異国人江返答之心得」をよく学んだ上で、異国人の質問に返答すること、また異国人と一般人民との接触を警戒する限り、琉球の重要な情報は洩れない、すなわち建前に立てた総理官・布政官の偽装は露見することなく、また琉球と日本の本当の関係、つまり琉球王国の政治的な領域（the political sphere）も守ることができたのである。先行研究で明らかにされたように、琉球では琉球王府も薩摩藩も西洋人と在琉薩摩藩家来との接触を避けることを重視していた[182]。その接触を阻止したのは、尾行人であったと思われる。

一八五六（安政三）年の「仏国條書附書」では、尾行人を廃止したら、「夷人共行先不相分」＝異国人の行き先がわからず、何らかの支障が起こりやすいので、従来通り密かに尾行人を付けることが命じられた。琉球王府は、異国人の行き先が分からなくなり、人家に侵入する恐れがあり、また宣教師による布教活動が懸念されたため、異国人にいつも尾行人を付ける必要があるとされた。しかし、これだけではなかったと思われる。尾行人を付けるのは琉球の官職偽装（象徴的な領域）、そして隠蔽政策（政治的な領域）を守るための不可欠な対策でもあった。「夷人共行先不相分」というのは、琉球王府が、異国人が道を知らないことを利用して人民に近づくこと、また異国人の行き先で彼らがどのような人と会うかわからないので警備することが必要である、ということも意味していると思われる。フランス人宣教師の苦情から理解できるように、尾行人がいなければ琉球人民と異国人とが接触できたので、琉球に関する様々な事情が洩れる可能性があったのである。

次の史料が示すように、一八五六年（＝琉米・琉仏修好条約締結後）、「夷人等行先不相知筋ニ而者不相済」ということを理由に、琉球王府は尾行人に対して衣装の変化を考えた[183]。

是迄士江被仰付装束茂結構ニ有之候故、其容体仏人共ニも知易有之筈候処、百姓江被召替候ハヽ、装束彼是段々引替不見立様了簡茂致易、勿論仏人等気付茂薄相成、おのつから疑相晴可申哉与存申候間、一往通事者引取、筑佐事共江堅申付陰より追行させ、左候而仏人等疑相晴候期ニ罷成候ハヽ、其節ハ猶又士より相付候共、先以当分ハ右通取計候而者何様可有之哉。

これまで士（通事・上級役人）に追行を命じたので、彼らの格好も結構（立派）に見られたので、フランス人は様子からすぐ尾行人を気付きやすい。百姓の格好に変えたら装束はいろいろに変化し目立たないように考えている。そうすれば、フランス人も気付かず、疑いもおのずからなくなると思うので、一往通事を止め、筑佐事（首里王府の下級役人）に厳しく尾行させる[184]。フランス人の疑いが消えたら、その際また士に命じるが、これからは右の通り取り計らうべきこと。この史料が示すように、琉球側は尾行人を止める意志がなく、フランス人にばれないように、と戦略を立てたことがわかる。

一八五六（安政三）年一二月、琉球王府は「異国人江返答之心得」をすべての人民に知らせようとしていた。しかし、琉球の官職偽名と「日琉関係の隠蔽政策」を維持するため、また琉球人民を守るために、一般琉球人に「異国人江返答之心得」を周知させることだけでは十分ではなかったと思われる。そのため、実際には王府は修好条約に違背し、従来通り尾行人を付けることを命じた。紙屋敦之[185]が指摘しているように、一八五八(安政五)年になると総理官・布政官は徐々に現職の摂政・三司官が務めるようになるが、それまでは琉米・琉仏修好条約に印を押した総理官や布政官といった役職が偽装の官職であるという事実を隠蔽することが重要な政策だったと思われる。

本章で論じたように、尾行人を付けるのは、総理官・布政官の官職など一八四四(弘化元)年から琉球王府が異国人に対してとった政策を支えるためにも必要であった。また、琉仏修好条約においてフランスは治外法権を獲得した。これによって、琉球の主権、特に裁判権の行使は制限されることになった。しかし、異国人に尾行人を付けて彼らの行動を取り締まることは、異国人が犯す犯罪(暴行、不法な交易など)を未然に防ぐ対策でもあった。これは琉球の主権の領域(the sovereign sphere)を守る意味もあった。また、前述したように、琉球の政治的な領域を守るためにも、尾行人を付けるのは重要な対策だったと述べた。これに関して、第二部で琉球の視点から幕末の琉球使節の江戸参府を分析し、尾行人を付けることと琉球使節派遣が、在琉異国人に日本と琉球の関係を隠蔽することになる関係を明らかにする。

最後に、琉仏修好条約の第一条と第五条(琉米修好条約の第一条と第四条)の密接な関係を見逃してはいけない。尾行人を付けること(すなわち条約に背くこと)によって、異国人はどんな人と出会っても、警戒された結果、琉球の重要な情報を得られないはずであったのである。琉球王府は尾行人を付けて、琉球の一般的な人民と異国人とのあいだの接触を警戒した。これは第一条で規定されている「互ニ友睦」を形骸化することである。すなわち、琉球王府は尾行人を付けることによって、修好条約の第一条の効果を封じ込める必要があった。

以上でみたように、薩摩藩は琉球に異国人と親しくならないよう尾行人を付けることを命じたが、琉球王府はそれを、琉球の偽装官職のシステム、「日琉関係の隠蔽政策」を守り、さらに琉球人民を守るために利用したのである。

おわりに

本稿では、修好条約に対する首里王府の対応について分析した。その中で、修好条約締結の交渉中、琉球王府は、アメリカ・フランス・オランダに対して、それぞれに異なる政策をとり、その国に対して一番成功しそうな方針を策定したと指摘した。

琉球王府は、修好条約を締結した後も、旧朝貢体制から離脱することなく、旧来通り清国を宗主国として位置付け、薩摩藩の監督を受けながら西洋人との条約体制を受容していたのである。

一八四四(弘化元)年から西洋人の宣教師が琉球で長期滞在することになってから、琉球にとって異国人に尾行人を付けることは不可欠な対策となった。そして、この対策は、修好条約の規定で異国人を追いかけることは禁止となったが、琉球王府においては廃止されていなかった。その理由は、西洋人の人家への侵入とキリスト教の布教の恐れもあったが、琉球国の高官偽名(象徴的な領域)、また「日琉関係の隠蔽政策」(政治的な領域)との関わりもあったと述べた。

先行研究で注目されてこなかったが、より広い視点でみれば、尾行人に注目すると、幕末と明治初期との重要な結びつきが明らかになる。尾行人の存在は、外艦渡来事件の際も、修好条約締結前後も異国人と琉球王府の間に生まれた対立の原因であった。尾行人の設置は、異国人に対する琉球王府の非常に大事な対策の一つであり、その重要性を見逃してはいけない。これは、本書の一つの重要なテーマであり、後に分析する課題との密接な関係がある。すなわち、尾行人を付けることの必要性は、修好条約が締結される以前から西洋人が琉球で勝手に出歩いていた事情から生まれた。さらに、その後、幕府が西洋列強と結んだ条約と異なり、琉球王府は修好条約締結により、ある程度までの自由貿易と自由な行動を西洋人に認めた。そのため、修好条約締結後、尾行人を付けることが修好条約に違背することとなったにもかかわらず、王府は琉球を守るために密かに尾行人を付け続けていった。本章では、尾行人を付けることについて、薩摩藩の命令に従った側面もあったが、同時に首里王府が主体的にとった政策としてもみられることを論じてきた。第三部では、一八七二(明治五)年に駐日アメリカ公使デロングがまさにこの琉球での自由貿易と琉球で自由に行動できる特権について注目したことについて考察する。このデロングの注目は琉球の運命に関わるきわめて重要な出来事であることを明らかにする。

第三章　琉球に対する幕府の関心の深まり

はじめに

一八五四（安政元）年三月三日に、幕府はアメリカと和親条約を締結した。このことにより二〇〇年以上にわたった鎖国（海禁）政策に完全に終止府が打たれたわけではなかったが、「通信」「通商」の関係のみの時代から、「通信」「通商」と「和親」の関係の時代に入った。ペリーの来日は日本の歴史の中において最も重要な出来事の一つであり、従来からの先行研究で十分検討されてきた。これらの内、一つの代表的な研究として、加藤祐三は日米和親条約について「日本が最初に結んだ条約であり、同時にまた世界最初の交渉条約である。幕末維新以降の日本近代史を決定づける重要な意味を持つ」[186]と述べている。日本を開国させた人物としてペリーがよく知られているが、実はこれは後から根付いた認識であり、右の先行研究で明らかにされたように、ペリーは一方的にアメリカ側の要求を幕府に押し付けたわけではなく、幕府と交渉しながら、またアメリカとの交易開始の要求に対する幕府の抵抗にある程度譲歩しながら、日本と条約を結んだ。これに関連して、琉球が結んだ琉米・琉仏・琉蘭修好条約も「交渉条約」として位置付けられることに留意すべきである。

本章では、西洋列強の来琉（外艦渡来事件・修好条約締結）に対する幕府と薩摩藩の対応について考察する。その中で、特にペリーの来日を契機に、徳川幕府（老中阿部正弘）が日本と琉球の関係についてとった政策に注目する。このテーマに関して、重要な先行研究がある。西里喜行は「老中の阿部正弘はすでに条約交渉中に琉球の所属をめぐるアメリカ側との問答を想定してみずから回答案を作成し」たと述べている。[187] すなわち、西里は阿部の回答案（以下、「想定問答集」）が日米和親条約の「交渉中」に記されたと述べているのである。真栄平房昭は「ペリー艦隊の再来に備えて、幕府の老中阿部正弘は琉球領有権をアメリカ側にどのように説明すべきかという難問をかかえており、以下のような外交問答を想定して日米交渉の対策を練った」ということを論じている。[188] 真栄平は、老中阿部の「想定問答集」の作成日付をペリーの最初の来日（一八五三年）から再来日（一八五四年）前の間に位置付けているのである。横山伊徳は「老中阿部正弘がペリーとの交渉を前に、交渉の想定問答を示しつつ」あったことを述べている。[189] 横山も老中阿部がペリーとの交渉前に「想定問答集」を作成したと解釈している。

老中阿部の「想定問答集」はアメリカ人からの十一の想定質問とそれらに対する幕府側の最もふさわしい答えで構成されている。その内容から、「想定問答集」はこの時点において、阿部がはじめて対外的に琉球が清朝のみではなく、日本の支配下にもあることを宣言する必要に迫られていたことを如実に示す重要な史料といえるが、作成日が付されていない。

先行研究で明らかにされたように、当時の出来事の流れから判断すると、ペリーが最初に来日してから、幕府にとって琉球の所属問題は重要なものとなり、阿部がペリーとの交渉が始まる前に、アメリカ側の琉日関係に関する質問を想定し、「想定問答集」を作ったと考えるのが適切である。筆者もこのような解釈を尊重するが、本章では阿部の「想定問答集」がペリーと幕府の交渉後（詳しくいうと、一八五四年二月一九日以降）に記されていたことも考えられるということに注目したい。一見したところ、阿部の「想定問答集」の作成日付は小さな問題にみえるかもしれないが、その作成日付を幕府側とペリーの交渉前ではなく、ペリーが琉球の開港を要求した後だと考えたとすると、次の三つの点について先行研究の解釈と異なる歴史像を見出すことができる。

一つ目は、幕府は、ペリーと交渉する前ではなく、ペリーが琉球の開港を要求したことを契機に琉球の所属問題に注目するようになった、ということ。二つ目は、「想定問答集」がペリーと幕府の交渉後に記されたのであれば、「想定問答集」の内容は、その後の出来事、特に、一八六二（文久二）年にイギリス政府が幕府に琉球と日本の関係について照会したことに対する幕府の返書の内容との密接な関係がみられる、ということである。三つ目として、ペリーが琉球の開港を要求してから、琉球の所属問題に関する幕府の次のような認識が強まったということ。すなわち、琉球の所有を主張しないと、西洋列強が琉球を占領する恐れがあるのではないか。また、琉球は清朝にも日本にも従っているが、幕府は日本（薩摩藩・幕府）の支配がより実質的であることを国際的に示そうとしたということである。幕末に生じたこのような認識の変化に注目すると、明治初期の琉球に対する明治政府が持っていた認識との連続性もみえてくるのではないだろうか。

以上を踏まえて、本章では一つ目の点に焦点をあて、ペリーが琉球の開港を要求したことは、琉球の所属問題について幕府の関心のターニングポイントとなったことを明らかにしたい（二つ目、三つ目の点については第二部で述べる）。その際、優れた先行研究の成果を補うための方法として、幕府側とアメリカ側の史料を使用しながら、一八五四（安政元）年のペリーと林大学頭復斎の交渉に注目する。

第一節　外艦渡来事件に対する薩摩藩・幕府の対応

第一部第一章で述べたように、一七世紀初期から琉球は明（その後、清）に朝貢しながら、日本（薩摩藩・幕府）の支配も受けるようになった。このような状況の中で、幕府は琉球支配の諸事を薩摩藩の島津家に委任し、徳川将軍の代替わり、また琉球国王の即位の際、「慶賀」と「謝恩」をあらわす使節を江戸城で歓迎した。明清交代後、幕府は清と琉球の冊封・朝貢関係を認め、その一つの結果として、一八世紀初頭から、琉球は薩摩藩の方針に同調し、清朝に対して琉球と日本の関係を隠蔽し始めたのである。一方で、同時期から幕府は琉球に対して従属の強化を求め、日本と琉球との関係が、君臣関係であることを琉球に明確に理解させようとした。

幕末になると、一八四四（弘化元）年三月一一日、フランス側が琉球に和好・通商の関係を締結することを要求した。このようなフランスの要求は琉球のみならず、薩摩藩と幕府をも心配させており、そのような状況の中、同年六月、薩摩藩主島津斉興の継承者である斉彬は老中阿部に対して、「琉球ハ日清両属、表ニ清国ニ隷属シ隠ニ日本ニ随属スルカ故」[190]と述べた。斉彬は、琉球の政治的な情勢を説明するために「日清両属」という位置付けを使用し、琉球は「表」において清朝の朝貢国であり、「隠」において日本に従属していると主張した。この点について、渡辺美季の研究は重要である。渡辺によると、一八世紀半ばごろにおいて、「琉日関係の隠蔽に関して、薩摩藩・長崎奉行・幕府の三者の認識にいささか齟齬があった様子が窺え」る。つまるところ、薩摩藩にとって、隠蔽政策は「普通の事」に当たるが、一方で長崎奉行は幕府にその政策について報告するとなると、幕府にとっては「初耳」で、おそらく何も知らないのではないかと長崎奉行は心配していたのである。(191)これからみると、幕府は一八世紀まで「日琉関係の隠蔽政策」のことを知らなかった可能性が高いのである。以上から判断すると、少なくとも一八四四年から、つまりアヘン戦争後西洋列強が琉球に圧力をかけ始めたころから、幕府も「日清両属」の支配下にある琉球が、清朝に対する「日琉関係の隠蔽政策」をとってきたことを認識するようになったのではないかと思われる。

さらに、同年(一八四四)、オランダ国王ウィレムⅡ世は、第一二代将軍徳川家慶に開国勧告の書簡を送った。一八四五年、老中はオランダ政府の大臣に対し、日本は朝鮮と琉球に限って「通信」しており、また貴国(オランダ)及び清国に限って「通商」の関係を持っている。これ以外の交際を許さず、オランダについても従来通り「通商国」と見做しており、「通信」と「通商」をはっきり区別していると返答した。(192)つまり、幕府は、一七一四(正徳四)年から琉球に対する従属の強化をしてきたが、対外的には、西洋列強に対して琉球が薩摩藩・日本の支配下にあることを隠蔽しながら、(朝鮮と同様に)日本と通信関係＝外交関係を維持してきたことを明言したのである。

この点に関して、一八四七(弘化四)年六月において、徳川斉昭は島津斉彬に対し「薩州、琉球ニてハ通信通商不致よし異人へ申候共、於　公辺、弘化二年乙巳六月朔日、返翰被遣ニハ、海外諸国通信貿易、固無一定、及後議定通信之国通商之国、通信限朝鮮琉球、通商限貴国与支那云々被仰遣置上ハ、薩州、琉球ニて如何様申候共、右書面を証拠ニ出ス時ハ、一言も答ハ相成間敷事也」(193)と述べていた。すなわち、薩摩藩と同調して琉球(首里王府の役人)が琉球において西洋人に対して日本と「通信」「通商」の関係を結んでいないといっているが、それは一八四五年の幕府からオランダ政府への正式な返事の内容と矛盾しているのである。

それ以前、斉昭はフランス艦隊の再来琉の情報を受けてから、一八四六年七月一三日付の書簡で幕府に琉球を日本へ併合するようと提案した。そして、斉昭は、同月二八日に老中阿部への書簡においてフランスが琉球を奪う前に幕府が琉球でフランスと決戦すべきだということも促した[194]。しかし、幕府側は斉昭の提案に耳を貸すことなく、琉球の国際的な問題について慎重な姿勢を示したのである。

一八四四(弘化元)年から、薩摩藩(家老調所広郷と藩主成興、継承者の斉彬)は儒者五代直左衛門秀堯の『琉球秘策』に基づいて、琉球が巻き込まれた国際的な問題に対応しようとした[195]。圧倒的に強い西洋人との戦いをできるだけ避けた方がよいという『琉球秘策』の内容に従い、薩摩藩(調所)は、幕府から琉球への兵派遣を命じられたが、江戸に報告したより少ない人数を派遣し、しかもその後すぐ、幕府に何も報告することなくその大部分の兵士を引き取った。また、当時、薩摩藩は天保の改革の最中にあり、経済的にも多くの家来を琉球に長期間滞在させることは不可能であった[196]。

一八四六年、フランス艦隊が再び琉球に開国要求をした際、フランスの要求(和好・貿易関係の開始)に応じるため薩摩藩は幕府に働きかけ、外国貿易で利益をあげようと企てて、江戸では阿部との交渉において薩摩藩家老調所広郷は琉球を日本の「域外」と位置付けた。その時、幕府(阿部)は日本の国体(鎖国・海禁政策)を維持するために薩摩藩の意志に応じ、琉球とフランスの貿易関係の開始を黙認した。この段階において、薩摩藩と幕府は琉球を「域外」と位置付け、幕藩制国家の「安全弁」として利用した[197]。

第一部第二章ですでにみたように、一八四四〜四六年の外艦渡来事件の際に、薩摩藩は、一方で琉球支配を維持するために、琉球側に西洋人と親しい関係を結ばないよう命じ続けた。これに関連して、薩摩藩は琉球に従来通り(＝一七〇四年以降)キリスト教を禁止し、上陸した西洋人を密かに尾行するよう命令したのである。他方で、幕府の許可を得た上で、薩摩藩(調所)は琉仏貿易開始を計画していたが、二回にわたり琉球側により拒否された。そして、一八五一（嘉永四）年に斉彬は藩主になり、五七年に琉球にオランダとの密貿易計画を命じたが、斉彬の死去後島津久光によりその計画も廃止されたのである。

ここでは、外艦渡来事件後の琉球使節の江戸参府に関する薩摩藩・琉球と幕府側の認識について少し触れたい。薩摩藩・琉球の視点について紙屋敦之の研究は重要である。[198] 紙屋によると、一八五〇（嘉永三）年に琉球国王尚泰即位（四八年）による謝恩使が予定されていたが、当時、琉球ではイギリス人のベッテルハイムが滞在しており、琉球も薩摩藩（斉彬）も懸念していた。一八四八（嘉永元）年三月二九日、斉彬は腹心の山口定救への書簡において、在琉異国人（ベッテルハイム）が在番奉行所のところに行ったので、在番奉行が隠れたことの他に、「一、来々年琉人之事弥と存候、しかし異人次第追々相深く相成候ハヽ、六ヶしきもの御座候」[199]、すなわち二年後の一八五〇年に琉球使節が予定されているが、異国人が長く琉球に滞在するのであれば、使節の派遣は「六ヶしきもの」だと述べた。これにより、異国人が琉球に滞在するようになってから、彼らは琉球使節派遣を目撃する可能性があったので、琉球と日本の関係が露見する恐れがあったということがわかる。

一八四八年五月二九日に、斉彬は再び山口へ書簡を送り、一八五〇年の琉球使節の際に異国人が琉球に滞在していればよろしくないと述べ、そして「琉飛舟も琉よりは戊年御断申出候へ共、御手当被下候間、是非と申処にて、飛舟出候て夫か帰り、琉も御受申出候よし」[200]ということを伝えた。すなわち、琉球は薩摩藩に飛船を派遣し、五〇年の琉球使節派遣を拒否したが、薩摩藩は「御手当」を与えることで、その意見を転換させた。紙屋が明らかにしたように、その「御手当」は薩摩藩から琉球への八〇〇貫目の拝借銀を意味している。[201]

その後、一八五〇年二月二四日に斉彬は徳川斉昭に書簡を送り、同年に予定されていた謝恩使について「此儀は内実心配仕候事にて、色々勘考仕候得共、致かたも無之意味ニ御座候、公辺より被仰出候訳ニは無御座候、滞夷中々帰国之様子無御座候」と書いた。つまり斉彬は、異国人が琉球に滞在しているので、今回の琉球使節について心配しており、深く考えたが、幕府が異国人の在琉を理由に使節の延期を命じると思えないと認識していたのである。(202)

このように、外艦渡来事件後、西洋列強が琉球に開国を要求し、宣教師を琉球に滞在させてから、薩摩藩にとっても琉球にとっても従来の「日琉関係の隠蔽政策」の継続を危うくさせる琉球使節の派遣は重要な問題となった。琉球側は一八五〇年に計画されていた使節の派遣を中止するよう要求したが、薩摩藩は同様の懸念をしていたにもかかわらず、最終的に琉球を納得させるために拝借銀を許した。また、薩摩藩(斉彬)の視点からみると、琉球に西洋人が滞在していても、幕府はその理由を以って使節を延期しないはずであったのである。

次に、一八四〇年代までの外交使節(琉球・朝鮮)に対する幕府の認識をみてみたい。

第一部第一章で述べたように、朝鮮通信使が日本に派遣されなくなると(一八一一年以降)、幕府にとって琉球使節の派遣はより重要な外交儀礼となった。その後、幕府は一八三二年(謝恩使)・四二年(慶賀使)・五〇年(謝恩使)に琉球使節を歓迎し、一九世紀半ばに至るまで、琉球使節を重視していたことがわかる。

しかし、一八一一(文化八)年の対馬易地聘礼の後も、朝鮮通信使の派遣が計画されたことに留意すべきである。これについて、池内敏の「朝鮮信使大坂易地聘礼計画をめぐって」が重要な研究である。(203)

一八四〇(天保一一)年に、幕府は、徳川家慶襲職(三七年)を祝うため、一八一一年の通信使派遣の先例にならい、一八四四(弘化元)年に対馬で易地聘礼を行うことを命じた。しかし、一八四一年五月、水野忠邦は天保改革を企て、その直後、この天保改革の一環として次の通信使を対馬ではなく、大坂で歓迎することを計画した。その後、一八四三年四月に水野は、対馬藩に朝鮮側と大坂易地聘礼についての交渉を正式に命じたが、同年閏九月一三日に老中職から解任された。水野の代わりに、一八四五(弘化二)年から阿部正弘が政権を握り、阿部政権のもとで大坂易地聘礼の計画が進められ、同年対馬藩と朝鮮が大坂での通信使の歓迎に合意したので、四七年八月一五日に幕府は大坂易地聘礼を正式に決めたのである。しかし、一八五二(嘉永五)年、江戸城の西の丸が燃えたことを理由に、朝鮮通信使が一八六一(文久元)年まで延期されたのである。[204]

水野忠邦からみると、大坂で通信使を歓迎するのであれば、大坂は豊かな街であるので、その住民が苦しまずに朝鮮使節を接待することができる。また、江戸と京都の場合と同様に、大坂には城があるので、通信使を温かく歓迎することができる。そして、通信使は大坂まで船で来るが、江戸での歓迎と異なり、大坂にとどまり、江戸までの長い旅を免れる。特に、池内が指摘しているように、対馬で聘礼を行うのと比較すると、大坂での聘礼は徳川将軍の国内的な威光にとってより効果が高かったのである。[205]

水野の大坂易地聘礼の計画は阿部政権により進められたが、徳川斉昭はこの計画を様々な面で厳しく批判した。ここでは、斉昭が指摘したことの中で次のことに注目したい。一八四七(弘化四)年九月九日に、阿部への書簡において斉昭は「近くハ必英仏ニ化候半も難計万々一英人仏人鮮衣を着し交り来り候てハ海路の深浅地理を知らしめ候義以の外ニ奉存候」と主張した。つまり、もしこれからイギリス・フランス人が朝鮮の衣服を着て朝鮮通信使の中に紛れて日本に来るのであれば、彼らは日本の海路などについて詳しく知ってしまい、大変なことになると斉昭が主張した。

また、一〇月一七日付の阿部宛への書簡において、斉昭は、「琉国之模様にて推考候へハ鮮国とても英仏ハ必来候半(中略)も難計」と述べているように、琉球の状態を念頭に置いて推測すると、英・仏人が必ず朝鮮にも行くと考えられる。その際、斉昭は、英・仏人が朝鮮との戦争になることを非常に心配していた。日本は朝鮮の隣国であり、「通信」関係を持つので、その戦いに巻き込まれる恐れがあると述べた。[206]

以上からみると、一八四〇年代まで幕府は徳川将軍のご威光を高めるために琉球と朝鮮からの外交使節を重視したことが理解できる。朝鮮通信使については、経済的な問題もあったが、水野の後、阿部も大坂で通信使を歓迎する計画を進めた。一方、徳川斉昭の姿勢はきわめて興味深い。斉昭は、アヘン戦争後に西洋列強が日本に来る以前に朝鮮・琉球に到着し、西洋人が朝鮮や琉球から来る外交使節を隠れ蓑に来日する恐れがあったので、日本は大変な状況になることを認識していたのでる。

第二節　ペリーによる琉球開港の要求—幕府の琉球位置付けの再考察

一　老中阿部の「想定問答集」に関する再考察

前述したように、一八四〇年代まで、幕府は琉球に関わる問題は薩摩藩に任せていたが、一八五三・四年にペリーが来日した際、重要な動きがみられた。ここでは、阿部の「想定問答集」の作成日付について、なぜ再考察する必要があるのかということについて論じたい。

阿部の「想定問答集」の最初の質問として、アメリカ側は琉球が日本の属国であるのか、それとも清朝の属国であるのかと照会することが推測されている。これに対して第一答目では左の通りに記されている。(207)

先達テ松前・浦賀・琉球之三ヶ所へ石炭置度ト申出ラレ候事モ有之候へハ、琉球ハ日本ノ属国ト心得被居候ニ可有之、何故改テ左様被尋候哉、

つまり、さきごろ（先日）、アメリカ側は松前・浦賀・琉球という三ヶ所に石炭を保管する施設を建設した

いと要求したので、琉球が日本の属国であることを理解していたことがわかる。なぜ、再び（日本による琉球支配について）尋ねるのか。ここでは、「先達テ」と「松前・浦賀・琉球之三ヶ所」という用語に注目する。従来、「先達テ」は一八五三（嘉永六）年にペリーがはじめて来日した際、また幕府がペリーに日本側の条約草案を提出する前のことだと考えられていた。また、「松前・浦賀・琉球之三ヶ所」もペリーが幕府の役人との最初の接触の際（一八五三年）に言及した三つの地名だと考えられてきた。[208]「何故改テ」が書かれているので、阿部はペリーとの交渉後、アメリカ人が「改テ」琉日関係について質問することを想定していたことがわかる。もう一つ、ペリーが「松前・浦賀・琉球」の開港を要求してから、阿部は「想定問答集」を記した、ということに注目しておきたい。

阿部の「想定問答集」に書かれている他の一つの問答をみよう。

第八答目では、アメリカ側が琉球と貿易関係を開始したいという場合、日本と交渉することになるのかという質問が想定されている。これに対して阿部は「掛合有之候共、（中略）日本ニテ既ニ貴国へ交易之返答相延シ有之候、況ヤ琉球遠国之儀ニ候得ハ容易ニ難及挨拶候[209]」、すなわち日本との掛け合い（交渉）になるが、アメリカが日本との貿易関係の開始を要求したことに対して、幕府はすでにその返事を延期した。まして、琉球が日本から「遠国」であるので、阿部は簡単には交際しがたいと答えるべきだと記した。この点について、先行研究においては、幕府はペリーによる貿易関係を開始する要求を、一八五三年の段階で延期することに成功したとされている。

次に、アメリカ側の史料からペリーの最初の来日をみよう。

一八五三（嘉永六）年六月三日にペリーがはじめて来日し、一〇日間滞在した。ペリーは自分の日記では、幕府によるアメリカのフィルモア大統領の国書の受理について以下のように述べた。すなわち、幕府がその国書を受理することを許可したが、その国書を受け取るため「皇帝により任命された役人が（ペリーと）交渉する権利がなく、国書を受理し、それを君主に渡すだけの権限を持っていた[210]」と記されているように、ペリーは幕府が交渉するつもりがないと理解していた。

アメリカ側が幕府の役人にアメリカ大統領の国書を渡した際、ペリーは次のように述べた。ペリーは幕府の役人に、アメリカ大統領の国書、米国政府によるペリーの信任状、そしてペリーが記した三枚の書簡を渡した。ついで、ペリーは「会談（幕府側とのミーティング）において交渉が行われないことを（幕府側と）理解し合っていたので、短い時間で会談を済ませ、上陸した際と同様の儀礼で（船に）戻った[211]」と記した。右の史料から、幕府側がアメリカの国書を受理するための会談は、交渉の場ではないとペリーが理解していたことがわかる。また、会談の際、ペリーが幕府の役人（井戸石見守・岩瀬修理守）から正式な書簡を受け入れたが、その書簡の最後のところでは「当地（浦賀）は外国人と交渉する場所ではなく、そしてこちらの（＝浦賀で外国人との）会議も（外国人を）もてなすこともできない[212]」と書かれている。右の書簡から理解できるように、一八五三年の時点で、幕府はアメリカと交渉するつもりではなかったのである。

最後に、アメリカ大統領の国書の内容に少し触れたい。国書では、アメリカの蒸気船が日本で石炭・食糧・水の供給を要望することに関して、「（日本）殿下は我々の船がその目的のために泊まることができる（日本の）帝国の南にある適切な港（の一ヶ所）を指定するよう我々（アメリカ政府）は要求する[213]」と記されている。国書の内容からみると、一八五三年の段階ではアメリカ政府は、日本との外交関係を結びたいと考えており、日本の南の一つの港の開港を要求しているが、阿部の「想定問答集」に書かれている「松前・浦賀・琉球之三ヶ所」についても何も言及していなかったようである。

以上のアメリカ側の史料から判断すると、ペリーの最初の来日の際、アメリカ側と日本側の正式な交渉はなく、幕府はアメリカ大統領の国書を受理することのみを許可した。また、その国書の内容において、詳しい地名に言及することなく、「日本帝国」の南にある港の開港が要求されたことが理解できる。そうであるならば、琉球・松前・浦賀という地名はいつの段階において言及されたのか。これについて次に考察してみたい。

二　ペリーと林大学頭の交渉

ペリーは一八五四（安政元）年一月に再来日した。ここでは、ペリーと幕府の役人（アメリカ応接掛に任命された林大学頭復斎）の交渉において、いつ琉球・松前などという地名が出てきたのか、また幕府はアメリカ側の貿易の開始要求に対してどの時点でその返事を延期したのか、ということについて論じたい。

まず、林大学頭とペリーとの交渉をみよう。林とペリーは一八五四年二月一〇日に最初の交渉を行った。その際、林はアメリカ側が要求した薪水食糧の提供、また漂着民の援助について幕府が応じると伝えたが、「其外交易等之儀者一切御聞届ニ難相成(214)」と主張した。すなわち、幕府はアメリカと交易関係を開始することについては強く拒否した。そして、林が「交易之儀者利益之論にて指て人命ニ相拘り候事にハ無之」ということを強調した。これに対して、ペリーは「如何様如仰此度渡来之主意ハ前々申述候通り人命を重し候事故、船々御救ひ被下候儀肝要之事ニ御座候、交易ハ国之利益にハ候得共人命ニ相拘り候事と申ニ者無之候得者交易之儀者強て相願申間敷候(215)」と述べた。すなわち、ペリーは交易が「国之利益」になるが、今回の自分の使命の最も肝要である「人命」を救うこととは「拘り」がないので、交易を強く願うことができないと認めたのである。

次に、ペリーが幕府に提出した草案をみよう。（幕府とペリーのやりとりに関する幕府側の史料は、漢文と和文、両方が残っている。本章では、主に和文（史料上では「和解」）の分を使用する）。ペリーの草案は二五ヶ条で構成されていた貿易草案であり、その中で「居住貿易権」「領事裁判権」「協定税率」「最恵国待遇」という特権が要求されたが、開港の地名は言及されていない(216)。

そして、二月一三日付のペリーから林への書簡では「一、我国之通商日々繁昌いたし候得者唐国と相立候取極之如く貴国ニ於ても多く港津を相開候儀専要ニ御座候(217)」と記されている。つまり、ペリーは日本と貿易関係の開始を完全に放棄していなかったことがわかり、清朝の場合と同様に日本の「多く港津」を開港するのがきわめて重要なことだと主張している。だが、この場合も、ペリーは書簡では具体的にその港の地名を述べていなかった。

二月一六日、アメリカ側は「薪水食料石炭等被下候場所等御取極之儀申談度候ニ付近日ニも横浜ニて御面談仕度候旨申越候(218)」、すなわち日本の開港地名を決めることについて幕府の役人との会談を要求した。

次の日(二七日)に幕府(林ら)からアメリカ側にペリーへの書簡と日本側の草案が渡された。林らの書簡ではペリーの貿易関係の開始要求を強く拒否していたが、「五年を経別地ニ港口相開き追々貴国の船渡来候様可相成候(219)」、すなわち五年が経たら、長崎の別地において一ヶ所を開港し、追々アメリカの船は入港することが許可される。阿部の「想定問答集」の第八答目に記されている「日本ニテ既ニ貴国ヘ交易之返答相延シ有之候」という文書は、右の史料の「五年を経」という林らの貿易関係の延期提案と密接な関係があるのではないかと思われる。

日本側の草案(二月一七日)にもアメリカとの貿易関係を五年後まで延期する旨が規定されており、日本の開港については長崎の一港のみが指定されている。また、琉球と松前という地名についても言及されている。すなわち、琉球島は「属遠境」にあるので、幕府側はここではその開港交渉に応じられないと主張した。また、松前は「是又辺境ニて且松前家之所領なれハ今度談判難成来春長崎渡来之船ヘ治定之返答可致事(220)」という理由にその開港を拒否した。幕府は琉球も松前も遠くにある領土として位置付け、その上松前は松前家の所領だと述べた。

琉球の位置付けについて幕府側とアメリカ側の史料に興味深い記録がある。幕府側の漢文資料では、琉球は「琉球島属遠境」にあると書かれているので、幕府はペリーに対して琉球を「遠境」に属する島（領土）として位置付けたと理解できる。また、松前が「是又辺境ニて」にあり、松前家の所領なので、ある程度まで琉球と近い位置付けにされたものの、史料上では、幕府は琉球が日本の属国であるかと位置付けたかどうか理解できない（さらに、「和解」では琉球はただ「遠境」にあるとされている）。幕府側の草案について、*The Personal Journal of Matthew C.Perry* では琉球は〝a distant country〟として位置付けられている。だが同じ史料の中では、交渉の際、幕府側は琉球について属国（dependency）であるが、琉球では将軍は限られた支配をしていると主張した、ということも書かれている（この情報は幕府側の史料でみられない）[221]。また、*A Journal of the Perry Expedition* では、幕府の草案では琉球は〝a distant dependency〟（遠境にある属国）であることが述べられている[222]。以上からみると、幕府は日本側の史料上では琉球が日本の属国であるということをはっきり述べていないが、アメリカ側の史料から、交渉中において幕府の役人は琉球が日本の属（a distant dependency）でありながら、将軍が限られた支配をしていると主張したことがわかる。

さて、なぜ幕府は草案において琉球と松前に言及したのか。松前に関する一ヶ条の最後のところ、「今度談判難成来春長崎渡来之船へ治定之返答可致事[223]」と書かれているように、今回は松前の開港について決めがたいので、来年の春に長崎において幕府はアメリカ側に対してその開港に関する「返答」する提案をしているので、それ以前にアメリカ側から琉球・松前の開港要求があったと考えられる。この要求はペリーの再来日の五四年二月一〇日から一七日の間にあったと思われる。

次に、ペリーと林の二回目の交渉（二月一九日）に注目したい。

二月一九日に、日本の開港についてペリーは「此地は既ニ御応接ニも相成候事ニ候へ者以来は此地へ参り薪水等相願候様仕度存候、且亦其外も五六ヶ所も湊御定メ置被下度候[224]」、つまり「此地」＝神奈川（浦賀）の開港とその他の五・六ヶ所の開港を要求した。阿部の「想定問答集」では「先達テ松前・浦賀・琉球之三ヶ所」が書いてあるが、阿部の「想定問答集」以外、今まで検討した諸史料からみれば、ペリーが神奈川（浦賀）の開港を要求するのは今回（二月一九日）がはじめてである。

これに対して林は「薪水等遣し候場所は兼而肥前長崎ニて総而外国之事取扱候事ニ相成居候故、長崎へ参り候へ者何時成共遣し可申候、当所は以来可参場所ニ無之候[225]」、すなわち以前から長崎が外国人に対応する場所なので、アメリカ人も長崎に行けば、要求する薪水などを手に入れることができるが、「当地」＝神奈川（浦賀）はこれからアメリカ人が来るべき場所ではないと述べた。

また、ペリーは長崎が「誠ニ不都合之地」だと強調し、その理由として「我国之船々清国広東辺江参る節は琉球海ニ相掛り若薪水等乏しく候へ者直ニ清国定海縣へ向馳せ申候得者忽ち着仕[226]」と述べた。つまりペリーは、長崎の位置付けが中国の近くにあり、アメリカの船がとる海路から判断すると不便であると主張した（ペリーは「琉球海」を言及したが、前述の如く、琉球という地名はすでに幕府側の草案に記されていた）。また、ペリーは「何卒日本東南ニ而五六ヶ所北海ニて二三ヶ所も湊御定め被下度候[227]」と要求した。つまり、ペリーは日本の「東南」にある五・六ヶ所の港、また日本の北にある二・三ヶ所の港、全部で七から九ヶ所の開港を要求するに至った。林はその数多くの港を開港することについて「不相成候得共」、長崎はこんなに「不都合」であるならば、「何れ別ニ都合宜敷所ニて一ヶ所位は相定置候様可致候[228]」、つまり北あるいは南にある都合のよい港の一ヶ所を開港することを許可した。

しかし、ペリーは「一ヶ所位ニ而者何分差支候得者少なくとも三四ヶ所ハ御定置可被下候、其内一ヶ所は金川御定めおき被下候様致度候[229]」、つまり一ヶ所の開港はアメリカ側にとって不都合であり、少なくとも二・四ヶ所の開港を願い、その中の一ヶ所として「金川」を要求した。

林はペリーの神奈川の開港要求を強く拒否し、「東南」にある港の開港を許したが、どちらの地名を指定するかについて、「其場所は新規之事ニ候得者篤と取調候上ニ無之候ては返答難致候[230]」、すなわちこの港は新しく指定される場所なので、特に幕府が取り調べないとなかなか決められないと主張した。これに対してペリーは「是非々々唯今御答承り度存候[231]」、是非今の交渉中においてその開港の地名を決めてほしいと要求した。林は次の通り答えた[232]。

是者無理なる事を被申候事ニ候、全体夫程ニも別湊相開き候儀を懇望ニ被致候事ニ候得者昨年被差出候書簡之中ニ何之地と申所之地名を認無之、只々南方ニ於て一湊相開き呉候様致度と計り被申越候事故、此方ニ而者兼て長崎相定有之候事故是ニ而相済候事と存居候なり、左程急速ニも取定度懇望の事ニ候得者何故右書簡之中へ地名を指し相認不申候哉此儀承り度候、

すなわち、ペリーがそれほどまで別の港を開港することを望んでいたとしても、去年アメリカから受理した国書の内容においては港の地名が記されておらず、ただ日本の南にある港一ヶ所の開港が要求されている。このため、我々（幕府）は以前からその場所として長崎を指定し、これによって開港地指定の問題が済むと考えていた。こんなに急速に開港地を決めたい強い願いがあるのであれば、なぜアメリカ大統領の国書では港の地名が書かれていないのか、と林はペリーに主張した。この史料の内容から、幕府はペリーの最初の来日の際、アメリカ側が一切開港地に言及していなかったと認識していたことが理解できる。これに関連し

て、ペリーは林の異議に対して「如何様昨年之書簡ニハ地名相認無之候[233]」、つまりアメリカ大統領の国書では地名が記されていないと認めた。書簡のレベルではなく、もし一八五三（嘉永六）年の段階においてアメリカ側が幕府の役人に口頭のレベルのみでも港の地名（琉球など）を言及していたのであれば、ペリーは林の異議に対してそのようなことを主張したはずだと思われる。しかし、ペリーは林の異議についてそれ以上のプレッシャーをかけることなく「地名相認無之」と認め、「左候得者無是非事ニ候間両三日ハ相待可申候[234]」と要求したのである。

アメリカ側の史料において同二月一九日の交渉について、ペリーはやがて五ヶ所の開港を望んでいると述べたが、「今のところで、次の三ヶ所の開港で満足する。一ヶ所は日本本土にある（港）、浦賀または鹿児島のいずれかを提案した。もう一つは蝦夷（また松前、北海道）、そして三ヶ所目は琉球（那覇）（の港を提案した）」と主張した[235]。

以上検討した諸史料から判断すると、「琉球」を開港することについて一八五三（嘉永六）年の段階では交渉の対象になっていなかったが、一八五四年二月一〇日から一七日の間にアメリカ側によって琉球・松前の開港が要求され、また「浦賀」「琉球」「松前」という三ヶ所は二月一九日に林との面談の際にペリーにより同時に言及されたと思われる。阿部の「想定問答集」に「先達テ松前・浦賀・琉球之三ヶ所」と書かれているので、その史料は二月一九日以降に作成されたのではないかと思われる。

第三節　幕府内部の琉球に対する議論と認識

阿部の「想定問答集」の作成日付について、従来の研究ではペリーの再来日以前、または幕府がアメリカ側に日本の草案を提出する前であるとされてきた(236)。この解釈によって次のような流れが描かれてきた。

一八五三(嘉永六)年のペリー来日後、日本による琉球支配を明言したいと記されている阿部の詳細な「想定問答集」作成→一八五四年二月一七日、幕府はアメリカ側に対して琉球島を遠境の属と位置付ける→一八五四年四・五月、阿部の要求によって林大学頭ら、海防掛らが琉球の政治的な位置付けについて議論を行う。

右の流れからみれば、阿部の詳細な「想定問答集」がアメリカ人の質問のために記されていた外交問答であるのに、また阿部は琉球が「確と」日本の属国だと主張したいと書いたにもかかわらず(237)、実際のアメリカとの交渉をみると、幕府が琉球の位置付けについて述べた説明は、阿部の「想定問答集」の内容との重要な差異がある。そのため、ここでは違う解釈をみてみたい。

阿部の「想定問答集」はペリーの琉球開港の要求後、すなわち日米和親条約の交渉・締結の後に作成されたと考えた場合、従来と異なる歴史の流れがみえてくるのではないか。本節ではこのことについて論じてみたい。

まず、阿部の「想定問答集」の作成が一八五四年二月一九日以後に書かれたことを前提に、琉球に対する幕府の外交政策を再考察する。

一八五四(安政元)年二月、幕府はアメリカの代表者との日米和親条約調印に先立ち、アメリカ側の照会に対して「一、琉球島属遠境、其開港之議、非当今所能弁」、すなわち琉球は日本の遠境に属するので、ここではその開港の交渉に応じられないと答えた(238)。ペリーが琉球と松前の開港を要求したことに対して、幕府は琉球・松前を放棄したかったわけではなく、琉球・松前の両方を開港したくなかったので、その開港を避ける方便として琉球と松前は地理的に「遠境」「辺境」にあるとの理由を立てるのは得策だと考えていた。

だが、ペリーが琉球を開港したいと要求したのを契機に、幕府にとって琉球の所属問題はきわめてリアルな問題となった。これに関して、三つのことに注目したい。まず、幕府はペリーに対して琉球が日本の属国であるとはっきりといっていないが、琉球を「通信国」ではなく、琉球が「属遠境」また「遠境」と新しく位置付けた。また、ペリーは幕府による琉球開港の拒否回答を受け入れ、その際それ以上琉球の開港についてプレッシャーをかけなかったものの、幕府が述べた理由（琉球が「属遠境」であること）について「アメリカ人が琉球と自由に交通すること不可なりとの充分の理由なきが故に、この点を固執す」ということも強調した[239]。すなわち、一八五四年二月の時点で琉球の開港については一時的な問題として済まされたが、幕府はしばらくしてからアメリカ側が琉球の開港を再び要求することも推測していたと考えられるだろう。もう一つ、三月三日の交渉において、林とペリーはこれからアメリカ側と日本側の間では行き違いが生じないように、下田と函館の開港などについて詳細なことを定めるために、五〇日後下田で再会することを決めた。これにより、次の五月にアメリカ側と幕府側が再び交渉し、その舞台は下田になったことがわかる。

以上の状況の中、特にペリーとの交渉において、幕府側は琉球が日本の支配下にもあることを明らかにしていなかったので、阿部は、その後（おそらく下田で）アメリカ人が「改テ」琉日関係について質問すると想定し、その際日本による琉球支配をより明確にする必要を感じたのではないかと思われる。阿部は「想定問答集」の最後のところでは琉球を「日本・清国両属之事ニ不相成候テハ不都合ニ可有之、日本ニテハ琉球ハ更ニ不相構ト申候ト、忽チ彼へ取ラレ可申候間、矢張日本之処モ聢ト掛リ合有之事ニ申置度存候[240]」、すなわち、琉球が「日本・清国両属」の支配を受けていないと不都合だと述べ、幕府は琉球が日本の支配下にもあることを明言しないと、アメリカが琉球を占有することを懸念していたのである。阿部にとって琉球の所属問題は想像上のものではなく、すでに現実の問題となっていたことが理解できるだろう。

次に、「想定問答集」に書かれた琉球の位置付けについて注目したい。阿部は琉球が「日清両属」の支配下にあることを位置付けながら、第二答目では琉球が「日本ニ属シ薩摩国主所領ニ相違無之候(241)」、つまり琉球は日本の属国であり、薩摩藩主の所領であると書いた。これについて、一方で、一八四四（弘化元）年から阿部は江戸において島津斉彬により琉球に関する様々な情報を受けてきたと思われる。他方で、アメリカ側との交渉において、幕府は松前を「松前家之所領なれハ(242)」と位置付けたのと同様に、阿部による「想定問答集」では琉球も「薩摩国主所領」、すなわち日本の属国でありながら一人の大名の「所領」として位置付けるようになったことに留意すべきである。すなわち、阿部は、幕府がペリーとの交渉で述べたことも念頭に置いて「想定問答集」を記したと考えられる。また、琉球の政治的な位置付けについて、「想定問答集」の第一〇答目に左のように記されている(243)。

我国慶長年中、薩摩守手ヲ以琉球ヲ征伐致シ、我国へ服従致サセ候へ共、琉球朱明之正朔ヲ受居候ヲ其儘ニ差免置候例ヲ以、清国ヨリ正朔ヲ与へ冊封使ヲ差越候ヲ不相構事ニ致来候、乍去全我国へ服従罷在候間、平生薩摩守家来彼地へ罷出取締致居候、且我国主代替並ニ彼国主代替ニハ彼必薩摩守ニ引連候歟、江戸へ来願致候儀ニ候、

一六〇九（慶長一四）年に薩摩藩が琉球を侵攻し、日本（徳川幕府）に服従させていたが、幕府は琉球が明の時代から正朔を受けていたことを許したという先例を以って、清朝が琉球に正朔を与え、冊封使を派遣することも構わずに許してきた。しかし、（薩摩藩による侵攻を通じて琉球を）日本に全面的に服従させたので、薩摩藩士が琉球で取り締まりの役割を果たし、将軍の代替わりと琉球国王の即位があるたびに琉球王府が、薩摩藩

の大名に（使者を）必ず同行されるだろう、江戸への使節派遣を願い出る、ということなどが述べられている。つまり、阿部にとって、清朝の琉球支配は清朝から琉球への「正朔」・「冊封使」を与えること、すなわち「朝貢関係」に基づいているのみならず、幕府はこのような中国（明・清）と琉球の朝貢関係の続きを「不相構」、すなわち問題にせずに許したのである。一方で「想定問答集」では、日本の琉球支配について一六〇九年の薩摩藩による琉球の「服従」以来、薩摩藩の藩士が琉球を取り締まることの他、琉球が江戸まで使節を派遣すると記していたことから、阿部は清朝に比べて日本による琉球への関与の度合いの方が強いと理解していたことがわかる。

「想定問答集」の最後に「猶夫々良考モ可有之ト存候事」と記されているように、阿部は幕府の関係する役人たちに琉球の政治的な位置付けについて意見を求めた。これに対し、一八五四（安政元）年四月に林大学頭らが幕府に報告書を提出していることからみると、阿部の「想定問答集」は同年二月一九日から四月までの期間の間に記されたと考えられる。

一八五四年四月に、儒者の林大学頭と筒井肥前守は、琉球の父は中国であり、母は日本であるが、異国人から圧力を加えられたら、最終的に琉球は清朝の従属国であるとするのが得策であると述べた。(244)

同年五月、海防掛ら（井戸石見守・荒尾土佐守・岩瀬修理）は、林大学頭らの意見を批判した。海防掛らによれば、幕府は今まで外国（オランダ）に対して琉球を「通信国」として位置付けていたので、琉球を「従附之国」といえない。だが、薩摩藩が琉球国内に様々な「御世話」をしていることは海外にも承知されている。海防掛らの以上の主張は非常に重要である。これまでは西洋列強に対して日本との外交・貿易関係の開始を断るためには、「通信国」「通商国」という論理を立てるのが得策であったが、アヘン戦争後において、西洋列強が東アジアの国々に進出し、幕府に日本と琉球との関係について頻繁に照会がなされるに至る段階においては、琉球が日本の支配を受けていることを対外的に示すためには、その政策は逆効果となってしまっている、ということである。海防掛らはその従来の論理が東アジアの新しい状況において逆効果となっていたことを認識しており、その後、幕府は対外的に琉球を「通信国」として位置付けなくなったことに留意すべきである。

また、海防掛らが「其上彼国之者共モ大小之取計向、悉ク薩摩守之指揮ヲ受罷在、御代替又ハ彼国御代替之節等、名代使者差渡シ御奉公向相欠キ候後モ無之候間、何レニモ服属之国ニテ、唐土之属国ト差極候筋ハ有之間敷表立相唱候共、矢張両国随従之国ハ称シ候テ相当之儀ト奉存候(245)」、つまり琉球は様々なことについては薩摩藩主に従い、徳川将軍の襲職、また琉球国王の即位に際しては、使節を江戸まで派遣し、幕府に対するご奉公を欠かしたことはないのであり、琉球は清朝にも日本にも従い、公式に両属の支配を受けているというのが得策であると述べている。

そして、勘定奉行の松平河内守や川路左右衛門尉らは「イツレ共差極難申上」きなので、薩摩藩主の島津斉彬に相談するよう勧めた(246)。

一八五四(安政元)年五月二一日に阿部は琉球と日本の関係について相談するため、薩摩藩主島津斉彬を呼び出した(247)。次の史料は藩主斉彬が福井藩主松平慶永へ送った書簡であり、阿部との面会について報告した(248)。

別啓仕信、阿閣へ面会之儀ハ琉国之義ニテ、是迄日本通信、清朝へ対シ押シ隠シニ相成候得共、此節之場合ニテハ打捨置、異人自侭ニ被致候テハ不相成候間、此方ヨリ打明ケ、是迄不申聞候得共、琉国ハ属国ニ相違無之訳申聞候方可然評議ニ候、弥夫ニテ可然哉トノ事ニ御座候、尤之事候得共、彼国所存モ御座候間、篤ト申諭之上ニ致度申候処、其通リニテ、是ヨリ追々彼方へ可申遣ト存居候、すなわち、阿部は斉彬に、これまで清朝には日本と琉球の「通信」関係を隠蔽してきたが、琉球では異国人(西洋列強)に勝手気ままにさせないために、今回この隠蔽を打ち明け、琉球は日本の属国であることが事実だということを知らせるのが適切であるかどうかを評議している。その際、斉彬はそれが「尤之事」、すなわち琉球と日本の関係を清朝に知らせるのが得策であると述べたが、琉球側の都合もあるので琉球国王に知らせるよう提案したのである。一八五四(安政元)年春の時点で、阿部は日本の琉球支配をアメリカ人に明言したかったし、琉球が日本の属国であることを清朝に知らせることも考えていた(249)。しかし、幕府は、阿部と林大学頭と海防掛などの琉球についての意見が一致していなかったので、その時点において琉球の所属問題について最終的な政策を決めらなかったようである。

以上の琉球に対する幕府の外交政策の流れからみると、ペリーによる琉球開港の要求を契機に琉球に対する幕府の関心が深まっていったことが理解できるだろう。その上、同じ五四年の九月、イギリスのスターリング艦隊が長崎に到着し、日本の境界に関する情報を求めた。その際、長崎奉行は「琉球者日本属国、対馬者日本国之内(250)」だと説明した(251)。つまり、幕府は琉球を日本国内ではないが、日本の属国だと述べた。

次に、琉球が締結した条約に対する薩摩藩と幕府の対応と認識をみてみよう。

一八五四年六月一七日にペリーは琉球と修好条約を結んだ。第一部第二章でみたように、一八五六(安政三)年正月に琉米修好条約締結について薩摩藩は、琉球に対して新しい指示を出し、その中で改めて異国人と親しい関係を結ばないこと、尾行人を廃止しないことを命じたのである(252)。ここでは、その際、薩摩藩が琉球に出した他の重要な指示に注目したい。

琉球側がアメリカの開港要求を拒否したことについて薩摩藩は、「既ニ年切茂可及勢進退危急ニ迫り、不得止事夷人方差引川上式部・在番谷川次郎兵衛・其外御役々江相談之上、箇条書之内故障付候文句相除総理官等印押調被相渡(253)」と述べている。すなわち、琉球にとって国難の情況になった際、やむをえず王府は在琉の薩摩藩の家来に相談した上で、琉球にとって故障になる箇条を除外し、総理官らは条約に印を押し、アメリカ側と交換した。以上から判断すると、薩摩藩の家来は琉米修好条約締結に当たり、締結する前に琉球側から相談されたことがわかる。もう一つの点は、薩摩藩が琉球に「諸品雑人共夷人相対之取遣者急度不相成、日本之御約定茂其通ニ候間、右江基万事無手抜様可被取計候(254)」、つまり日本の条約で定められているように、琉球も異国人と交易しないよう命じた、ということである。琉米・琉仏修好条約ではある程度までの自由貿易が定められているので、これについて薩摩藩は琉球に条約を尊重しないことを命じたのである。また、薩摩藩は「日琉関係の隠蔽政策」についても指示を出した。一八五四(安政元)年七月五日に琉球側が薩摩藩に要求したように、薩摩藩は「大島其外島々江者日本人罷渡諸事致差引候儀夷人共案内茂可有之候付(255)」、つまり大島とその他の島々では琉球側が日本人(トカラ人)にその島々の差配を任せたことを(一八四六年のセシーユ提督の来琉の際から)西洋人にも知らせたので、これからも同様の政策をとることを許した。また、薩摩藩は左の通り命じた(256)。

勿論島々ニ而日本人夷人江出会候者宝島人与相唱候様以前より御規定ニ茂相成、従往古宝島者琉球島々互ニ通融之段者差知居候付、右島々之儀前文之通訳合茂有之候得者、宝島人等致差引候儀縦令唐国等江響合候而茂何そ故障付候儀茂無之、向後右通可取計候間其通可被相心得候。

すなわち、大島と他の島々で日本人が異国人と出会ったら、以前から日本人が我々は「トカラ人だ」というよう命じられ、異国人は以前から琉球がトカラ列島と交際していることを知り、琉球がトカラ人にいくつかの島の差配を許したことを清朝にも知らせても、特に支障にならないので、薩摩藩はこれからも同様の政策を踏襲することを命じた。

以上からみると、一八五四年に斉彬は阿部との面会において日本による琉球支配の事実を清朝に知らせることが「尤之事」であると述べていたが、一八五六（安政三）年一月に琉球が要求した通り、薩摩藩は西洋人に対して従来の隠蔽政策を踏襲するよう許可したことがわかる。

次に、なぜ幕府は清朝に対して日本と琉球の本当の関係をなかなか暴露しなかったのかということについて考察してみたい。

琉米修好条約について、一八五六年一月、薩摩藩が琉球に出した指示の中において幕府側の認識が窺える。[257]

形行を以江戸・長崎江被及御届候処、於日本亜人共志願之箇条御約諾相成候末之儀ニ而何そ御不都合之訳茂無之、御老中阿部伊勢守様・松平和泉守様・長崎御奉行水野筑後守殿御聞置相成候、

つまり、幕府（老中・長崎奉行）にとって、日本がすでにアメリカと条約を締結したので、琉球がアメリカと条約を結んでいても、幕府には「不都合」はなかったことがわかる。これ以前、一八五四年春の阿部の「想定問答集」では、琉球についてその最後に、阿部は、幕府は琉球が日本の支配下にあることを明言しないと、アメリカ人に琉球が「取ラレ」＝奪われる恐れがあったので、日本も琉球を支配していることを主張したいと述べたのである。[258] 以上から判断すると、幕府にとって、琉球が当時の現状＝「日本・清国両属」のままで存続するか、あるいはアメリカ（西洋列強）に「取ラレ」＝占領されるかという危機的状況になっていた。このよう

な状況の中で、幕府は国際法において条約を結ぶのが外交関係を開始することと理解していたが、琉球が主権国家としてアメリカなどと条約を結んだことを考慮に入れなかっただけではなく、条約締結においてその意味（いわゆる条約が主権国家間の合意により締結される文書だという主意）も含意されていることを見抜けなかったと指摘したい。そのため、幕府（阿部）は懸念していたように琉球が「取ラレ」るよりは、琉球がアメリカと条約を締結したことの方が望ましかったと考えていたといえるだろう。これによって、琉球がアメリカ、その後（一八五五年）にフランスと条約を締結することで、琉球と西洋列強との交際が条約で規定されているので、ある程度まで琉球において西洋人が「自侭ニ被致候[259]」という問題がなくなり、清朝に対する日本と琉球の本当の関係について知らせる必要性も低くなっていたと思われる。

もう一つの点について注目したい。一八五六（安政三）年正月の薩摩藩から琉球への指示では琉米修好条約の幕府の認識について、「前文通於公辺約定御取替し之上者今度約定丈之儀者以来其通取計無之候而者亜人共致承服間敷、勿論約定之趣茂太底是迄会釈来候訳ニ而、格別国中之妨相成候廉茂不相見得候付[260]」ということも記されている。すなわち、幕府がアメリカと条約を締結したため、琉球が琉米修好条約を尊重しないとアメリカ人は納得することなく、本条約の箇条は大体これまでの異国人に対する琉球側の対応と同様のものであるので、特別に琉球にとって問題にならないとのことである。つまり、幕府からみると琉米修好条約が琉球にとって大きな問題にならないと認識していたが、前章で述べたように、実は琉球にとって西洋人に自由交易・行動を許した特権は問題になり、王府はその特権に関する箇条に背くことに至ったのである。

次に、一八五七年二月にオランダ側が幕府に琉球と条約を締結したいと要求した動きをみよう。[261]この要求に対して、長崎奉行荒尾石見守は老中に、オランダ側（カピタン）と薩摩藩主と琉球側の高官役人を呼び、長崎において長崎奉行（すなわち幕府）を媒介として条約を締結するよう提案した。そうであるならば、荒尾は「彼国御所属之事海外江明白ニ被為示御機会」、すなわち琉球の日本所属が海外に至るまで明白に示すための絶好の機会でもあると述べた[262]。幕府の評定所一座は長崎奉行の提案を拒否し、「御国限之事而已ニ而御多端ニ有之候処、他国之儀迄御受込相成候而者、御国内之儀与違ひ、前後之緩急を計理」と述べた[263]。つまり、当時幕府は日本国内だけで様々な国事で非常に忙しい状況にあり、「他国」である琉球の諸事を担うことについて、国内と異なるものであるので、その前後の「緩急」を考察する必要がある。そして、琉米修好条約などについて「琉球おいて、今般亜米利加・仏蘭西与条約相結候ニ付、和蘭おいても、同様条約いたし度旨申立候故」、すなわち琉球はすでにアメリカとフランスと条約を締結したので、オランダとも同様に条約を結んでほしいと述べた。そして、幕府は条約締結について琉球とオランダ双方に任せることになれば、「琉球国者御国ニ従ひ居候意味も失ひ不申[264]」、つまり幕府の関与なしで琉球がオランダ（＝西洋列強）と条約を締結していても、幕府は琉球に対する日本支配の「意味」を失わないと認識している。最終的に幕府は「彼国之儀は日本ニ従ふ国といえとも素より外国之事ニ而条約筋之儀いつれも難及差図候」という姿勢をとり、オランダと琉球の条約締結の交渉には関与しなかった。つまり、幕府は一八五四年（米国と琉球）、五五年（仏国と琉球）の際の先例に従い、オランダの場合も琉球との修好条約の締結に関与しなかった。幕府にとって琉球は「属国」でありながら「日本国内」ではないので、琉球が西洋列強と条約を締結することに関与しないのが得策だと考えていた。

このように、一八五七年にオランダ側が幕府に琉球とオランダの条約締結に関与するのかと質問した際、幕府は日本と琉球の関係について非常に慎重な政策をとったことがわかる。だが、ここでは次の点に注目したい。幕府の視点からみると、琉球は日本の「属国」であるので、西洋列強と条約を結んでも幕府は琉球支配を失うと考えていないということである。

そして、一八六〇（万延元）年には香港のビクトリア管区司教のジョージ・スミスらが長崎に来訪し、日本と琉球の関係について尋ねたが、その際、長崎奉行は「それについてはっきりした情報・知識をお伝えすることはできない、と言った。彼等は、琉球は以前には日本の領土であったという、きわめて謙遜な意見を明らかにしたが、その時また例の通り、笑声が起ってその彼等の答えもそれなりになってしまった」[265]、と、はっきりした情報を明らかにしなかったのである。[266] この場合、長崎奉行はきわめて曖昧な返事をしたが、イギリス側はそれ以上のプレッシャーをかけることなく、その際の琉球問題は大きな問題とはならなかった。

ここでは、再び阿部の「想定問答集」に注目したい。阿部はこの外交問答集を作成した際、幕府がペリーとの交渉時（一八五四年二月一〇日〜一九日）に日本による琉球支配について明確にしていなかったので、今後アメリカ人が幕府に琉球は清朝それとも日本の属国であるかと尋ねることを想像していたのである。また、阿部の「想定問答集」の一つのきわめて大事な点は、琉球が清朝にも日本にも従うと書かれているが、日本による支配はより実質的なものである、としたことである。

従来、実際に西洋人が琉球の位置付けについて幕府に照会したのは、ペリーが幕府側との交渉（一八五四年）の際に琉球の開港を要求した時であったとされていた。その際、幕府の役人はほとんど阿部の「想定問答集」に従うことなく、琉球を「属遠境」と位置付けていたと考えられていたのである。

しかし、筆者からみると、幕府とペリーとの交渉の段階において、阿部はまだ「想定問答集」を記しておらず、ペリーが琉球開港を要求したことから、阿部が日本の琉球支配を明確にする必要性に注目したことが、琉球に対する幕府の認識のターニングポイントとなったのである。そうであるならば、その後、いつ西洋人が幕府に琉球の政治的な位置付けについて尋ねたかということに注目する必要がある。なぜなら、その際に幕府がどのように琉球を位置付けたか――すなわち阿部が望んでいたように日本の琉球支配を明らかにしたか、それとも林大学頭らが進めたように最終的に琉球は清朝の従属国であると述べたか――ということが理解できるからである。

一八五七（安政四）年に、オランダ側は幕府に琉球との条約に関与することになるかと聞いたが、正式には琉球と日本の関係について詳細には聞かなかった。一八六〇（万延元）年に、イギリス側は長崎奉行に琉球と日本の関係について尋ねたが、奉行は「琉球は以前には日本の領土であった」ということを述べたが、正式な返事はしていなかった。実際には、その時まで琉日の関係について幕府が述べたことに「矛盾」があることを理由に、幕府に琉球と日本の本当の関係について正式な返事を求めたのは、イギリス政府であった。これは、薩英戦争の原因となった生麦事件の直後、一八六二（文久二）年閏八月のことである。第二部では、阿部の「想定問答集」と一八六二年の幕府からイギリス政府宛への返事に密接な関係があることに注目する。そして第三部では、このような密接な関係（すなわち、阿部の「想定問答集」と六二年のイギリスへの幕府の正式な返事に書かれている琉球の位置付け）は、明治初期の琉球に対する明治政府の認識に重要な影響を与えたことについて論じる。

おわりに

本章ではペリーによる琉球開港の要求と、阿部の「想定問答集」の作成日付との関係について論じた。どの時点で阿部がこの外交問答を作成したかを考察することは、一見些末なことにみえるかもしれないが、幕末において琉球に対する幕府の関心・認識・政策について知るための足掛かりとなる。従来、ペリーの再来日に備えて事前に阿部が詳しい外交問答を作成し、その中で日本の琉球支配を明言したいと書いていたのに、実際の交渉では幕府はアメリカ側に対して琉球を単に遠境に属すると位置付けたので、琉球に対する幕府の姿勢は消極的なものだったとされていた。

一八五三(嘉永六)年にペリーが来日してから、幕府は日本を開国するかどうかというきわめて重要な問題に直面しており、その時点で幕府は未だ琉球の所属問題について注目していなかったのである。一八五四(安政元)年にペリーが琉球の開港を要求したので、幕府にとって琉球の所属問題が現実の問題となった。つまり、阿部が「想定問答集」を記した動機は、西洋列強により琉球が「取ラレ」るかもしれないという非常にリアルな心配であり、ペリーの再来日を契機に琉球に対する幕府の外国政策には重要な転換があった。それ以前に、一八四五(弘化二)年に幕府はオランダに対して琉球を「通信国」、一八四六年には鎖国(海禁)政策を維持するために琉球を「域外」として位置付けていた。

ペリーの再来日後、幕府の琉球に対する関心が深まっていき、琉球の問題が薩摩だけではなく、幕府に関わる問題だと捉えられ、琉球の位置付けについて幕府内部で盛んに議論され、対外的に琉球を「通信国」から「属国」として位置付けるようになったことがみてとれる。このような動きの中でも、老中阿部正弘は「想定問答集」では琉球が清朝にも日本にも従うと位置付けながら、日本による琉球支配がより実質的であると認識しており、さらにこのことを国際的に示そうとしていたことに留意すべきである。後で論ずるが、一八六二(文久二)年に幕府は、阿部の「想定問答集」に書かれている琉球に関する記述を参考にしながら、イギリス政府に琉球の政治的な位置付け(中国の朝貢国でありながら、日本の「属国」であること)を明らかにした。このため、阿部の「想定問答集」は一八五四年以降の琉球に対する幕府の外交政策に重要な影響を与えたことに注目したい。

幕府は琉球が西洋列強と条約を締結することを許したが、これは幕府が琉球を放棄するという意味ではなく、自らの国際法の解釈に基づいて、幕府にとって琉球が条約を結んでも「琉球国者御国ニ従ひ居候意味も失ひ不申」、すなわち日本に従う「意味」を失わないと認識していたのである。

第三部では、幕末に強まった琉球に対する認識（特に阿部が述べた琉球が清朝にも日本にも従いながら、日本による琉球への関与の方が強いこと）は、明治初期において琉球に対する明治政府の認識と密接な関係があることを明らかにする。

第一部のまとめ

以上で述べたように、一九世紀の半ばまで琉球・清朝・日本（薩摩藩・幕府）の関係は安定しており、琉球は清朝へ朝貢しながら、日本の支配を受けることで自らの独立性を維持することができた。その中で、琉球使節の江戸参府は琉球・薩摩藩・幕府の関係を理解するための重要な儀礼であり、そして近世東アジアの複雑性を解明するためにも大事なレンズであると指摘した。

アヘン戦争後、西洋列強は琉球、そして日本にも開港するようプレッシャーをかけるようになった。その時まで琉球が清朝に対してとってきた「日琉関係の隠蔽政策」を、西洋列強に対してもとる必要が出てきたのである。といっても、西洋列強自体に隠蔽する必要があったわけではなく、西洋列強が清朝に琉球と日本の関係を暴露する恐れがあったのが問題であった。特に、中国の冊封使が琉球に数ヶ月滞在していたのとは異なり、西洋人の宣教師は数年間琉球に滞在していた。西洋列強に対する「日琉関係の隠蔽政策」の一つの重要な結果として、幕末に琉球が締結した琉米・琉仏・琉蘭修好条約では清朝の年号が使用され、これらの「三条約」は漢文で書かれているが、琉球と日本の関係（支配関係）については何も触れられていない。

琉米・琉仏・琉蘭修好締結について西洋列強の視点からみれば、西洋列強は琉球にある程度までの外交権を認め、琉球と条約を結ぶのを重視していたことに留意すべきである。

琉球は琉米・琉仏修好条約の締結にできる限り抵抗したが、難航し条約を結ぶほかはなかった。琉球はこれらの「三条約」締結の交渉で自らの意志も主張したが、結果として、西洋列強に特別な特権を与えることを余儀なくされた。そのため、琉球は薩摩藩に相談し、また許可を得て問題になりうる箇条を反故にした。このような状況の中では、尾行人が重要な存在であり、彼らが果たした役割はきわめて重要なものである。琉球王府にとって尾行人を付ける必要性は、琉球では西洋人が勝手に出歩いていたという状況から生まれていた。その後、修好条約締結によって西洋人は自由に行動する特権を正式に獲得したが、王府は尾行人を琉球の偽造官職、「日琉関係の隠蔽政策」、琉球人民を守るために続けていったのである。そのため、尾行人を付ける政策において、西洋列強に対する琉球王府の主体性が浮かび上がるのである。また、第三部で論じるように、より広い視点でみれば、尾行人に注目すると、幕末と明治初期との重要な結びつきが明らかになる。なぜなら、一八七二年に米国公使デロングが琉米修好条約を重視した時、アメリカ人に与えられていた「特権」に注目したからである。その「特権」は、琉球王府が琉球を守るために、尾行人を付けざるを得なかったほどのものだった。

琉球の国際的な問題は薩摩藩も幕府も心配させた。一八四〇年代まで、薩摩藩は琉球を「域外」として位置付けるのが得策であると主張しており、幕府もそれを踏襲していたが、一八五四（安政元）年以降、幕府は対外的に琉球を「属国」として位置付けるようになった。

「琉球処分」の大前提は、一八四四（弘化元）年に西洋列強が琉球に開国の要求をしてから具体化し始めるが、その最も重要なターニングポイントはペリーの再来日の際にアメリカ側が幕府に琉球の開港を要求したことだと指摘したい。なぜならその時から幕府は現実的に西洋列強により琉球が奪われることを恐れ、日本の国防のために琉球の重要性について認識するようになり、防衛的な立場で琉球に対する関心が高まっていくからである。一八五四年六月に琉球が米国と条約を締結したことで、琉球が「取ラレ」るという幕府側の問題は一時的に収まるものの、ペリーの再来日後において幕府(阿部)は、西洋人に照会された場合琉球が日本の属国であることを対外的に主張することが必要であると考えるようになり、さらに清朝に比べて、日本による琉球支配がより実質的であることを西洋人に示そうとしたことが、はじめてみてとれる。これに関連して、次の第二部では幕末の琉球使節の解体について分析する。なぜなら、一九世紀半ば以降、東アジアには西洋人が多く滞在し、よりグローバルな社会となった状況では、琉球使節は琉球・清朝・日本(薩摩藩・幕府)・西洋列強の関係に不安定をもたらす潜在的な危機をはらんでいたからである。

第二部

「琉球使節の解体」からみる幕末期日本外交の変容——近世から近代へ

第一章　一八五八年の琉球使節の延期理由と琉球側の認識

はじめに

第二部では、幕末の琉球使節派遣の延期と停止・解体について考察する。第一部第一章で述べたように、一八三〇年代以降、琉球使節（謝恩使）は一八三〇（天保元）年に予定されていたが延期され、三二（天保三）年に実現された。そして、一八四〇（天保一一）年に計画されていた慶賀使も延期され、四二（天保一三）年に派遣された。このような一八三〇・四〇年代の延期の特徴は、琉球使節が延期されて二年後に実現された点である。これと異なり、これから分析する一八五〇・六〇年代の琉球使節の延期の場合は、使節が延期されてから、再び計画されたが、結局江戸まで参府することができなかった。

最後の琉球使節は、一八五〇(嘉永三)年に琉球国王尚泰即位に際して江戸参府した謝恩使であった。その後、第一三代将軍徳川家定、第一四代将軍家茂の将軍襲職の時にも慶賀使が計画されていたが、幕府は一八五五(安政二)年、五八(安政五)年、六〇(万延元)年の三回にわたって琉球使節の派遣延期を命じた。

先行研究によって、一八五五年の派遣延期は、同年一〇月二日、江戸が大地震に襲われたことが原因であったことが明らかにされた。宮城栄昌は、一八五八年の延期について、「五八年七月六日将軍家定が病死し、同一六日には島津斉彬が急死したため、ついに江戸上りは一八六二年(文久二)に延期された」と述べている。[267]しかし、宮城は五八年の延期の理由について実証的に検討しておらず、また両方の琉球使節(五八年・六二年)の目的は徳川将軍への慶賀であるが、五八年の使節は家定への慶賀使、六二年の使節は家茂への慶賀使であり、すなわち対象が異なるので、両方は分けて述べなければならない。

一八五八年の琉球使節の延期に関して、紙屋敦之は「江戸立ニ付仰渡留」[268](東京大学史料編纂所所蔵)を使用して、「一八五八年の家定に対する慶賀使は、島津氏が大軍を密かに京都まで動かすための隠れ蓑であったと推測される。幕府が七月一一日、突如、琉球人の参府延期を命じた背景には、こうした島津氏の軍事計画が影を落としていたのではないか」と述べている。[269]

本章では、一八五八年の琉球使節の延期をとりあげる。紙屋が述べているように、一八五八年の延期の背景には藩主島津斉彬に軍事に関わる計画があったことは史料上で明らかである。この計画は同使節派遣延期の背後にあったものではあるが、一方、幕府側が藩主斉彬の軍事計画を回避するために琉球使節の延期を命じたことを示す直接的な史料は見当たらない。

また、「江戸立ニ付仰渡留」は確かに、一八五八年の琉球使節延期に関する正式な記録ではあるが、それのみでは背後で行われた多様な動きを知ることはできない。具体的にいうならば、薩摩藩が、果たして幕府が藩主斉彬の軍事計画を回避するために琉球使節延期を命じたということを認識していたかどうかは明らかにできないのである。

ここではまず、先行研究を踏まえた上で、幕府（江戸城）から薩摩藩江戸屋敷を経て薩摩藩（鹿児島城）へ伝えられた通知（公報）及び薩摩藩から琉球館への正式な通知を検討する。そこで、特に、「江戸立ニ付仰渡留」に記されている薩摩藩の家老である新納久仰《にいろひさのり》の命令で薩摩藩から琉球館へ伝えられた記録に注目する。ついで、この正式な通知を、これまであまり注目されてこなかった新納久仰が一八五八（安政五）年の六月から八月までの間に薩摩藩江戸屋敷の役人から得た情報に基づいて自らの日記（『鹿児島県史料　新納久仰雑譜』、東京大学史料編纂所所蔵、以降『新納久仰雑譜』）に記した記録で補足することによって、同年の琉球使節延期の理由について考察してみたい。

最後に、幕末における琉球使節に対する琉球の認識と対応についても考察する。

第一節　正式な交渉からみる一八五八年の琉球使節派遣の延期

一　江戸時代の情報伝達

一八五八（安政五）年の琉球使節派遣の延期の課題に入る前に、最初に当時の情報伝達について簡単に触れたい。[270]

江戸時代には、幕府をはじめ、諸大名は政治・経済・社会・外交などに関わる情報を収集することが重要な活動だったと考えるのは、想像に難くない。特に、収集した様々な情報についての厳密な分析・研究はきわめて重要な作業であり、これによって集められた情報を通じて、政策などが決定されたと思われる。さらに、緊急対応のための情報を得ることによって、即時に対応することも必要とされた。

幕府は公用の通信のために五街道に宿駅制という交通システムを整備し、各宿場に「継飛脚」を配置して公用文書・荷物を運ぶ制度を整えた。「継飛脚」を利用できたのは老中・京都所司代・大坂城代・駿府城代・勘定奉行・道中奉行などの幕府の要職についていた者のみであった。そのため、参勤交代の制度化が確立されるにつれて、「継飛脚」にならって諸大名は「大名飛脚」を創設し、国元・江戸屋敷・大坂蔵屋敷などとの間の通信を確保した。

これと同時に、町人による民営の「飛脚問屋」、別名「町飛脚」とも呼ばれる制度が発達し、大名や、武士、庶民などの書簡・金銭・小荷物を輸送する業務を行った。これは、江戸では「定飛脚」、京都では「順番飛脚」、大坂では「三度飛脚」と称され、その三者は仲間協定を結び、江戸と大坂と京都の連絡を保っていた。当時、「町飛脚」は東海道片道を六日間で走破できたので、「定六」ともいわれていた。徳川時代において、江戸から薩摩藩宛、またはその反対方向に送られた「急飛脚」は、大体三週間かかったのである。[271] さらに飛脚問屋は、各地の飛脚業者と協力して地方にも支店を開設し、一九世紀には蝦夷地から九州までの全国通信ネットワークを整備したのである。

以上に述べたように、江戸時代において文書・金銭・小荷物を運ぶ使いは「飛脚」と呼ばれ、幕府公用のための「継飛脚」、諸大名が独自で設けた「大名飛脚」、町人により開始された「町飛脚」の三つの種類に分けられていた。その中で「町飛脚」は幕府の許可を得て公用通信の一部を伝達することも認められ、全国に普及して大きな役割を果たした。

さらに諸藩において、幕府や他藩との情報を収集するにあたって、留守居役という職掌に注目する必要がある。留守居役は藩の諸屋敷（江戸・大坂・京都）に務めていて、幕府や他藩との関係維持のために交渉し、日本国内外の情報を収集する重要な職掌であった。

薩摩藩は、江戸・大坂・京都のそれぞれの留守居役をはじめ、長崎付人や異国掛、琉球館聞役、琉球在番奉行などを通じて、幕府・他藩・海外・経済などについて情報収集システムを確立していた。一八五八(安政五)年の時点では、薩摩藩江戸屋敷の留守居役は早川五郎兵衛、京都屋敷の留守居役は原田才輔であった[272]。

本章では、先に述べたように、当時薩摩藩の家老であった新納久仰に注目するが、彼は幕府から命じられた琉球使節の延期を正式に琉球館に伝えた人物であり、江戸に滞在していた薩摩藩の役人(留守居役など)から「極々急飛脚」「町便」「仕立町便」などを通じて得られた機密情報を自らの日記に記している。彼の公式・非公式にわたる情報から本章の課題を展開してみたい。

二　一八五八年の前後

本節では、先行研究[273]を踏まえて、正式な通知(公報)を通じて一八五八(安政五)年七月一一日前後に幕府が琉球使節派遣の延期を命じた時の薩摩藩と幕府の動きをみてみたい。

一八五三(嘉永六)年一〇月二三日に第一三代将軍となった徳川家定への慶賀使は、一八五六(安政三)年に予定された。前年の一八五五年五月一九日に、琉球使節は那覇を出港し、同二九日鹿児島に到着した。しかし、琉球使節が鹿児島に滞在していた同年一〇月二日、江戸は安政大地震に襲われた。この安政大地震により薩摩藩主島津斉彬の芝屋敷も大被害を受けたため、同藩は「来ル午年御参勤之節被召連度、御掛御老中久世大和守様江御伺書[274]」を提出、幕府に琉球使節派遣の延期を願い出ている。それを受けて、一一月二日には「御伺書之通被仰渡候段申来候」、つまり、薩摩藩は幕府から願い出通り「来ル午年」＝一八五八年に斉彬の次の参勤交代の際に慶賀使の参府が許可されている。

第一部でみたように、一八五四(安政元)年三月三日に日本はアメリカと和親条約を締結することで開国した。これによって、幕府は、「通信」「通商」のみの関係の時代から、「通信」「通商」と「和親」関係の時期に入った。しかし、幕府は新しい概念の「和親」の意味について、西洋列強と異なる認識を持っていた。アメリカと最初の近代的条約を締結した応接掛林大学頭復斎・井戸覚弘は、「和親」というのは、「喧嘩口論等無き様ニとの意」、また「親睦も和親も、字義ハ格別之差別も無之候」[275]として位置付けた。つまり、日本側にとって「和親」は両国間の敵対関係を破り捨てること、旧来の異国船対策(薪水給与令、一八四二年)の延長線上であった。幕府は「和親」を「通信」「通商」、いわゆる鎖国(海禁)政策とは別概念として位置付け、「通信」「通商」関係より下位の関係と見做していた。しかし、西洋列強にとって近代国家間においては和親関係が政治外交関係の基礎であった。西洋からみると、日本は和親条約を結んだからには国際社会に包括されたのである。[276]特に、一八五七(安政四)年一二月一二日、アメリカ総領事タウンゼント・ハリス(T. Harris)が老中堀田正睦に、アメリカとの通商条約を締結することを納得させようとした際、幕府は「和親」という新しい形態の条約を締結することによって日本は新しい国際外交関係に巻き込まれたことを明確に認識したと思われる。[277]

ハリスの要求に対して、堀田は一二月下旬、自分の考えを記した覚書を全国に送って諸大名の意見を求めた。[278]後に日米修好通商条約の第一条について詳しく述べるが、ここでは、特にアメリカ側の重要な要求は、日本との通商開始とともに江戸に公使を置くことであったので、五七年一二月下旬の段階では幕府だけではなく、薩摩藩主島津斉彬をはじめすべての大名は、その条約を結べば、江戸をはじめ日本の状況が大きく変わっていくことをよく認識していた、ということのみを述べるにとどめる。

堀田は一八五八(安政五)年一月に、上洛して孝明天皇に条約調印の勅許を願い出た。しかし、条約調印に反対する攘夷派公卿たちが廷臣八八卿列参事件[279]を起し、天皇自身も条約に反対していたため、堀田の要求を拒否した[280]。

さらに、堀田が京都に滞在中の四月二三日、老中松平忠固、紀州藩家老水野忠央などの工作により南紀派の井伊直弼が大老に就任した。井伊直弼は、六月一九日に勅許を得ずに日米修好通商条約の調印を命じた。同時に、第一三代将軍徳川家定の継嗣問題を中心に一橋派（徳川斉昭、松平慶永、島津斉彬などは徳川慶喜を擁立していた）と南紀派（大老井伊直弼、幕府老中などは徳川慶福を擁立していた）の対立があったが、六月二五日に井伊直弼は慶福を継嗣に定めた。

このような動きに対して、一橋派の斉彬は「一大策」という計画を企てた[281]。

一大策アリ、三四千ノ兵ヲ引テ上洛イタシ、其意ヲ堅フシテ後幕府ニ　勅許ヲ以処分スルノ心得、

すなわち、斉彬は薩摩藩の大軍を同行して京都に入り、朝廷を擁護し、天皇の勅命を通じて幕府の政治を改革することを計画した。そして、藩の軍事強化を求めて、家臣に長崎で武器を購入することを命じた[282]。紙屋敦之が指摘しているように、「一大策」を実現するために、斉彬には琉球使節の護衛を隠れ蓑に薩摩藩の大軍を動かす計画であった[283]。このように、斉彬は、大老井伊直弼の権力の乱用に不満を抱いて、軍事計画を立てた。以上のような動きは、斉彬が亡くなる一八五八年七月一六日直前のころだったと思われる。

三　琉球使節の延期命令

以上に述べた状況の中で、琉球王府は一八五八（安政五）年に改めて家定への慶賀使を派遣した。同年五月二七日正使伊江王子朝忠が鹿児島に到着し、同三〇日副使与那原親方良恭も到着した。鹿児島を出発する前

に、藩主斉彬への「御目見」「御膳進上」「御料理被下」「御能見物」といった儀式が行われる予定で、七月九日に藩主斉彬へのお目見得が行われた[284]。江戸への出発は八月二一日と決まったが、七月一六日藩主斉彬が急逝した。

しかし、藩主斉彬の死去に先立つ同月一一日、幕府老中内藤紀伊守信親は、斉彬に「国事多端」を理由に使節の参府を延期するよう命じてきた[285]。

史料A

同日　紀伊守殿御渡候御書付松平薩摩守江○右御代替に付、当秋琉球人召連参府候様先達て相達置候処、難差置御国事多端之折柄に付、琉球人参府の儀は先つ御差延被成候段被仰出候、其方儀は参府可有候、右之通薩摩守え相達候間可被得其意候事、

右の史料から、幕府は「国事多端」＝放置しておけない国事が山積している時なので、琉球使節の参府延期を命じているが、一方で、藩主斉彬には参勤交代の参府が命じられたことがわかる。

ここで次のことに注目したい。一八五七（安政四）年一二月二六日、幕府は藩主斉彬に琉球使節派遣の準備のために金一万両を恵与した[286]。その後、一八五八年六月三日に幕府が大目付田村伊予守を「琉球人参府掛」に任命した[287]。これらから判断すると、一八五八年六月上旬の時点までは、幕府は琉球使節を迎える意志があったのである。すなわち、一八五八年の琉球使節の延期の理由は、当年の六月三日から七月一一日までの期間に限定して見つけなければならないのである。また、藩主斉彬の参勤交代は通常通りに命じられているのであって、幕府にとっては、琉球使節の江戸参府のみが問題であったと考えられる。

幕府は藩主斉彬が亡くなる前に薩摩藩主（斉彬）に琉球使節の延期を命じ、薩摩藩（駿河＝家老新納久仰）は七月二五日に鹿児島の琉球館に、以下の通り指示を出した。[288]

史料B

当秋琉球人被召列　御参府之筈候処、被遊御逝去候付而者公辺伺之上、追而何分可申渡候間、此旨中山王御承知候様、左候而、上国之王子・副使等江茂可相達旨、琉球館聞役江可申渡候、

七月　　駿河

右之通、七月廿五日、肝付左門殿御取次被仰渡、本田宗九郎承知、

薩摩藩は藩主斉彬が死去したので、琉球使節については幕府と相談の上、追って沙汰することとなった。そして、琉球国王（中山王）が承知するように、また「上国」＝鹿児島に滞在している（琉球使節は同年五月下旬から鹿児島に滞在している）正使伊江王子と副使与那原親方にも知らせること。以上の通知を琉球館の聞役（琉球館に置かれた薩摩藩の役人）に伝えることを取り次ぎ役に命じている。

その後、八月二日、薩摩藩（駿河＝家老新納久仰）は幕府から使節の延期を命じられた旨を琉球館聞役に申し渡した。[289]

史料C

当秋琉球人被召連被遊御参府候様被仰渡置候処、難被差置御国事多端之折柄ニ付、琉人参府之儀者、先被成御差延候旨被　仰出候段、御老中内藤紀伊守様被仰渡候段申来候、此旨中山王御承知候様、左候而、

上国之王子・副使等江茂可相達旨、琉球館聞役江可申渡候、
八月　　　駿河
右之通、八月二日、月番御用人川上右近殿御取次被仰渡、本田宗九郎承知、

前掲の幕府の命令書に書いてあるように、薩摩藩は、「難被差置御国事多端之折柄ニ付」、つまり幕府が放置しておけない国事が山積している時なので、老中内藤紀伊守を通じて琉球使節派遣の延期を命じられたことを琉球国王及び上国して鹿児島にいる正使と副使に知らせるように琉球館の聞役に伝えることを命じたのである。

以上の正式な通知の内容をまとめると、七月一一日に江戸において幕府は薩摩藩江戸屋敷を経て藩主斉彬に琉球使節派遣の延期を命じた。七月二五日に鹿児島で、新納久仰は琉球館に藩主斉彬が死去したことを理由に、幕府と相談の上、追って沙汰することを申し渡した。八月二日、新納久仰は、幕府老中内藤紀伊守から「国事多端」を理由に琉球使節派遣の延期を命じられたことを琉球館聞役を介して琉球国王、また上国の正使・副使へ通知するよう命じたのである。

第二節　新納久仰の日記からみる一八五八年の琉球使節延期の理由

一　徳川家定・島津斉彬の死去

本節では、幕府が述べた「国事多端」とその背景における幕府・薩摩藩の動きを考察するために、当時薩摩藩の家老であった新納久仰の日記（『新納久仰雑譜』）に注目したい。『新納久仰雑譜』は新納久仰の若い時から、

新納が家老職を止める直前の一八五九（安政六）年一二月まで、彼自身が記した記録である。前半では私的な記録が多く、ここからは城下士の経済生活などを知ることができ、後半では藩主斉彬の下で家老就任以降の薩摩藩の政治・経済・社会・外交を理解することができる貴重な史料である。

さて一八五八（安政五）年七月二五日の記録をみよう。(290)

一、七月二十五日、江戸去ル三日被差立候急キ飛脚今朝五ツ時分到着、且又去ル九日被差立候極々急飛脚五ツ半時分到着、問合数通相達シ候趣ハ夜前到来相成居候、公方様御不例被遊御座候処御内実ハ去ル六日夕七ツ半三部廻リ御事切レ被遊候段、極御内々申来候テ、誠ニ御当時柄天下之大変カト奉驚入次第也、

新納久仰の日記によれば、七月二五日の朝八時ごろに、江戸を同月三日に出発した「急ギ飛脚」が鹿児島に到着した。また、同月九日に出発した「極々急飛脚」も八時半ごろに到着した。「極々急飛脚」が知らせた内容は、「家定が同月六日午後五時ごろに死去した」ということであった。これが内々に飛脚によって伝えられ、今の状況は正に天下の重大事で、驚いている次第である、と新納が書いた。

この記録によると、当時江戸に滞在していた薩摩藩の役人たちは、鹿児島の薩摩藩に将軍の死去の情報を知らせるために、家定が亡くなってから三日後に書簡を送ったことがわかる。「極々急飛脚」は、呼称からも理解できるように当時の緊急事態（この場合、将軍家定の死去）に派遣された非常に速い飛脚であるが、それでも江戸から鹿児島まで一六日間かかったのである。

当時の幕府の状況に関して、七月八日付の老中から大目付・御勘定奉行・外国奉行・御目付・御勘定吟味

役への通知がある。この史料の後半では「全　徳川家御所置之儀は、表方等ニ而承知致間敷儀ニ而、表向被行候上は格別、内輪之評議事等、前以相知候様ニ而は、人心之障ニも相成候事故、以来表大名江附合候儀ハ勿論、雖為御譜代衆、御用筋堅相洩申間敷候[291]」、すなわち、家定の死去について「表方」＝江戸城で政治を担当している部署では承知していないことなので、公然とことをすすめてしまっては、特別に内々で決めている内容が事前に知られてしまい、人心を動揺させることになるため、今後は、外様大名と接触する際はもちろん、譜代大名であっても、この内容については厳重に漏洩がないようにせよ、と記述されている。

将軍家定は七月六日に亡くなったが、その死去を公表したのは八月八日であった[292]。幕府は、その時まで、家定の死去を「病気」と演出し、事実を隠蔽したのである。

以上の状況からみると、江戸に滞在していた薩摩藩の役人たちは、幕府が将軍の死去を公に伝えないように努力していたにもかかわらず、その情報を入手することができたのである。このことから、新納久仰はすでに七月二五日の時点で家定の死去について知っていたことがわかる。

では、再び新納久仰の日記に戻り、次の記録をみよう[293]。

一、八月朔日、今暁町便到着、先月十四日江戸被差立候事也、御用筋ハ第一
公辺御事多ニ付、琉人立被召延トノ趣申来リ、其外段々御内用之問合ナリ、右之御事多ハ
公辺御逝去之訳ニテ候由也、

八月一日に鹿児島に「町便」＝「町飛脚」が到着した。これは先月の一四日に江戸から送られた書簡である。その内容の一番重要な知らせは、幕府が「公辺御事多」、いわゆる「国事多端」の状況にあるため、琉球使節の

延期を命じたというものである。以上の内容は前述した江戸において七月一一日の老中内藤紀伊守信親からの命令〈史料A〉のことであると思われる。新納久仰は、「公辺御事多」を「公辺」＝将軍家定の「御逝去」とのことだと記した。新納久仰は、「難差置御国事多端之折柄に付」という幕府の表現を使用することなく、日記の簡潔な文体に従い、「公辺御事多」という省略した表現を使用したと思われる。

以上のことから、八月一日に江戸から一つの正式な命令書と一つの機密の情報が「町便」によって薩摩藩にもたらされたと考えられる。

まず命令書については、老中内藤紀伊守信親を通じて「国事多端」を理由に琉球使節の延期を定めた幕府側の正式な命令書〈史料A〉であり、次の日（二日）にはそれが写され、家老新納久仰の命令で琉球館に伝えられている〈史料C〉。幕府側の〈史料A〉に記されている「難差置御国事多端之折柄に付、琉球人参府の儀は先つ御差延被成候段被仰出候」は、薩摩藩から琉球館に伝えた正式な指示〈史料C〉にある「難被差置御国事多端之折柄ニ付、琉人参府之儀者、先被成御差延候旨被　仰出候段」と、幕府に対する尊敬語を除いて、一致しているものである。

そして、機密の情報については、江戸に滞在していた薩摩藩の役人たちから、「国事多端」とは将軍家定の「御逝去」のことだとする機密性の高い情報が「町便」によって伝えられたと思われる。この情報は、幕府が老中内藤紀伊守信親の命令を薩摩藩江戸屋敷に下した時に内密に伝えられたと推測できる。「町便」は一六日間で鹿児島に到着した。八月一日に鹿児島に到着した「町便」は非常に速く、「急飛脚」とほとんど同じ速さで江戸から薩摩藩に着いた。

こうして、七月二五日の段階で新納久仰が将軍家定の死去を知り、八月一日には幕府からの「国事多端」による琉球使節江戸参府延期の命令書簡が届いたのである。

ところが、琉球の伊江王子家譜の中では、「今般江戸立之筈付、当夏御使者役々上国為被仰付事候処　公辺御国事多端之折柄付、年延被仰付候旨被仰渡、追而　公方様被遊　薨御江戸立一件等、何分仰渡御到来無御座候得共」[294]とあり、琉球使節の延期は、琉球使者がすでに鹿児島に滞在していた最中、幕府が「国事多端」の状況にあったことを理由に、琉球使節延期を命じられたが、その後、将軍の死去の情報が琉球側に伝えられた際に琉球使節に関して指示はなかったとある。これは「国事多端」について、新納久仰は家定死去のことだとわかっていたが、琉球側にはその事実を告げられなかったことを意味している。つまり、「国事多端」の真の意味を薩摩藩は理解していたが、それを琉球側には告げずに「国事多端」という曖昧な表現のみを伝えたのである。さらに、八月八日に幕府が将軍家定の死去を公表してからも、その事実を明かさなかったようである。

さて、もう一つの疑問が残っている。なぜ薩摩藩は七月二五日の段階では、琉球館に藩主斉彬の死去を理由に、幕府に相談した上で琉球使節を延期すると示唆したのか〈史料B〉。これを理解するために当時の通信期間に注目する必要がある。前述したように、徳川時代において、江戸から薩摩藩までに送られた「急飛脚」は、大体宛先まで三週間かかったのである。

前にも述べたように、藩主斉彬は七月一六日に急死した。新納久仰の日記によると、同日に斉彬が危険な状態になってまもなく、薩摩藩が薩摩藩江戸屋敷（当時、前藩主島津斉興は隠居して江戸にいた）に「極々急飛脚」を送らせたことが記されている。[295]その後、七月一七日に新納は以下の一文を書き留めた。[296]

一、御逝去ニ付テハ御側役ヲ以
　宰相様・御前様ヘモ申上相成候御先例、且御跡職御願等ニ付テハ、御家老被差立候御先例に付、段々及吟味御側役ハ山口直記、御家老ハ伯耆殿被差越度、尤周防殿昨今日共御家老座へ御出席被成候ニ付、都テ御相談申上候テ相決シ、其通ノ御手当ニテ、直記ハ明十八日、伯耆殿ハ明後十九日被差立候筋ニ致決定候事、

すなわち、薩摩藩では御側役が前藩主（宰相様島津斉興）と御前様に直接藩主の死去を伝える先例があった。また、亡くなった藩主の跡継ぎ問題については、薩摩藩の家老から幕府へ願い出る先例があった。そのため、様々な吟味を行い、御側役としては山口直記、家老としては伯耆を江戸に派遣することになった。周防（島津久光、斉彬の弟、斉興の息子）が昨日（一六日）も今日（一七日）も家老座のところに来席されたので、相談をすべて申し上げ、山口直記を翌日の一八日に、また伯耆を明後日の一九日に江戸へ派遣することが決定されたのである。

その後、七月二〇日に薩摩藩は藩主斉彬の死去を公表した。同日、新納久仰は「一、今日御逝去之御弘ニ付極々急飛脚海陸二手差立候ニ付段々問合ハ無申迄モ別段私ノ問合モ豊後殿・永江休之丞江差越シ候事」と、今日の藩主斉彬死去の公表について、「極々急飛脚」を海・陸の二つの経路を用いて走らせたが、様々な通知があることはいうまでもなく、特別に私（新納）の方からも通報のために豊後（城代家老）・永江休之丞に書簡を送ったとのことである。

藩主斉彬の死去が公表された一つの結果として、薩摩藩はその年に予定されていた琉球使節についてもとるべき対策を決める必要があった。これに関して、前述の七月二〇日付の新納久仰から永江休之丞への書簡には以下の通り述べられている。(297)

一、琉人参府之儀モ此節之御変事ニ付テハ兎角被差延候外有御座間敷、何事モ当惑之至、此儀ハ其元ニテ公辺御聞合之上ニテ御都合能貴様ニ御取扱可相成奉存候、

すなわち、薩摩藩は七月二〇日の段階で、家定の死去を知らず、藩主斉彬の死去を理由にすでに琉球使節の延期について幕府に相談しようと考えていたことがわかる。新納久仰からみると、藩主斉彬が亡くなったため琉球使節を延期するしかなかった。その後、七月二五日に薩摩藩は家定死去の報せを受けたが、幕府側から琉球使節に関してまだ指示がなかったので（延期の書簡は八月一日に来た）、同日に駿河＝新納久仰の命令で琉球側に藩主斉彬の死去を理由に慶賀使の延期を示唆した〈史料B〉。薩摩藩は七月二五日の時点で、将軍家定と藩主斉彬の死去を理由に幕府が琉球使節派遣の延期を命じることを確信していたと思われる。

つづいて、八月二日に薩摩藩は、前日（一日）に家定の死去を含む「国事多端」を理由に琉球使節を延期する命令が江戸（幕府から江戸薩摩藩屋敷への経由で）より鹿児島に到着したので、琉球側に正式に使節の延期を命じたのである。

先行研究(298)でも指摘されているように、藩主斉彬には琉球使節を薩摩藩の軍事計画の隠れ蓑として利用する計画があったが、藩主が亡くなってまもなく、薩摩藩は幕府に使節の延期を願い出ることを考えていた。そのような折に将軍家定死去の情報を得た薩摩藩は、七月二五日には藩主斉彬の死去により、幕府に相談した上で琉球使節の派遣を延期すると琉球館に伝え、さらに八月二日には琉球館に幕府から「国事多端」を理由に使節の延期を命じられたことを伝えたのである。

以上より、一八五八（安政五）年の琉球使節延期は、主に将軍家定の死去が原因であることがわかった。七月二〇日に薩摩藩は藩主斉彬の死去を理由に幕府に使節派遣の延期を要求しようと考えていたが、すでに八

月一日に幕府による使節派遣の延期命令が鹿児島に着いた。興味深いのは、いち早く家定死去の情報をつかんだ薩摩藩の行動である。それは、薩摩藩が「国事多端」の意味を認識していたにもかかわらず、琉球側にはその意味を告げずに「国事多端」という曖昧な表現でそのまま伝えたことである。しかし、これは史料上で確認できる情報であり、実は薩摩藩は琉球側に今回の延期の理由についてより詳しい説明をした可能性もある。

そして、広い視点からみると、琉球使節の江戸参府という外交儀礼の場合、使節を派遣中であっても、将軍、あるいは薩摩藩主が急逝するという予期せぬ出来事が起こると、使節派遣を延期するように幕府でも薩摩藩でも様々な動きが始まることが理解できる。実際には、それ以前に琉球使節が日本に到着してから、薩摩藩主、または将軍が死去した事例はなかった。薩摩藩主の場合、一七五二(宝暦二)年と一七六四(明和元)年の二度にわたって、藩主が病気であったことを理由に、代理人が江戸まで琉球使節を連れていったことがあった。一七五二年の際には、江戸に滞在していた薩摩藩主島津継豊が病気となり、そのため息子宗信が代人として鹿児島から江戸まで琉球使節を連れていき、一七六四年の際には、藩主重豪が寒湿で調子が悪くなったので、家老が代わりに琉球使節を江戸まで連れていったのである。[299] だが、一八五八年の際には藩主斉彬が死去したので、新納久仰をはじめとする薩摩藩当局から判断すると「琉人参府モ此節之御変事ニ付テハ兎角被差延候外有御座間敷」、すなわち、琉球使節を延期するしかなかったので、その延期の許可を得るため幕府に働きかけるのが得策であった。

九月一八日、琉球使節は江戸参府せずに鹿児島を出発し、同二六日那覇に帰着した。[300]

二　異国船とコレラ

次に、一八五八(安政五)年の琉球使節派遣延期の背景にあった重要な事実について二点述べておきたい。

一つ目は日本を取り巻く国際情勢に関わるものである。国際情勢に関して、先に述べたように、大老井伊直弼は、一八五八年六月一九日に勅許を得ずに日米修好通商条約の調印を命じた。その際、同様の条約を締結するために、オランダ船・ロシア船・そしてまもなくイギリス船も江戸湾の近くに着いた。

先述した七月八日付の老中の通知の前半では、「異船渡来ニ付而は、人耳を立候時節ニ候処、国持衆を始、御役人江結懇意、事実之儀承度存意之者も有之哉ニ相聞、如何之儀ニ有之」と記されているように、異国船渡来に関する情報について、国持大名をはじめ、役人と懇意になり事実を知りたがっている者がいることを聞き、どうしたものかと述べ、最後に(家定死去の場合と同様に)漏洩しないよう命じられている。(301) その直後、七月一〇日に幕府は日蘭修好通商条約に調印、(302) 翌一一日には日露修好通商条約に調印した。(303) これらの条約締結に反対していた者たちへの幕府の弾圧について、新納久仰の日記では、次のように説明されている。(304)

一、今晩四ツ過時分江戸先月二十四日被差立候仕立町便到着ニテ、異国人御取扱一件、且ハ御老中堀田備中守様・松平伊賀守様御役御免、太田道淳様・間部下總守様御老中へ御再勤被仰付候儀トモ申来リ、段々江戸表御混雑之由ニ付当時柄重畳当惑之至、此末如何可相成哉ト甚心痛之事候、

この史料によれば、先月(六月)二四日に江戸から出発した「仕立町便」が七月二〇日の朝の一〇時ごろに鹿児島に到着した。「仕立町便」は江戸から鹿児島まで二五日間がかかったのである。その内容は「異国人御取扱一件」、いわゆる六月一九日に調印された日米修好通商条約と、大老井伊直弼らに反対していた老中堀田正睦と老中松平忠固が免職され(これは安政の大獄の始まりである)、太田資始と間部詮勝が老中に再任されるなど、江戸が混乱状態にあるとのことであった。そこで、江戸にいた薩摩藩の役人たちは、早速鹿児島の薩摩

藩に日本の開国とそれに伴った幕府の弾圧に関する情報を送った。

これに関連して、七月二三日に新納久仰は「江戸先月二十七日被差立候御内用急飛脚今暁到着、問合数通相達候、専異国船御取扱振リ混雑之御用筋也、旁心痛之事ニテ候[304]」と日記に記している。すなわち、先月（六月）二七日に江戸から出発した「御内用急飛脚」が七月二三日の朝に鹿児島に到着し、数通の通知が届き、（関東では幕府が）異国船の対応にあたって混乱状態となっていたことについて、新納はいろいろと懸念していたのである。

翌日の二四日も江戸から鹿児島に飛脚が到着した。これに関して、新納久仰が安政の大獄と異国人に関わる情報について書き留めた記録に注目したい。新納は日記では、「江戸去ル六日被差立候町便、今夜四ツ時分到着ニテ御内用封等登殿ヨリ被差廻候、開封之処尾張様御隠居ニテ御慎、水戸前中納言様ニモ御隠居ナカラ又々中屋敷ニカ御移御慎被成候様、松平越前様モ御隠居ニテ御慎被成候様等被仰渡[305]」と記した。すなわち、同月（七月）六日に江戸を出発した「町便」が、七月二四日の夜一〇時ごろに鹿児島に到着し、薩摩藩江戸屋敷に務めていた島津登の内々の報せが届いた。島津登は、尾張藩主徳川慶勝・前水戸藩主徳川斉昭・越前福井藩主松平慶永（春嶽）が幕府により隠居謹慎を命じられたと国元に知らせた。また、同じ報せには「異国人御取扱向ハ至極平穏ニテ被仰付候得トモ、当時ニテハ関東之御混雑何共驚入次第ニ付キ、此末如何可相治哉ト乍恐御心配イタシ候[306]」と記さているように、島津登は、幕府が異国人との関係についてきわめて穏やかに対応するように命じたと知らせた。これについて、新納は、当時の関東は驚くほどの混乱状態で、これからこの状態をどのように安定させるかが心配されるほどであったと記した。

このように、当時の江戸のありさまは、日米修好通商条約をはじめ安政五ヶ国条約の調印と、同時に六月二五日に井伊直弼が慶福（家茂）を家定の継嗣に定めたことに伴う安政の大獄によって非常に錯綜しており、

「国事多端」の内容にはこうした事態もあったのではないか。「段々江戸表御混雑之由ニ付当時柄重畳当惑之至」「専異国船御取扱振リ混雑之御用筋也」「当時ニテハ関東之御混雑何共驚入次第ニ付キ」といった新納久仰のリアルな記録からみると、当時の日本の国内外の情勢も琉球使節の延期に影響を与えたものと思われる。

二つ目は、当時の日本国内の社会状況に関する事実である。これに関して、真栄平房昭の研究は重要である。真栄平は高橋敏のコレラに関する研究を踏まえて、「琉球使節が来日予定であった一八五八（安政五）年にはコレラが全国に蔓延し、江戸市中だけでも死者一〇万人を超えた。『地震』と『疫病』のダブル・パンチによって、幕府の権力は急速に求心力を失い、琉球使節への対応も十分にできなかったため、延期されたのである」と述べ、一八五八年の琉球使節延期の理由は地震とコレラによるものだと指摘している。(307)

前述したように、安政大地震のために薩摩藩は、幕府に一八五六年に予定していた琉球使節を、一八五八年に延期することを許可された。だが、一八五六年の時点で、鹿児島に滞在していた琉球人の役人は興味深い噂を聞いた。これによると、「去年江戸表大地震付而者人家等多分及破損、来年中ニ者普請修補等出来兼、江戸立之儀来午年ニ者相調申間敷、猶又年延可相成哉之趣風聞有之候間、内々承合申越候様御問合之趣致承知、事書相仕立内分より御家老座書役衆等迄相伺候処」、すなわち、安政大地震により江戸の人家などが大きな被害を受け、建物などの普請は来年中まで完成しがたく、一八五八年に計画されていた琉球使節も延期になるという噂があったので、琉球館の役人は薩摩藩（家老座書役衆）に情報を求めた。しかし、これに対して、「右様之次第江戸表より何分御申越無之」(308)と、薩摩藩の家老座書役衆は幕府から琉球使節派遣延期について指示がなかったことを知らせている。安政大地震がもたらした建物の被害などを普請するために数年間がかかったと思われるが、幕府はこれに関して薩摩藩には特別な指示を与えなかったようである。実際には、前述したように一八五八年六月三日に幕府は大目付田村伊予守を「琉球人参府掛」に任命し、幕府は琉球使節を迎える意思があったことを示している。

次に高橋敏の研究に注目したい。

高橋は江戸を襲ったコレラに関する史料を引用している。それらは主に、「江戸之儀は七月下旬より十月下旬迄御上様ニテ寺之宗門人別相改候処、死人三十弐万人余と申候[309]」、「一、同八月上旬より、ころりの病はやり、江戸、大坂一日ニ千人程死候[310]」、「一、当午年七月盆後より、前代未聞之悪病、富士郡東海道吉原宿辺より流行いたし、夫れより三嶋宿抔ハ誠ニハケ敷相成、段々道上辺江茂流行ニ相成[311]」、「大江戸ハ七月の上旬、赤坂辺に始り、霊岸島辺にも多くありて、日ならず諸処に押移り、八月上旬より中旬にいたりてハ病倍々盛んにして、死する者大きハ一町に百余人[312]」と書かれている。以上をまとめると、一八五八年七月半ばごろからコレラが江戸を混乱させ、毎日死者が千人ほど出て、そのピークは八月であったと推測される。高橋はコレラに対する幕府の予防について「未知との遭遇であったので、やむをえないところもあったが、コレラ対策は出遅れた感を禁じ得ない。幕府の公式記録の『徳川実紀』には、コレラについては八月二十二日のコレラ予防治療の触れ覚一件のみで」あることを述べている[313]。

真栄平は一八五八(安政五)年七月半ば以降にコレラが引き起こした社会的な問題に注目しているが、実は幕府が「国事多端」を理由に琉球使節の延期を命じたのはこれらの直前の時期に当たる七月一一日である。真栄平と高橋の研究を踏まえると、一八五八年の琉球使節延期の背景にはコレラという恐ろしい病があったが、それが延期の直接の理由ではないと考えられる。実際、幕府が琉球使節の延期を命じた時薩摩藩の役人たちは江戸に滞在していたが、彼らから薩摩藩(鹿児島)への一八五八年七月一四日付の書簡(新納久仰日記の八月一日付の記録)においても、江戸におけるコレラの伝染について何も伝えていない。ただし、新納久仰の日記によると、一八五八年八月四日に、長崎に滞在していた勝麟太郎(勝海舟)から送られた書簡が薩摩藩に渡されており、その内容は主として当時の将軍家定と藩主斉彬の死去に関わるものであるが、冒頭では「季候不良流行病多候処[314]」、すなわち、当時は天候不良のために流行病が多く、その「流行病多候処」の中にコレラも位置付けられていたのではないかとも考えられる。こうした江戸を襲ったコレラと薩摩藩の動向との関係については今後の課題である。

第三節　幕末期琉球使節に対する琉球の認識

紙屋敦之は「琉球使節は琉球にとって幕藩体制下の『異国』たることを主張しうる最大の拠り処であったから、自らそれを中止することはありえなかったはずである」と述べている[315]。西里喜行は、これに対して幕末維新期に限って琉球は琉球使節の江戸参府派遣を「主体的・積極的に位置付けていたとは言えず、既成秩序の維持という観点から消極的・惰性的に受け止め、むしろ「進貢の故障」を恐れて参府中止を歓迎したものと思われる」と指摘している[316]。幕末の琉球使節の準備・諸問題に関して玉井建也と矢野美沙子は詳細な研究を行っている[317]。以上の先行研究に基づいて、一八五〇年・六〇年代における琉球使節に対する琉球側の認識と対応を簡単にみてみたい。

一九世紀になると、自然災害の台風・旱魃・霖雨・地震・津波などにより飢饉・疫癘が起き、このことで琉球人口が急減したこと。また、これにより琉球村落が疲弊したことで多くの農民が年貢を滞納していたこと。このような様々な理由によって琉球王府の財政はますます困難に陥っていった[318]。当然であるが、このような財政の危機的状況は琉球使節にも影響を与えた。

前述したように、家定への慶賀使は最初に一八五六（安政三）年に計画されていた。この使節派遣の準備に

ついて、一八五三（嘉永六）年九月二九日付、琉球側は薩摩藩に以下の通り述べた。(319)

一筆啓上仕候。来辰年江戸江使者被差上筈候付而者、近年打続太粧之及入価候末至極難渋之賦、殊異国人逗留旁不容易時節候得共、賀慶使之儀者古来より厳格之勤務、兎角首尾能不相整候而者不叶、就而者過分之入価差見得、猶更国中難渋之筈与被遊御憐察、当御時節柄出格之以思召、御銀千八拾貫目拝借被仰付候段、被仰渡趣委曲承知仕、誠以御高恩之程国王始到私共茂難有次第奉存候。先右之御礼為可申上如斯御座候。誠惶謹言。

九月廿九日

池城親方
座喜味親方
佐久真親方
大里王子

島津豊後様
参人々御中

この史料の前半によれば、来たる辰年、すなわち一八五六（安政三）年に琉球王府は琉球使節の江戸参府派遣の計画について、近年打ち続いた「太粧」の費用が大きくなり琉球が非常に難渋の状況に至った。殊に、異国人が逗留し、複雑な時節であるが、慶賀使は古来から厳重に行われた勤務であり、ともかく首尾よく完成しなければならないと述べた。後半では、薩摩藩が琉球側の難渋に対して、「出格之以　思召」一〇八〇貫目を貸すことに至ったと理解できる。これに対して琉球王府は感謝を述べた。以上からみると、琉球はきわめて困難な情況にあるが、琉球使節の慶賀使を「古来より厳格之勤務」として位置付けたので、今回も使節派遣を実現すると請け合った。一方、薩摩藩は琉球側の難儀を理解し、使節の準備のために拝借銀を許したのである。

次の一八五四（安政元）年四月一五日付の琉球側の史料から、琉球王府が主張した「近年打続太粧之及入価候」の内容が具体的に理解できる。[320]

当地之儀追々江戸立・冠船太金之入価差見得候処、弐拾三年成辰年以来三度之江戸立・冠船等莫太之物入打続候上、去辰年以来者異国船繁々来着、夷人等逗留、日料所望品并詰役々飯米を茂及太分、就中至去年当年者猶更多艘段々来着長々滞留ニ付而者殊之外過分之入費有之、且右異国一条ニ付而者、御国許・唐江茂臨時使者又者飛舟取仕出等段々非常之物入而已ニ而、蔵方を始諸在郷ニ茂一統難渋成立候砌柄、又候去亥年以来疱瘡・疫癘・飢饉等打続、其涯々蔵方有米之内救米借米渡、又者直下代延売払等之手数ニ過分之石数差出、且船々難破船等之災殃ニ付而茂過分之損失相及、

すなわち、琉球において、江戸立と冠船（清朝の冊封使）の費用を検討したところ、二三年前の辰年（一八三二年）以来、三度（一八三二・一八四二・一八五〇年）の江戸立、冠船（一八三八年）などの莫大な出費が続いた。去る辰年（一八四四年）以来、異国船がしばしば来琉して、異国人が逗留するようになり、日々の食糧、所望品、また異国人を世話、警戒するため詰めている王府の役人のための飯米も大分に及び、去年（一八五三年）・当年

(一八五四年)になってから、なおさら多くの異国船が度々来琉し、異国人が段々長く滞琉するに至り、このほか過分の費用となった。そして、異国人の件に関して、薩摩藩・中国への使者に飛脚船を仕立てることなど、次第に莫大な出費になり、王府の蔵方をはじめ、在郷に至るまで琉球国が一統難渋となった。また、一八五一年から沖縄島では疱瘡・疫癘・飢饉などが続いたので、貧窮者に蔵方が救米・借米などを渡しており、そして多くの船が難破したので、大きな損害を蒙ったのである、ということなどが記されている。その他に、史料を省略した部分では、台風・疫癘・異国船漂流により八重山と宮古の困窮状態についても述べられている。

先行研究で明らかにされたように、このような琉球の経済的な危機は琉球使節の準備・構成などにも影響を与え、王府は「当時琉球大難渋之折柄御座候間、公界向ニ不相拘儀者精々尽吟味、物入無之様取計不申候而不叶事御座候間」[321]、すなわち当時琉球が非常に難渋の情勢にあるので、琉球使節の実現に当たって「公界」=正式な儀礼などに関わらないことについて精々吟味し、不必要な費用がないよう取り計らわなければならない、ということなどを薩摩藩に願い出た。つまり、琉球王府は、正式な儀礼などに関わりがないことに関して、吟味してできるだけ費用を減少したい姿勢を示したことがわかる[322]。

しかし、琉球において異国人への対応は経済的な問題だけではなく、政治的な問題も伴ったのである。次の史料の日付は一八五三(嘉永六)年九月二九日付であり、王府から薩摩藩の琉球館に務めている琉球役人に送った文書である[323]。

琉人江戸立之儀者日本国中響合も可有之、当地日本御通融仕候儀唐向者勿論、異国人共江茂隠密取計仕来候処、(中略)旁ニ付而ハ琉人立之事万一異国人江響合共候而ハ困難可相及儀与、此所ハ至極恐入罷在事候付、於当地ニ者厳重其取締可申渡候。於御国元も兎角右等之所御吟味も可有御座候得共、猶又別段之成行時宜御都合見計、豊後殿江御内意を以申上、何分ニも御取締御座候様可被取計候。

すなわち、琉球使節の江戸参府派遣に関する情報は日本の国内では知られているが、唐（清朝）に対してはもちろん、西洋人に対しても琉球と日本の関係を隠蔽してきたのである。もし江戸への琉球使節派遣のことが異国人に露見したら、琉球が困難な状況になることを、琉球王府は大変懸念しているので、当地（琉球）において、その情報が露見しないように厳しく取り締まることを命じた。最後に、王府は琉球館の役人に豊後守（薩摩藩主）に内々に申し上げ、日本においても取り締まりをするよう願い出たのである。つまり、琉球王府は、琉球国内では自らの力で異国人を警戒するが、日本においては薩摩藩が同様に異国人に江戸立のことを知られないよう統制することを内密で願い出たことがわかる。

次に、右の史料では琉球王府が述べた「於当地ニ者厳重其取締可申渡候」という一文について少し触れたい。これは、琉球において異国人が江戸立の準備などを目撃しないよう厳しく取り締まることが命じられた、ということを意味している。第一部第二章では、琉球では異国人の警戒に関して、筆者は二つの空間に注目した。一つは、異国人の滞在地である寺とその周辺のことであり、囲まれた空間（closed space）、もう一つは、異国人が出かける時に歩く道々のことであり、公共の空間（open space）だと位置付けた。そして、公共の空間において、異国人の警戒に当たった（通事）尾行人の重要な役割に注目した。

琉球では異国人が琉球使節を目撃するという恐れがあったことに関して、王府は一八五三（嘉永六）年一〇月七日付で「然者通事共并天久寺出入之者共をのつから其慎有之筈ニ者候得共、猶又為念取締向訳ケ而可被申渡置候」[323]という通知を出した。すなわち、通事共（＝いわゆる公共の空間で異国人を尾行する役人）、また、天久寺（フランス人宣教師の滞在地）に出入りにする者（通事、関番人、下使いなど）はおのずから「其慎」、つまり異国人が江戸立の準備などを露見しないよう警戒するはずだが、今回王府は念のため彼らに異国人の取り締まりを固く命じたのである。以上から判断すると、幕末になると、西洋人が琉球に滞在することになった際、琉球使節派遣に関する準備などが西洋人に見られることで、「日琉関係の隠蔽政策」の露見が重要な問題となり、その露見によって琉球と清朝の朝貢関係に故障が生じる恐れがあった。琉球王国の政治的な領域（the political sphere）を守るため、王府は重ねて通事と尾行人に異国人の動きを警戒するよう命じたと理解できるだろう。

琉球使節派遣に関して、琉球王府は薩摩藩を通じて幕府にも働きかけるに至った。一八五四（安政元）年六月一四日付の史料によると、琉球王府は、従来清朝にも西洋列強にも、琉球が日本のトカラ列島のみと交易関係を結んでいると知らせてきたが、今後異国人が「琉人立行列之図」＝琉球使節行列の絵図を見てしまうと、琉球が幕府とも関係を持っていることが露見するのみならず、琉球が幕府のために立派な使節を整えているので、異国人はその行列の絵図から琉球が「豊饒之国」だと思ってしまい、琉球と交易関係を開始するプレッシャーをかけ続けてくると述べた。これに対して、王府は薩摩藩を通じて幕府に次のように願った(324)。

此段江戸表江御問合相成、右琉反布之儀可成程夷人共目ニ不掛様、自然見当出所相尋候ハヽ日本産、且当地製黒砂糖・焼酎其外鬱金抔之品茂上方表迄行渡候由、是又見当出所相尋候ハヽ都而同様相答、且江戸立一件等彼者共江相響候而者至而可差障訳合、町人迄茂一統案内相成候様、尤絵図面前々ゟ板行相成居候哉ニ候間、是又以来[illegible]ニ相成候様御取締等之儀共、御願被仰上候様之御取計共者出来申間敷哉、

「右琉反布之儀」とは、江戸で着られている琉球の反布を意味している。琉球側は、琉球の反布をなるべく

異国人の目にとまらないように要求している。琉球王府が幕府に次のようなことを請願している。もし、江戸で異国人が日本人（幕府の役人）が着ている琉球の反布を見、彼らがその出所について尋ねた場合、日本製のものだと答えてほしい。また、王府は、琉球産の黒砂糖、焼酎、その他ウコンなどの品物も関西まで行き渡っていることを聞いた。これについて、異国人がそのような品物を見、彼らがそれをどこの出所かと聞いた場合、日本産のものだと返事してほしい。また、異国人に江戸立のことを暴露した場合、琉球にとって大変差し障りがあるので、幕府が江戸の町人に至るまで一統に、江戸立の事実を隠蔽するように指示し、琉球行列などの絵図がでまわらないように取り締まってほしい、と王府は幕府に願っているのである。(325)

以上から、琉球王府にとって琉球使節派遣に当たり、西洋人に琉球と日本の関係が露見することがきわめて重要な問題であったことが理解できる。これに関して、琉球国内においては琉球王府が通事と尾行人に異国人の警戒を取り締まることを命じ、薩摩藩内や江戸においては「日琉関係の隠蔽政策」が露見しないよう薩摩藩と幕府の協力を要求したのである。

西里が指摘しているように、その後、一八五〇年代半ばから、琉球は、清朝皇帝による琉球国王尚泰（一八四八年に即位）の冊封をきわめて重視し、西洋列強・薩摩藩のプレッシャーを阻むもの、そして琉球国内における尚泰の権威と権力を強化するための「最大の安全保障策」として位置付けた。そのため、琉球は、当時「内憂外患」という問題に直面していた清朝から冊封使を歓迎することに王国の全力を尽くすに至った。その結果、一八六六（慶応二）年（尚泰が即位した一九年間後）に清朝から冊封使が来琉し、ようやく尚泰を冊封したのである。(326)

一方で、第二部第二・三章で論じるように、一八六〇年代において、幕府に琉球使節の江戸参府を止める意志はなかったが、さりとて新しい使節の計画を立てる余地もなかった。この時期の琉球側の史料をみてみよう。(327)

同治元年壬戌四月十九日兼赴江府之正使任大与奉行惣横目惣奉行職勤職八箇月、

これは伊江家の家譜であるが、この史料によると、一八六二（文久二）年四月一九日の段階においても、琉球王府は形式上、伊江王子朝忠（尚健）に琉球使節の正使としての任務を続けさせたことがわかる。(328) すなわち、琉球王府としては、一八六〇（万延元）年の段階で、琉球使節が中止されたとは認識していなかったのである。実際には、薩摩藩が、一八六〇年六月に、幕府が琉球使節の延期については「追而参府比合之儀者仰出候段(329)」と、追って使節の新しいスケジュールを命じるであろうということを琉球側に伝えていた。これらの点を踏まえると、琉球側は、琉球使節は一時的に延期されたが、日本の状況が改善すれば、慶賀使が再び計画される筈であると考えていたのではないか。後で考察するように、琉球側の史料からも文久の改革の直前まで、琉球使節の派遣は可能であったと考えられるのである。以上から、西里が述べたように一八五九（安政六）年以降、特に西洋人が江戸に滞在するようになってから、琉球は琉球使節の江戸参府に対して消極的な姿勢を示したのである。

おわりに

本章では薩摩藩家老であった新納久仰の日記を中心に幕府から薩摩藩江戸屋敷を経て薩摩藩へ伝えられた通知及び薩摩藩から琉球館への正式な通知と機密の情報を検討することによって、一八五八（安政五）年の琉球使節派遣延期の理由を考察してみた。また、幕末における琉球使節に対する琉球側の認識と対応についても論じた。本章をまとめると次のようになる。

幕府は将軍家定の死去を意味する「国事多端」を理由に薩摩藩に琉球使節派遣延期を命じたが、一方、薩摩藩は、同じ時期に藩主斉彬が死去したので、幕府に琉球使節派遣を延期するように願い出ることを考えていた。また、薩摩藩は、八月一日に薩摩藩江戸屋敷により「国事多端」を理由に幕府の琉球使節派遣延期の命令とその真の意味(「右之御事多ハ　公辺御逝去之訳ニテ候由也」)」を知っていたのである。薩摩藩はいち早く「国事多端」の意味を理解していたが、琉球側にはその意味を告げずに「国事多端」という曖昧な表現でそのまま伝えた。その後、幕府が八月八日に将軍家定の死去を公表してからも、確認できる史料の中では薩摩藩は琉球側に「国事多端」と家定死去の密接な関係を明かしたものはみられない。

以上の事態とともに、「国事多端」の背景にあった異国船の来日、安政五ヶ国条約の調印、それに伴った安政の大獄、コレラの伝染なども重要な出来事であった。

幕末になると、琉球は琉球使節を「賀慶使之儀者古来より厳格之勤務、兎角首尾能不相整候而者不叶」と位置付け、使節派遣について特に使節準備の費用倹約(経済的な問題)と、西洋人により「日琉関係の隠蔽政策」が露見してしまう恐れという問題(政治的な問題)に直面したということについて論じた。

最後に、本章で考察した一八五八年の琉球使節派遣の延期問題をより広い視点でみてみたい。「国事多端」という表現は多岐にわたって国家に関る事柄であるので、その表現の背景には複雑で様々な事情があったと思われる。幕府は、慶賀使を受ける徳川家定が亡くなったことを理由に慶賀使の延期を命じたと思われる。しかし、同じ時期において、いくつかの重なる、また絡み合う出来事が起きた。

鹿児島では藩主斉彬、つまり琉球使節を召し連れる人物が亡くなった。幕府はアメリカ側から圧力を加えられ、日米修好通商条約を締結した。その直前、幕府(老中堀田)は天皇の勅許を要求していたが、孝明天皇はそれを拒否した。いうまでもなく、これは、水戸学や国学者、神道家などにより天皇の権威（尊皇思想）が強調されたことで、当時京都の朝廷がすでに日本の政治について関わることになっていたのみならず、徳川幕府の命令を拒否することにまで至ったことを反映している。また、その際、一方で、アメリカについで、日本と修好通商条約を締結するためにオランダ・ロシア・イギリス船が江戸の近くに停泊していた。他方で、井伊直弼の権力の乱用に対して、公卿・諸大名が抵抗したが、幕府は彼らを厳しく弾圧した（安政の大獄）。以上の情勢と同時に、江戸に恐ろしい病が蔓延し始めた。これは、西洋列強によって日本に持ち込まれ、長崎から関東まで蔓延したコレラのことである。

このように、一八五八年の琉球使節派遣の延期は、ただ琉球・薩摩藩・幕府に関わる出来事としてのみならず、その延期決定に当たり当時の日本国内・国外を取り巻く情勢を念頭におく必要があり、幕末の政治・外交・社会的な複雑性を理解するための一つの重要なレンズである。また、琉球側にとっては、一八五〇・六〇年代になると、琉球使節派遣こそが西洋人、そして彼らを通じて清朝に琉球と日本の本当の関係が露見する最大のリスクになったので、西洋人が使節の準備・派遣・絵図などを目撃しないよう琉球国内はもちろん、薩摩藩・江戸に至るまで油断なく対応する必要となった時期として認識されていたのである。

第二章　一八六〇年の琉球使節の延期をめぐる薩摩藩の戦略

はじめに

本章では、第一四代将軍徳川家茂への慶賀使の延期について考察する。この使節は一八五九（安政六）年の六月から七月の間に計画され、一八六二（文久二）年に派遣する決定がなされたが、一八六〇（万延元）年、突如延期されることとなった。この延期に関する最も重要な先行研究は紙屋敦之のものである。[330] 紙屋は、この延期の背景を探る中で、大老井伊直弼の暗殺事件（＝桜田門外の変、一八六〇年三月三日）後に、薩摩藩（藩主島津茂久・父久光）がとった政策に注目した。その政策とは、同藩の尊王派志士が琉球使節の行列に紛れ込む懸念が生じたので、薩摩藩が一八六〇年五月三日に幕府に働きかけ、同月六日に琉球使節の延期が認められたということであり、この琉球使節延期によって、琉球使節が解体に至ったと述べている。

紙屋はこの研究の対象とする時期を一八六〇年五月の時点で終えているが、筆者の見解では、一八六〇年の琉球使節の延期を全面的に理解するためには、日本の開国の背景の一つである薩摩藩と幕府間の政略関係を念頭においた上で、一八六〇年五月の琉球使節の延期直後の出来事についても考察する必要がある。ここでは、主に『忠義公史料』を使用して、桜田門外の変に起因した薩摩藩による幕府への琉球使節延期の願いと、藩主茂久の参勤交代の猶予（以降参勤猶予）願いに内在する密接な関係に注目したい。つまり、薩摩藩の尊王派志士（有志）の軍事計画と琉球使節との関連性をより広いコンテクストの中で吟味し、再構築する必要があると考えられるのである。

筆者にとって、琉球使節解体の研究は、一八六〇年以後数年にわたる、薩摩藩・幕府・琉球の三者間における相克を検討することでもある。ここでは、薩摩藩のパースペクティブから「薩摩藩主の参勤交代」というキーワードを通じて、一八六〇年から一八六二年までの期間を中心として考察していく。

第一節　一八六〇年の琉球使節の延期と薩摩藩内の状況

一八五八（安政五）年一二月一日、徳川家茂が第一四代将軍を襲職した。先例に従って、その直後、琉球使節の慶賀使派遣が計画された。計画が決定された明確な日時を記した史料は残されていないが、この時、一八六二（文久二）年に家茂への慶賀使を派遣することが決定された[331]。

同時期に、島津斉彬の遺言により後継者として異母弟の久光の長男である忠徳（茂久・忠義、一八五八年に一九歳）が決まった。忠徳は一八五八年一二月二八日に江戸で正式に家督相続を許された。そして、翌五九年二月七日に将軍徳川家茂にお目見得をして、茂久と改名した。[332] このように、薩摩藩主として島津茂久が選ばれたが、実際には若い藩主の代わりに父親の久光が藩の政権を握るようになったのである。

二年後の一八六〇（万延元）年三月一三日、薩摩藩主島津茂久は参勤交代のため、故郷鹿児島を離れ、江戸に向かった。これは藩主茂久のはじめての参勤交代である。しかし、同二三日、筑後国松崎（現、福岡県小郡市）で井伊直弼の暗殺事件の報せを聞き、「病気」を理由に参勤交代を中止して薩摩に戻った。同年五月三日、藩主茂久は幕府に琉球使節の延期を願い出た。[333]

御代替ニ付、為御祝儀来々戌年琉球人召連参府之義、伺之通被　仰渡置候、然ル処当時外夷多人数御府内へ入込居候折柄ニ候得ハ、内実唐国へ之響合等懸念之次第モ御座候段申遣候得共、此節ハ御祝儀之使節ニモ候得ハ、御猶予等何分奉願兼候次第ニ御座候、如何取計可然哉、此段無急度御内慮奉伺候、以上、

五月三日　　松平修理大夫（島津忠義）内

西　筑右衛門

覚

御代替ニ付、琉球人召連参府之儀ニ付、内意申立候趣無拠筋ニ付、唐国へ響合等之場合、琉球国ヨリ何レトカ唐国へ及示談、表立参府致シ差支無之様取計、模様追々申聞候様可仕候事、

ここで、藩主茂久は、「来々戌年」＝一八六二年に、琉球使節の江戸参府を計画していたが、多くの異国人が江戸にいる状況で琉球使節を派遣した場合、それまで清朝に対してとってきた「日琉関係の隠蔽政策」、いわゆる薩摩藩・日本の琉球支配という事実が異国人により中国（清朝）に露見する懸念があると述べている。「外

夷多人数御府内へ入込居候折柄」というのは、安政五ヶ国条約（日米修好通商条約など）が施行されたことにより、一八五九（安政六）年から西洋の公使が江戸に駐在し始めたことを意味している（安政五ヶ国条約第一条について次章で詳しく述べる）。

以上の点から判断すると、藩主茂久は琉球使節が江戸まで参府してしまうと、清朝に対して踏襲し続けた「日琉関係の隠蔽政策」が露見する恐れがあることを懸念していたのであるが、それが将軍の襲職を祝う使節であるため、延期の願いは難しいと考え、幕府の意向を伺ったと推測される。そして、前述の覚書は、薩摩藩が、日本による琉球の支配に関して異国人を媒介として清朝に露見した場合、琉球に清朝と交渉させた上で、琉球使節を公然と派遣できるようにする、という提案の内容である。[334]

幕府側の視点は次章で述べるが、ここでは一八六〇（万延元）年五月六日に、薩摩藩主の伺いに対して、幕府は「国事多端」を理由に琉球使節の延期を命じた、[335]ということを述べるだけにとどめる。

その後、一八六〇年六月に薩摩藩（家老伯耆島津久福）は琉球使節延期について、琉球側に次のように説明した。[336]

琉人参府御猶予ハ当時天下多事ナルニ依リ、幕府モ賀慶ノ使礼ヲ受ルニ暇ナク、本藩ニ於テハ今春井伊家遭難ノ事ニ関シ、御途中筑後松崎駅ヨリ御病気ノ御申取リヲ以テ御引返シ、御帰国等非常ノ事ナリシ故、中山王賀慶使参府ノ御猶予アランコトヲ懇願セラレシニ、本書ノ如ク聞届ケラレタリ、

薩摩藩は琉球側に、幕府は現在、慶賀使を歓迎する余裕がなく、また藩主茂久が参勤交代の最中に筑後国松崎で桜田門外の変の報せを聞き、「病気」を理由として参勤を中止したこと、そして、「御帰国等非常ノ事

ナリシ故」に使節派遣の延期を幕府に願い出、それが許可されたことを伝えている。そこでは薩摩藩は江戸に駐在している多くの異国人の問題について、琉球に何も伝えなかったことがわかるのである。このことから、「日琉関係の隠蔽政策」の露見という問題は、幕府を納得させるための表向きの理由であったと思われる。最も重要なのは、一八六〇年に薩摩藩が幕府から琉球使節派遣の延期を許されるために、安政五ヶ国条約締結に伴った江戸の新しい情勢（駐日の西洋列強公使）と、それに関わる従来の清朝に対する「日琉関係の隠蔽政策」を巧みに利用した点だと思われる。ところで、当時、薩摩藩には藩内にも複雑な問題があった。

佐々木克の研究によれば、藩主斉彬の遺志を継いだ大久保利通・西郷隆盛を盟主とする薩摩藩の有志は、のちに「誠忠組」と呼ばれる派閥を結成し、一八五九（安政六）年から、大老井伊直弼襲撃を目的として「脱藩」「突出」という計画を立てていた。(337) これに対して、一八五九年一一月五日に藩主茂久は、「万一事変到来之節ハ、第一　順聖院様御深志ヲ貫キ、以テ国家奉護天朝ニ可抽忠勤心得ニ候(338)」、すなわち、もし「事変」が起きたら、斉彬の遺志に従い、薩摩藩兵を派遣することで、天朝を保護し、天皇に忠勤を励むことを命じた藩主直書を下すことによって、藩の有志（誠忠組）の自重を求めることも考えていた。以上からみると、藩主茂久は「斉彬の遺志に従い、天朝・天皇に忠勤を励む」ことを薩摩藩の国是として定めたが、茂久・久光などいわゆる薩摩藩当局は、大久保らと「事変」についての見解に大きな差異があったのである。

次の史料は『大久保利通日記』に見える記録である。桜田門外の変の報せは三月二三日に薩摩藩に伝えられ、二四日に島津久光は大久保よりその報せを聞いたが、久光はその際に以下のように述べた。(339)

成程此節之一条関東表変事無相違筋ニ被聞候、然共未表向モ不相達坂口勇右衛門口達ニ而粗相分候迄ニ而勿論水府之義モ僅拾七人之人数ニ而書付ニモ水府浪人ト有之是ハ跡ヲ暗マス注意カトモ被察候、成程変事ハ無相違候得共、兵乱トハ不被申訳ニ候、跡ノ動静モ不考粗忽ニ兵ヲ差出候義、跡之御難題如何ト存候ヤ案内モ可有之兵ハ国家之大事ニ候、何レ人臣タル者御国家前後之事モ勘考シ尽シ候義肝要ニ候、

これによれば、久光は、まだ大老井伊直弼の暗殺は公に知らされておらず、坂口勇右衛門の口達によれば、水戸脱藩浪人による事件である。「変事」＝事変には違いないが、兵乱とはみなせない。従って、その後の動静を考えずに軽率に出兵することは、後に難題が降りかかる可能性があることも考えるべきである。兵事は国家（薩摩藩）の大事であるから、人臣たる者はよくよく国家の前後のことを考えることが大事である、と述べている。

この史料から、大久保は桜田門外の変後、軍事的な行動を考えていたが、久光がそれを抑えたことがわかる。特に、前述したように、一八六二（文久二）年に慶賀使の江戸参府が予定されていたので、薩摩藩有志が琉球使節の行列を契機に軍事計画を現実化する懸念があったので、それを避けるために、茂久・久光は事前に慶賀使の延期を願い出たと思われるのである。[340] 次に、薩摩藩有志の軍事計画をより広い角度でみてみよう。

第二節　桜田門外の変後の薩摩藩主参勤猶予と琉球使節延期の関係

桜田門外の変に起因した問題を、より広い視野でみる必要がある。桜田門外の変は、非常に重要な事件であり、薩摩藩の藩士（有村次左衛門）が井伊直弼の暗殺に参加したため、薩摩藩と彦根藩は摩擦を引き起し、薩摩藩に対する幕府の嫌疑を招いていた。当時の薩摩藩全体の動きをみてみよう。

この事件に対応するために、薩摩藩は二つの重要な対策をとる必要があった。まずは、緊急の対策として、

藩主茂久は事件の報せを受けて、直ちに参勤交代を中止して帰国し、鹿児島では、同じ時期に桜田門外の変の報せが届くと、久光は大久保らの軍事計画を抑えた。次に近い将来へ向けての対策をとった。これは、大老の暗殺に薩摩藩の藩士が参加したため、彦根藩の復讐を避け、将来的にも、大久保らの軍事計画を現実化させないように、藩主茂久が江戸に行かないこと、いわゆる江戸参府を行わない、といった政策であった。[341][342]薩摩藩主茂久が江戸に行った場合には、この二つの懸案が現実となる可能性があったからである。薩摩藩主の江戸参府とは、参勤交代であると同時に、琉球使節の同行を意味していたのである。

琉球使節の場合は、前述の二つの懸案のために、薩摩藩は藩主茂久の江戸参府を逃れる策の一環として、一八六〇(万延元)年五月三日幕府に琉球使節の延期を願い出たと思われる。しかし、薩摩藩は、琉球使節延期を願い出た時に、幕府を納得させるために、表向きは異国人によって清朝へ「日琉関係の隠蔽政策」が露見する恐れがあるということを理由にしたのである。だが、二年後の一八六二(文久二)年に派遣予定であった琉球使節について、なぜ六〇年の段階で薩摩藩主が延期を要求したのかということは重要な問題である。まず、薩摩藩の論理によると、「当時外夷多人数御府内へ入込居候折柄」であり、これは修好通商条約が施行されたことによって生じた江戸の新しい情勢で、この問題は二年後の六二年にも残っていると思われる。そして、琉球にとって琉球使節の江戸参府は多額の費用のかかる重大な外交儀礼であり、その準備を完成するためには一・二年の期間が必要であったのである。[343]さらに、延期許可の情報伝達について、幕府(江戸城)から薩摩藩江戸屋敷、薩摩藩当局(鹿児島)、琉球館(鹿児島)を経て首里王府に至る、当時の通信期間を考えることも必要である(徳川時代の通信期間について第二部第一章を参考)。以上のことを踏まえると、幕府に対する薩摩藩の要求のタイミングは不合理なものではなかったと思われる。

前述したように、藩主茂久の江戸参府を避けたかった薩摩藩は、幕府の琉球使節の派遣延期命令によって、次の江戸参府までの時間を稼ぐことができたといえるだろう。だが、どの程度の猶予期間を得たのかというと、次に定められた参勤交代の年までであった、と考えられる。参勤交代に関しては、薩摩藩は、一八六〇年三月以降（＝桜田門外の変後）、繰り返し猶予を願い出るに至った。しかし、薩摩藩主の参勤交代はより広い視野でみることが重要で、琉球使節は一六四四（正保元）年から先例として、薩摩藩主の参勤交代が行われる年に計画されて派遣されていたことを見逃してはいけない。琉球使節一行は琉球を出発してから、鹿児島で薩摩藩主の参勤交代一行と合流して、江戸に向かうのが慣例であった。つまり、藩主の参勤交代は琉球使節派遣の大前提であり、幕末になっても藩主茂久の参勤交代の予定に基づいて、琉球使節の計画が立てられたのである。ここでは、薩摩藩主の参勤交代の実施イコール琉球使節の派遣という事実関係に注目したい。すなわち、藩主の江戸参府が不可能になると、琉球使節の派遣はもちろん、その計画が立ち上がることさえ到底不可能となるので、以降の藩主茂久の参勤交代の成り行きにも注目しなければならないのである。

その点に関して、一八六〇（万延元）年八月の藩主茂久の参勤猶予に関する史料をみよう。[344]

太守様御病気折角被遊　御薬用候得共、兎角御不同被為　在、未長途之御旅行難被成、依之御領内温泉へ御入湯　御歩行等モ被遊、得ト御療養被為遊度候ニ付、先キ三ヶ月程　御参観御猶予之御願書、先月一三日御用番安藤対馬守様へ被差出候処、御願之通被仰渡候段申来候、此旨奉承知候様表方へ可致通達候、

八月　　左衛門島津久徴

本年三月御参観御途中松崎駅ニ於テ、井伊家遭難ノ飛報、或ハ有村雄助カ親報ニ接シ、同駅ニ一日御滞留シ、扈従国老川上式部（久美）ヲ東上セシメ、公ハ御発病ノ名ヲ以テ御引返シ御帰国セラレ、以来御病

気荏苒御参覲御猶予ノ請願数回ニ及、其間封内霧島山内栄ノ尾温泉場ニ仮館新築、御入溶数月ニ亘リ、其間天下ノ形勢ヲ視察セシメ、或ハ四方ニ探偵ヲ派シテ井伊家ノ動静ヲ窺ハシムルニ、形勢倍々切迫、或ハ朝廷ニ密奏等ノ計画ニ他事ナク、仍テ表面ニハ御参府猶予ヲ願ハレ、時機ヲ伺ヒ為スコトアラント、百方力ヲ竭サレタル事実ハ、文久二年ノ部ニ詳記ス、

この史料については、「八月　左衛門島津久徴」という記述を境に前半と後半に分けて解釈しなければならない。前半によると、藩主茂久の病気を治すため薬を用いて治療をしているが、とにかく調子がよくなく、未だ長途の旅行をすることが不可能である。治療のため、藩内の温泉に入浴したり、他にも散歩をするなどして、藩主に療養生活を送らせたく、三ヶ月ほどの参勤猶予を、先月（＝七月）一三日に御用番安藤対馬守に申し出、そして、願いの通り命じられたことを、八月に島津久徴が申し来ている。すなわち藩主茂久の調子がよくないので、薩摩藩は三ヶ月ほどの参勤猶予を願い出、幕府はそれを認めたことがわかる。

後半では、薩摩藩の視点から当時の政治的な状況を説明している。最後に「百方力ヲ竭サレタル事実ハ、文久二年ノ部ニ詳記ス」と書かれているので、文久二年の記録を分析した上で編者が付けたコメントだと思われる。史料によれば、藩主茂久は、井伊直弼暗殺の報せを知った時、松崎駅にいて、一日同駅に滞在してから、公（＝表）には「病気」を名目として薩摩藩に引き返した。この後、病気が治るまで参勤猶予の請願は数回に及び、温泉への入浴は数ヶ月にわたった。その間、天下（日本）の形勢を把握するめに四方に探偵を派遣し、井伊家の動静を窺わせたところ、状況はますます切迫し、あるいは朝廷に密奏などの計画に余念がなく、よって表向きは参勤猶予を願い出、時機を窺い何をなすべきか、様々な力を尽くした事実は、文久二年の部に詳しく記録されている、と書かれている。

この史料の内容から、当時の薩摩藩の井伊家に対する緊張感が、そして、藩が桜田門外の変による日本の状況の変化を詳しく調査していたことがわかる。注目したいのは、薩摩藩は幕府に藩主茂久の治療を理由に数回にわたって参勤猶予を要求したが、これは表向きの理由だと推測される点である。実際には、藩の政治状況が複雑で深刻な状況になったので、情勢が改善するまで藩主茂久の参勤猶予を願うという策を立てたのであり、すなわち、薩摩藩は参勤猶予を政治的な作戦として考えていたのである[345]。

翌年（一八六二）正月、藩主茂久は国老島津久徴への御親書で、「来々年参府迄ハ暫時間モ有之間[346]」、つまり次の参勤交代は「来々年」＝一八六二年に行うことに定め、同月二八日、次の御親書を出した[347]。

一去年三月、参府途中ヨリ不快ニテ引返シ候処（井伊直弼横死ノ報ニ接シ、筑後松崎駅ヨリ御病気ノ旨ヲ以テ御引返シヲ云フ）、別段ノ訳ヲ以参府御猶予被　仰出、難有次第ニ候、就テ来春ハ、不致参府候テハ不相済事候処、色々異説申立、且供不申付候得ハ、押テ可致随従相考候者モ有之哉ニ相聞得候、不容易時節ト存シ詰メ、国家ノ為ヲ謀り候儀ハ尤ノ事候得共、却テ　公辺ハ勿論諸藩ノ嫌疑ヲ受ケ、終ニハ国難ヲ醸シ出シ候ハ安中ニテ別テ致心配候、実ニ忠節ノ志有之候者、万々一異変致到来候共聊不致動揺、命令ニ従ヒ精力ヲ尽シ候様有之度事ト存候、

この御親書は薩摩藩の家老をはじめとする家臣に宛てたものであり、その内容によれば、去年三月、参勤交代のために江戸に向かう途中、調子が悪くなり薩摩藩に引き返した。幕府によって特別な理由で参勤猶予を許可され、有り難き次第である。しかし、来年（六二年）の春には参勤交代を行わなければならないことについて、様々な異説を申し立て、もしお供として申し付けられなかったら、強引でもお供したいと考えてい

る家臣(有志)もいると聞いた。複雑な時期であると思っている。薩摩藩のために行動するのが一番重要なことであるが、却って幕府はもちろん、諸藩の嫌疑を買って、国難の状況に陥ることが考えられるので、心配している。忠節の志を持っている者は、もし異変が起こってもいささかも動揺せずに、薩摩藩の命令に従い精力を尽くすように、といったことが書かれている。

ここで、茂久は、特に家臣たちの一部が藩主の参勤交代のお供として任命されなかった場合に、むりに行列に紛れ込み、軍事行動を行う計画をしていることを心配している。要するに、先行研究[348]が指摘しているように、薩摩藩は、薩摩藩の有志が琉球使節の行列に紛れ込む心配があっただけではなく、同様の懸念は藩主茂久の参勤交代の際にもあった。大老井伊直弼の暗殺から、約一年がたっても、藩主の参勤交代についても、薩摩藩は家臣の一部の動きに関して不安があったことがわかるのである。すなわち、薩摩藩による、幕府に対する琉球使節延期の願いと藩主茂久の参勤猶予の願いは、今までは別々の出来事として扱われてきたが、実は同じ目的を持っていたものとして考えるべきなのである。桜田門外の変後、近い将来への策として、琉球使節延期と、数回にわたる参勤猶予の願いを要求することが、藩主茂久が江戸参府をしないで済むために必要な策であったのだ。

第三節　文久の改革と琉球使節

次に、一八六二(文久二)年に予定されていた藩主茂久の参勤交代の成り行きを検討してみよう。

藩主茂久は一八六一年正月二八日に「来春ハ、不致参府候テハ不相済事候処」と述べたが、一八六一年一二月になると、薩摩藩は再び幕府に藩主の参勤猶予を願い出ている。次の史料をみよう[349]。

正月十二日江戸ヨリノ飛報到来、報ニ曰ク、旧臘十二月七日(文久元年辛酉十二月七日夜)、江戸芝ノ藩邸火災ニ罹リ、御殿其他焼燼、加之隣近ニ延焼セシ趣、火ノ出所ハ大奥作事木屋ニ起レリト云フ(中略)、因テ本日御一門家ヲ初メ、大小門葉ノ人々及ヒ諸士登城御機嫌伺ヒ奉ルヘキ旨、国老ヨリ布告セリ、然シテ天璋院殿(徳川家定夫人篤姫、斉彬養女)御続柄ノ訳ヲ以テ、再建ノ費用金二万両恵与セラレタル趣モ告ケ来レリ、〇本年四月中例規ノ如ク(従来諸大名江戸参覲ノ規則アリ、我藩ハ三月参府四月賜暇ノ定規ナリ)、御参府ノ御予定ナリシニ、火災ニ罹レルヲ以テ、猶予セラレンコトヲ請願セラレタリト雖モ、幕府ハ成規ニ照シテ允許スルヲ得ス、茲ヲ以テ特別造営費ヲ恵与シ、御参覲ヲ促シタル者ノ如シ、

一八六二(文久二)年一月一二日に江戸から(当時、国老島津登久包、番頭菱刈杢之介、留守居汾陽次郎右衛門、同兼役堀次郎は江戸に滞在していた)送られた急報が鹿児島に到着した。これによると、一八六一年一二月七日に薩摩藩江戸芝屋敷が火事に遭い、御殿とその他の建物が焼失しただけではなく、隣近所にも火災が延焼し、火の出所は大奥作事木屋という場所だと見做されている。「因テ本日」とは一二月一五日のことであり、薩摩藩の御一門家をはじめ、大小門葉の人々と諸士が江戸城に(将軍家茂の)御機嫌を伺うため登城するように国老(島津登)より布告が渡された。それから、天璋院(篤姫、島津斉彬の養女で、徳川家定御台所であった)の御続柄を理由に、屋敷再建の費用のために金二万両を幕府から恵与されることを伝えられた。そして、本年(六二年)、四月中旬に例規に従って(従来諸大名の参勤交代の規則があり、薩摩藩の場合は三月に江戸に入り、翌年の四月に賜暇されるという定規がある)、参勤交代の予定があったことに関して、火災に遭ったことを理由に、江戸に滞在していた薩摩藩の役人たちが参勤猶予を請願したが、幕府は規則に照らして許可せず、特別に屋敷の造営の費用を恵与し、参

勤交代の実施を促したようである。

この史料から次のことが理解できる。薩摩藩は江戸芝屋敷が火事に遭ったという理由で一八六二年の春に予定されていた藩主茂久の参勤猶予を願い出たのである。実は、芝屋敷の火災は、藩主茂久の参勤猶予の言い訳を立てるための対策であり、参勤交代を避けるために、薩摩藩は芝屋敷の自焼を行ったのである。[350]また、江戸にいた薩摩藩の役人によると、幕府は「御参覲ヲ促シタル」、すなわち先例通り藩主茂久の参勤交代を強く促しており、そのためにも金二万両を恵与している。参勤交代は徳川幕府を支える制度であり、将軍の象徴的な権力に関わるものであり、幕府はその時まで一度も参勤交代をしていなかった薩摩藩主茂久に参勤交代の義務を果たさせたかったことが窺える。

以上の点からみると、藩主茂久の参勤交代をめぐって、幕府と薩摩藩の姿勢は対照的であったといえるだろう。しかし、一八六二年一月一二日付の史料からわかるように、芝屋敷が受けた被害は非常に大きく、一八六二年の春に藩主茂久の参勤交代は実際に不可能になったのである。次の史料をみよう。[351]

正月十五日ノ夜、江戸ノ飛報到着、報ニ曰ク、

今春御参覲之儀、御屋敷焼失御住居不被為調旨ヲ以テ、五ヶ月程御猶予之御願相成候処、御願之通御聞置、九月中屹度御参府可被為成ト之趣被仰渡、

この布達は、(国老島津登久包らにより)江戸を一八六一(文久元)年一二月二五日に出発し、翌年一月一五日の夜に薩摩藩に到着し、翌日の一六日に家老らによって記録されたものである。その内容によると、今年の春(六二年)に予定されていた藩主茂久の参勤交代について、芝屋敷が焼失し、その普請の成就が春まで不可能

であるということを理由に、薩摩藩は五ヶ月ほどの参勤猶予を願い出たところ、幕府が願い通り聞きおいてくれたが、六二年の「九月中」に必ず参勤交代を行うべしと命じられている。江戸からの飛報が一二月二五日に送られたこと、また一八六二年一月一二日付の史料では一二月一五日にまだ幕府は参勤猶予について決然と認めていなかったことを踏まえると、一五日から二五日の間にこの史料が語る出来事が起きたと推測される。史料の省略部分には、藩主茂久が秋に江戸参府する前に、島津久光が芝屋敷の造営費用を賜わったことへのお礼のために江戸に出府したいという要求を、幕府から許可されたことが薩摩藩に伝えられた、と記されている。

次に、一つの重要な点に注目したい。前述したように一八五八年から薩摩藩の藩主は島津茂久であったが、彼が二十歳前後と若かったので、父の久光が藩の実権を握っていたのである。一八六二（文久二）年以降、久光は日本国内における政治の表舞台に登場し、藩主の代わりに国内の政治問題に取り組むために京都や江戸に出かけるようになった、ということである。

一八六二年四月一六日、久光は斉彬の遺志を継ぎ、兵を率いて京都に到着した。久光は、公武合体運動推進のために朝廷・天皇・幕府・雄藩の政治的提携による幕府の政治改革を企図していた。そして、四月二三日に、伏見の寺田屋に集結した薩摩藩の尊皇派を粛清し、これによって軍事計画などを策謀しようとしていた薩摩藩の過激論者「誠忠組」の動きを弱めたのである。[352] 要するに、その時まで薩摩藩主の江戸参府を妨げた一つの重要な要因が排除されたと思われる。

五月二二日に、久光は京都から出発し、勅使大原重徳に随従して、幕府の改革（文久の改革）を実現するため、六月七日に江戸に到着した。八月一九日に、久光が幕府に提出した建言の中においては、次の点に注目したい。[353]

一、諸大名参勤、是迄通ニ而は、迚も海防十分全備難致候ニ付、遠（三百里以上）中（二百里以上）近（百里以上）ニ応シ、年数差別有之度、若此儀難相成候ハヾ、妻子国許江引取度事、

一、諸手伝等、入費相掛候義は、以来不被仰付様有之度、左無候而は、外夷防禦は勿論、内乱之鎮静モ出来兼候様可成立奉存候事、

但天朝之御修復等は別段之事ニ可有之事、

一、海防之儀、江戸海は勿論、諸大名一統江年限御定、是非致全備候様御達相成、此上若不行届之国有之候ハヾ、厳科被仰付旨、屹と被仰達度奉存候事、

但前条参勤之義、御達之上たるべき事、

この史料が示すように、久光が幕府に提出した建言の中で、「全備」＝「武備充実」を実現するために諸大名の参勤交代を緩和し、大名の妻子を国許に引き取り、大名の負担を軽くすることなどを重要な対策である、と強調した。この点に関しては、まず、文久の改革と藩主茂久の参勤交代との関わりをみてみよう(354)。

文久二年九月廿一日布達ニ曰ク、今回幕政改革ニ就テ、太守公御参覲ノ年割来亥年「朱」「（文久三年発亥）」正月元日ヨリ、六月中御在府ニ変更セラレタルニ依リ、本年中御出府アラセラルヘキ旨ヲ布達セラレ、

これは薩摩藩内の布達であり、その日付は一八六二年九月二一日である。その内容によれば、今回（久光による）の幕政改革について、藩主茂久の参勤交代の年割が、来たる亥年（一八六三）正月元日から六月いっぱいまで江戸に在府と変更されたことにより、本年中（六二年）に参府すべき旨を布達されている。つまり、久光

による幕政改革から派生した一つの結果として、藩主茂久の参勤交代は翌年の一月から六ヵ月の期間に定められたのである。この指示によって、一八六二（文久二）年「九月中」の茂久の参勤交代は、実質的に中止となったといえるだろう。

また、文久の改革をより広い視点からみる必要もある。というのは、文久の改革によって生じた新しい状況下においては、多額の費用を伴なう琉球使節の江戸参府と、久光が望んでいた日本全体の「武備充実」とは客観的に両立は難しかったといえるのである。実際には、参勤交代の緩和の目的は諸藩の経済の回復と軍事制度の改革とが密接な関係を持っていたのであり、[355]一方、当時「公武合体」を理由に幕府がすでに膨大な出費がかかる一八六三（文久三）年の将軍家茂の上洛に同意したことからも、[356]多額の費用のかかる琉球使節の歓迎といったことは、しばらくは不可能であったとは想像するに難くない。

さらに、久光の登場により、藩主茂久は日本政治の表舞台にでないで、国元にいることができたのであるが、久光が「公武合体」の立場において三度にわたって（一八六二、六三、六四年）薩摩藩兵を率いて京都まで出かけるなどの行動を起こしたため、幕府は久光の上京を優遇せざるを得ず、繰り返し藩主茂久に参勤交代の延期を許したのである。

一八六二年以降において、藩主茂久の参勤交代猶予の成り行きを要約すると、次のことが挙げられる。幕府が藩主茂久の参勤交代を一八六三年まで延期することを定めてまもなく、久光は藩主茂久への内話において、次のことを述べた。[357]

一此方初之所存は今般帰国之上は無何事家督出府相成、官位昇進等相運バセ、只平常之所ニ而滞留期日相成候ハヽ、速ニ帰国可有之、於爰許は富国強兵之策略十分ヲ尽シ、事あるの節ニ臨み迅速ニ勤王之兵ヲ発シ候様致度故ヲ以、家督参府候処頻ニ申聞候得共、其方達迚も承服之勢ニ無之、兎角いたし候内、江戸大奥引払之事起り、引続藤井下着、上京之御内命致承知候得共、何分家督参府又々我等上京ト申候而は大粧之事ニ付、参府御猶予之処、関東江被　仰下候様奉歎願候次第ニ而、実々無拠処より事起り候、然処此節体之事ニ相成、此上は片時も早く発足いたし候社当然ニ候得共、越之伝言・書簡等之趣意甚不安心之模様故、一日も早く家督参府御猶予一条相運ハセ度義と存候、右通無之候而は我等発足も出来兼進退難致心痛至極之事ニ候条、是等之処能々勘考存慮承度候事、

今回（一八六二年）の京都・江戸への参府（第一の上京）から久光が帰国した後、何事もなく藩主茂久は江戸へ参勤に出て官位昇進など受け、平常の滞留（在府）をして、期日になったら速やかに帰国すること。薩摩藩では富国強兵の政策を強化し[358]、事が起きたら、迅速に勤王（天皇）のための兵を派遣するようにしたいので、頻りに藩主の参府について言い聞かせたが、「其方達」＝藩主茂久と側近は「迚も承服之勢ニ無之」積極的に動かない。そうこうしているうちに、江戸屋敷大奥の引き払いが行われ、薩摩藩家来の藤井（良節）も帰国した。久光の上京（第二の上京）は決定したが、何分にも藩主茂久の参府と「我等」＝久光の上京が重なると、「大粧之事」で大きな負担なので、藩主の参勤猶予について、関東（江戸）に働きかけるよう願い出た次第である。久光は、自らの上京時期と藩主茂久の参勤時期が重なるので、「経済的な」理由で藩主茂久の参勤猶予を願い出たが、「越之伝言・書簡等」の内容から判断して、当時の日本（京都また江戸）の政治的な状況は「甚不安心」だったので、「一日も早く家督参府御猶予」を要求していたと思われる。

久光は「事あるの節ニ臨み迅速ニ勤王之兵ヲ発シ候様致度」を理由に、藩主の参勤交代を行いたい姿勢を示

したが、茂久はそれに対して対蹠的な態度をとっていたことも窺える。文久の改革後、藩主茂久の参勤交代に当たっては、薩摩藩においては異なる意見があったのである。最後に久光は、「一、前条家督参府御猶予一条も最早遅く相成候歟、然らバ無致方事候ニ付病気申出之外有之間敷」[359]、すなわち、前条の参勤猶予のこともはや遅くなれば、しかたなく（藩主）が病気になったと申し出るほかはないと述べた。

そして、久光は幕府に藩主の参勤猶予を許可させるために、朝廷にも働きかけた。一八六二（文久二）年一一月二日、藤井（良節）は再び京都に到着し、翌日に近衛邸宅において、近衛関白、正親町三条及び中山忠能に久光の書簡を渡した[360]。

御銘々御書指上申候処、何れも御開封相成、御満足被為在安堵仕申候、第一　太守様御参府御猶予之御沙汰、何卒相運候様之御尽力、偏ニ奉嘆願候旨申上候処、御受合別而よろしく、素より関東より御参府御催促と申も、畢竟従
朝廷御沙汰之末之義ニ付、早速御評議ニ可相成旨、仰ニ御座候間、此義無程御決議ニ相成可申奉存候、尚只今召状到来仕候間、御催促申上候考ニ御座候、不日否御左右可申上候、

この久光の返答の内容によると、一番重要な課題は薩摩藩主の参勤猶予の御沙汰であり、どうか藩主茂久の参府を延期するように尽力を、ひとえに嘆願したところ、公家の三人とも（その要求について）請け合った。彼らによると、素より関東（江戸幕府）から参府（参勤交代）が催促されても、結局は朝廷が「御沙汰之末」、すなわち御沙汰に関して決定的なことをいうので、（藩主茂久の参勤猶予に関して）速やかに評議を行うことが命令されており、藩主の参勤猶予問題はまもなく決定されるだろうと考えている、とのことである。

このような動きに対して、藩主茂久の参勤猶予を定める正式な通知は、一八六三（文久三）年正月一四日に出された[361]。

修理大夫参府之儀、先達而相達候得共、此度三郎上京被仰付候ニ付而は、右御用相済候上、修理大夫参府候様可被心得、尤右之趣、江戸表江は此方より申立置候事、

正月

すなわち、薩摩藩主茂久の参府について、先立って通告したが、今回久光が上京（第二上京）を命じられたので、久光の御用が済んだ上で、藩主茂久は参府するよう承知されたい、とのことである。最もこのことは江戸表へは（現在京都に滞在している）此方（＝徳川慶喜）から申し付けたものである。つまり、薩摩藩の要求は幕府によって応じられたことがわかる。一橋（徳川）慶喜は文久の改革によって将軍家茂の後見職に任命されていたのである。佐々木克が指摘したように、今回の薩摩藩主の参勤猶予の背景には「朝廷から命じられて、慶喜の判断で参府の猶予を決めたことが推察される[362]」ということがあった。

その後、久光は一八六三年三月一四日に京都に到着し、一八日京都から大坂に移り、二〇日に大坂を出発し、鹿児島に戻ったが（第二上京）、一八六三年五月において薩摩藩の家老職になっていた小松帯刀は、薩摩藩が「方今不容易世態、御手当向旁御直ニ御下知不被遊候テハ、不被為済折柄ニ付、此涯不被遊　御参府旨」を理由に藩主が参府しないという御届書を、大坂において老中水野和泉守（忠清）に渡し、受け取られたことを述べた[363]。「方今不容易世態」というのは、当時開戦前夜にあった薩英戦争のことを示唆していると思われる。実際には、その直後、一八六二（文久二）年の生麦事件が原因となって、同年七月二日から四日まで、鹿児島湾で

イギリス艦隊により薩摩藩は攻撃されたのである。

その後、一八六三(文久三)年九月一二日、久光は鹿児島から出発し、一〇月三日に京都(第三上京)に到着したのである。しかし、数ヶ月前と同じく、久光が上京することになったら、同時に藩主茂久の参府は非常に大きな負担になるので、薩摩藩は藩主の参勤猶予を要求したと思われる。これに関して、一八六三年一一月に朝廷から幕府への御沙汰書にて「別紙之通被　仰出候ニ付而は、島津三郎儀早々上京被　仰下候間、父子一時発途ニ相成候而は難渋ニも可有之候故、修理大夫出府之儀、暫猶予有之候様被遊度　思召候事」[364]、すなわち、今回久光は早々に上京するように命じられたが、久光と藩主茂久が同時に出発したら難渋(＝大変負担)になるので、藩主茂久の参勤猶予を許可されるように沙汰が下された。今回も薩摩藩は幕府が藩主の参勤猶予を許可するように朝廷に働きかけたと思われる。

その後、一八六四(元治元)年九月、幕府は諸大名の参勤交代を旧制に復旧することを命じた[365]。すなわち、幕府は、一八六二年に文久の改革により諸大名の参勤交代を緩和していたが、二年後に参勤交代の制度を復旧した。これは、国内政治において自らの権限と威信を取り戻すために幕府が考えた対策であった。しかし、ほとんどの大名はこの命令に従うことなく、その後も藩主茂久は一度も参勤交代のための江戸参府をしなかった。

一八六五(慶応元)年一〇月に薩摩藩と長州藩の交渉が始まり、翌六六年一月二一日、土佐藩脱藩の坂本龍馬や中岡慎太郎の斡旋により、薩摩藩の西郷隆盛及び長州藩の木戸孝允(当時は桂小五郎)が討幕運動に協力する薩長同盟を締結したことによって、薩摩藩にとって、徳川将軍のご威光を高めるという琉球使節の政治的な意義はなくなったといえるだろう。その直後、一八六六年に薩摩藩は第二次長州征伐で出兵を命じた幕府の命令に従わなかった。次に、土佐藩は諸侯会議により幕政改革を推進する公議政体論に基づき、幕府が朝廷に政権を返上することを進言した。これにより、一八六七年に第一五代将軍となった徳川慶喜により同年一〇月一五日に大政奉還が行われ、まもなく徳川幕府が倒されることになったのである。

薩英戦争後の交渉を契機に、薩摩藩はイギリスをはじめとする西洋列強に接近するに至った。その一つの結果として、一八六五（慶応元）年八月二六日付で、ブリュッセルで、薩州・大隅・日向三ヶ国之　太守兼琉球国之領主島津家之全権石垣鋭之助（薩摩藩の家老、新納久脩）と蒸気艦之指揮役関研蔵（五代友厚）はコンテ・デ・モンブラン（フランス、ベルギーの貴族、実業家、外交官）と貿易契約書を結んだ。第七条では以下の通りに定めている。[366]

第七ヶ条

琉球国之内ナハ・運天、大島之内名瀬、此三港ヲ手始トシテ開キ、追々商社成ルニ随ヒ曠大ナル所置モアルヘシ、

琉球の那覇・運天、または奄美大島の名瀬の三港を手始めに開き、しだいに商社が成立するにつれて広大なる処置もあるべきことが定めている。薩摩藩の使節はモンブランに、天皇（ミカド）と将軍（大君）の権力の差異について説明し、幕府の海外貿易の独占を批判し、藩主を「琉球国之領主」だと述べた。以上のことをその後モンブランが記した *Le Japon tel qu1'il est*（Arthur Bertrand editor, Paris, 1867）という本にもみられる。[367]

次に、二年後、ヨーロッパの舞台において、「新しい琉球国王の使節」が登場したことに留意すべきである。一八六七（慶応三）年のパリ万国博覧会には幕府の使節のみならず、薩摩藩の使節も参加した。これに関連して、パトリック・ベイヴェールが「フランス外務省の史料の中に、一八六七年二月、薩摩使節団の一人と

して渡仏していた岩下方平（左次右衛門）が、フランス皇帝と友好関係を築くために琉球国王の使節として外相に会見を申し込んだとある」ということを述べている。[368] 薩摩藩は、近代社会の時代に即応する試みとして、琉球使節を封建的な幕藩体制の頂点にあった徳川将軍のご威光ための儀礼ではなく、外国の列強と友好関係を作るための儀礼として位置付けるようになったことに注目する必要がある。当然であるが、その「新しい琉球国王の使節」は琉球人ではなく、薩摩藩家老の岩下方平であり、またその琉球国王は尚泰ではなく、薩摩藩主茂久であったのである。

さて、以上の考察を踏まえると、一八六二（文久二）年以降において、様々な理由を持ち出して薩摩藩は、繰り返し慶賀使と謝恩使の大前提である薩摩藩主の参勤交代猶予を幕府に要求しており、そのことは間接的に琉球使節の継続も願っていなかったという証左であるともいえるだろう。[369] 薩摩藩主の参勤交代が行われなかった一つの結果として、薩摩藩はもちろん、幕府も再び琉球使節に視線を向けなくなった、と解釈することができるのではないだろうか。また、寺田屋事件で軍事計画を企てていた薩摩藩の有志が、久光によって粛清されたことにより、その時まで薩摩藩主の江戸参府（参勤交代、同時に琉球使節）を妨げた一つの重要な要因が排除されたことも考慮するならば、琉球使節の解体をもたらしたのは、つまるところ、久光が望んでいた「武備充実」を完成するための参勤交代の緩和、諸藩の経済の回復などの文久の改革だったと思われるのである。また、一八六二年の秋に書かれた久光から藩主茂久への内話から浮かび上がるように、文久の改革後においても藩主茂久は参勤交代に対して久光とは反対の態度を示したことも重要であると思われる。

一八六四（元治元）年から幕府と薩摩藩との対立が始まり、薩摩藩は朝・幕・藩の協調関係から割拠（幕府の支配から自立すること）政策に変更し、六六年の薩長同盟により討幕を企てるようになり、藩にとって徳川将軍のご威光を高めるという琉球使節の政治的な意義もなくなったのである。

おわりに

本章は薩摩藩の戦略を中心に、一八六〇（万延元）年の琉球使節の延期について考察した。薩摩藩は琉球使節自体を中止したいということではなく、一八六〇年五月に西洋人が江戸に滞在していることを理由に琉球使節の延期を幕府に要求したが、それは表向きの理由であった。

実は、桜田門外の変後から一八六二（文久二）年前半まで、薩摩藩にとって、藩の脱藩浪士が井伊直弼の殺害事件に参加したので彦根藩の復讐を避け、家臣の軍事計画を抑えるため、藩主茂久が江戸参府を行わないことがきわめて重要な点であった。当時、藩主は参勤交代の際に琉球使節を伴って江戸参府をすることになっていたので、薩摩藩は両方の延期を幕府に許可されるよう働きかけた。そのため、薩摩藩による幕府に対する琉球使節の派遣延期と数回に及ぶ参勤猶予という願いは、今まで別々の出来事として考えられていたが、実は同じ目的を持った政策として考えるべきだと指摘した。一八六二年四月二三日に、寺田屋事件で久光は薩摩藩の尊皇派を粛清した。それによって、その時まで藩主茂久の江戸参府（参勤交代、同時に琉球使節）を妨げた一つの重要な障害が除去された。だが、文久の改革が施行されることによって、久光が望んでいた日本全国の「武備充実」は、薩摩藩においては多額の費用がかかる琉球使節と両立させることは難しかった、と指摘した。そして、一八六二年から、藩主茂久が国元を離れず、代わって、「公武合体」を理由に無位無官の久光が三回にわたって上京した。そのことによって、琉球使節の大前提である藩主の参勤交代が不可能となったのである。

最後により広い角度から、本章で考察した三つの点に注目したい。

一つ目、一八六〇年に薩摩藩主が幕府に琉球使節派遣の延期を要求した際、薩摩藩は安政五ヶ国条約締結によって当時の新しい日本国内外の情勢を利用したことに留意すべきである。薩摩藩は藩が直面していた政治的な問題のために琉球使節の延期を画策していたのだが、表向きには幕府に対して西洋列強の公使が江戸にいることで、従来の清朝に対する「日琉関係の隠蔽政策」が露見してしまう危険性に注目させ、駐日公使の問題を理由に琉球使節の延期を要求したのである。このため、一八六〇年の薩摩藩による琉球使節派遣の延期要求は、桜田門外の変後に薩摩藩・彦根藩・幕府、つまり日本国内の枠組みの問題だけではなく、西洋列強の圧力に伴う東アジアの変動の中において、薩摩藩が日本の新しい情勢に対応する出来事としても捉えるべきである。

二つ目、本章では薩摩藩主の参勤交代と琉球使節の事実関係に注目した。藩主の参勤交代の成り行きを詳しく検討することで、なぜ琉球使節の派遣が不可能となったことが明らかになった。そして、より広い視点で、幕末において政治的な権力がしだいに徳川幕府から京都の朝廷と雄藩へ移されたことをみるためにも、薩摩藩主の参勤交代の成り行きは重要なレンズである。

三つ目、一八六七(慶応三)年のパリ万国博覧会では薩摩藩の代表は、薩摩藩主を「琉球国王」として紹介した。すなわち、薩摩藩は、琉球を清朝の朝貢国ではなく、また徳川幕府の属国でもなく、専ら薩摩藩の領土だと明言したのである。これにより、一八六七年の段階においてヨーロッパでは薩摩藩が琉球を支配しているという情報が広範囲に流布したと思われる。本章においては、琉球使節の解体に関して薩摩藩の視点から検討してきたが、次章では、徳川幕府の観点から論じる。

第三章　琉球使節の江戸参府からみる幕末期日本外交の変化

はじめに

本章においては、琉球使節の解体を幕府側の視点から考察してみたい。前にも述べたように、琉球使節の解体に関する最も重要な研究は紙屋敦之の研究であるが、紙屋は主に薩摩藩の視点を中心に検討を行い、幕府側の視点についてほとんど論じていない[370]。幕末の国際情勢を分析した上で考えると、真栄平房昭が指摘したように、一八五四（安政元）年にペリー提督が幕府に那覇の開港を要求した際、「幕府は「日清両属」の間隙を突いたアメリカが琉球を占領するのではないか、と恐れて[371]」いたのだと思われる。また、一八六〇（万延元）年の琉球使節の延期に関する幕府の姿勢について、西里喜行は、幕府が一八六〇年の琉球使節延期命令を取り消していなかったことから、「薩摩藩や幕府にとっては、琉球使節の参府は日琉(薩琉)関係を対外的に隠蔽したまま、日本国内において将軍権威を高めるためのパフォーマンスとして位置付けられていたのであろうか」と指摘している。(372)

幕府は一八六〇年に琉球使節を止める意志はなかったが、その後、新しい琉球使節を派遣させる余裕はなかった。この点に関して、当時の日本国を取り巻く国際情勢の中で論じてみたい。また、幕府が琉球使節を徳川将軍のご威光を高めるための存在として、その意義を一七〇九(宝永六)年から見出してきた(第一部第一章を参考)が、幕末期において、琉球使節に新たな意義を与えたことに注目したい。すなわち、アヘン戦争後、西洋列強が東アジアの国々に圧力をかけていく中で、琉球使節の意義付けも変化していったのではないかという点について論じてみたい。そして、より視野の広い言い方をするならば、琉球使節というレンズを通して、近世から近代への過渡期における日本の琉球に対する外交の変化について探ってみたいと思う。これは、琉球使節の研究に対する新しいアプローチであり、紙屋、真栄平及び西里の優れた先学の成果を補うための方法として、従来あまり留意されていなかった史料の中の「細部」(=details)、もしくは正式な手紙の「別紙」(=attachments)及び史料の「端」(=margin)に書いてある一文にも注目してみたい。本章では、近世(幕末期)から近代(明治初期)への移行期における変換の側面だけではなく、重要な連続性にも注目しながら、外交史の視点から以上の課題を展開する。

第一節　幕末期の国際情勢と幕府の対応

第一部第一章で述べたように、一七〇九年に琉球使節に対する幕府内での位置付けに大きな転換があり、その時から琉球使節の最も重要な役割は日本・徳川将軍のご威光を高めることとなり、この新しい位置付けは幕末に至るまで基本的には変ることはなかったのである。ここでは、幕府の視点から一八六〇(万延元)年の琉球使節派遣の延期と停止・解体をみよう。

前章で述べたように、一八五八(安政五)年一二月一日、徳川家茂が第一四代将軍に襲職したため、先例に従って、その後すぐに琉球使節の慶賀使派遣が計画された。その際、一八六二(文久二)年に家茂への慶賀使を派遣することが決定された。

二年後の一八六〇年三月一三日、薩摩藩主島津茂久は参勤交代のため、故郷鹿児島を離れ、江戸に向かった。しかし、同二三日、筑後国松崎で井伊直弼の暗殺事件の報せを聞き、「病気」を理由にして参勤交代を中止し、鹿児島に戻った。同年五月三日、藩主茂久は幕府に琉球使節の延期を願い出た(373)。

御代替ニ付、為御祝儀来々戌年琉球人召連参府之義、伺之通被　仰渡置候、然ル処当時外夷多人数御府内へ入込居候折柄ニ候得ハ、内実唐国へ之響合等懸念之次第モ御座候段申遣候得共、此節ハ御祝儀之使節ニモ候得ハ、御猶予等何分奉願兼候次第ニ御座候、如何取計可然哉、此段無急度御内慮奉伺候、以上、

五月三日　松平修理大夫(島津忠義)内

西　筑右衛門

覚

御代替ニ付、琉球人召連参府之儀ニ付、内意申立候趣無拠筋ニ付、唐国へ響合等之場合、琉球国ヨリ何レトカ唐国へ及示談、表立参府致シ差支無之様取計、模様追々申聞候様可仕候事、

右の史料によると、藩主茂久は、一八六二（文久二）年に、琉球使節を予定していたが、「当時外夷多人数」が江戸にいるので、琉球使節が江戸に到着する場合、それまで清朝に対してとってきた「日琉関係の隠蔽政策」が異国人により清朝に露見する恐れがあると（江戸留守居役の西筑右衛門を通じて）幕府に述べている。この史料を理解するため、まずは、安政五ヶ国条約の影響をみていこう。

一八五八（安政五）年六月一九日、大老井伊直弼は、勅許を得ずに日米修好通商条約の調印を命じた。その後、七月一〇日に、幕府は日蘭修好通商条約に調印し、翌一一日には日露修好通商条約に調印した。つづいて、一八日には、日英修好通商条約、さらに九月三日に日仏修好通商条約を締結した。これらの相次ぐ西洋諸国との条約締結の中で、前述の藩主茂久の願書においては、日米修好通商条約の第一条が非常に重要な意義を持っている。(374)

向後日本大君と、亜墨利加合衆国と、生々親睦なるへし、（中略）合衆国の大統領者、江戸に居留するチフロマチーキ、アケントを任し、又此約書に載る亜墨利加人民貿易のために開きたる、日本の各港の内に居留するコンシユル又はコンシユル、アケント等を任すへし、其日本に居留するチフロマチーキ、アケント並にコンシユル、ゼネラール者、職務を行ふ時より、日本国の部内を旅行する免許あるへし、

すなわち、これから日本とアメリカは永遠に親睦関係にあり、アメリカの大統領は江戸に居留する公使（チフロマチーキ、アケント）を任命すること、本修好通商条約での取り決めにより、アメリカ人民の貿易のために開かれた日本の各港で領事（コンシュル）、もしくは領事の代理人（コンシュル、アケント）を任命すること、また、日本に居留する公使及び総領事は職務に就いた時から日本国内で旅行する権利を取得するといったことが決

定したのである。

この第一条に定められたように、日本は通商的に開国しただけではなく、江戸に公使が駐在することを認めたことになり、いわば西洋国際法に従うようになった。現に、一八五九(安政六)年五月、イギリスの駐日総領事オールコックが来日し、高輪の東禅寺に駐在し、同月、アメリカの駐日総領事ハリスは公使として麻布の善福寺に、八月にはフランスの駐日総領事ベルクールが三田の済海寺に駐在したのである。

以上の点から判断すると、修好通商条約が施行されたことにより、一八五九年から西洋列強の公使が江戸に駐在し始めたため、琉球使節が彼らによって目撃される恐れがあったのである。すなわち、藩主茂久の願書によると、琉球使節が江戸まで参府してしまうと、事実として琉球が日本の支配下にあることと、幕府が対外的に日本による琉球支配について未だはっきりした宣言していなかったこととの矛盾が露見する可能性があることが重要な問題となっていたのである。

前述の覚書は興味深い史料である。薩摩藩が、日本による琉球支配に関して「唐国へ響合等之場合」、琉球に清朝と交渉させた上で、琉球使節を公然と派遣できるようにする、という提案の文書である。すなわち、一八五九年以降の琉球使節の派遣が西洋人により清朝に露見し、外交問題が起こる懸念があり、このような問題を克服するための一つの解決として、清朝に日本の琉球支配の真実を知らせるということである。薩摩藩がこの「日琉関係の隠蔽政策」の露見という問題を主張したのは、幕府を納得させるための表向きの理由であったことについてはすでに述べた。

以上からみると、一八六〇年の琉球使節派遣の延期問題に関しては、琉球をはじめ薩摩藩・幕府・清朝・西洋列強にも関わりがあった。最も重要なのは、このようないくつかのパートナーの(直接、また間接的な)相互関係を結びつけたのは当時の琉球の政治的な位置付けの問題であったことに留意すべきである。

さて、一八六〇(万延元)年の琉球使節派遣の延期を幕府の視点からみてみよう。次の史料をみよう。(375)

松平修理大夫へ

五月六日大和守宅へ家来呼相渡候書付

御代替ニ付、来々戌年琉球人参府之義、御国事多端之折柄ニ付御差延被成候、追テ参府頃合之義ハ可相達候、

この史料から、一八六〇年五月六日、すなわち薩摩藩の江戸留守居役の西筑右衛門が藩主茂久の琉球使節延期の要請を幕府側に提出した三日後に、幕府老中久世広周は、藩主茂久の願書に対して、「国事多端」を理由に慶賀使の派遣延期を命じたことがわかる。これらの史料の日付を追ってみると、五月三日に藩主茂久による琉球使節の延期を要求する願書が幕府に出され、それを受けて幕府が琉球使節を延期する命令を出したということが理解できるであろう。

ここでは、なぜ幕府は一八六〇年五月六日に薩摩藩主の願書に応じて琉球使節の延期を許したのかということについて考えてみたい。

当時の史料によると幕府にとっても桜田門外の変(一八六〇年三月三日)は「まれ成大《なる》こんざつなり」(376)すなわち稀にみる大事件であった。実際に、当時の日本の最も重要な政治家(井伊直弼)が殺害されたので、幕府が混乱していたことは想像に難くない。そのため幕府は、薩摩藩の要求に応じて慶賀使の延期を命じたと思われる。この時の「国事多端」には、大老井伊直弼の暗殺事件に伴った薩摩藩(襲撃者の中に薩摩藩の脱藩浪士が入っていた)と近江彦根藩との摩擦など、日本国内で発生する問題も含まれていただろう。その後、幕府は公武合

体運動を通じて、京都の朝廷と雄藩との協力政策に変化した。

他方、幕府の琉球使節の延期決定を長期的かつ多様な視点から検討することも必要である。次に、琉球に対する幕府の外交政策をみてみよう。

一七九二（寛政四）年、ロシア使節ラクスマンが蝦夷地・根室に到着し、通商関係の開始を求めた。一七九三年、幕府は、従来までの幕府の対外的関係に基づいて、「通信国」「通商国」という日本独自の対外関係を強調し、通商拒否の論理を立てた。その後、一八〇四（文化元）年、ロシア使節レザノフが長崎に到着し、ロシア側は再び通商関係の開始を要求した。これに対して、一八〇五年、幕府は「通信国」「通商国」は朝鮮・琉球・中国・オランダの四ヵ国であり、それ以外の国と交際をしていないとして、再度、ロシア側の要求を拒否し、幕府は「鎖国」とは「祖法」であると説明した。[377]

一八四四（弘化元）年のオランダ国王ウィレムⅡ世の開国勧告の書簡に対して、四五年、老中はオランダ政府の大臣に対し、日本は朝鮮と琉球に限って「通信」しており、また貴国（オランダ）及び中国に限って「通商」の関係を持っている。これ以外の交際を許さないと述べた。[378] つまり幕府は、西洋列強に対して琉球が薩摩藩・日本の支配下にあることを隠蔽しながら日本と通信関係という形で外交関係のみを維持してきたことを明言したのである。

一八五四（安政元）年、幕府はアメリカの代表者との日米和親条約調印に先立ち、アメリカ側の照会に対して琉球は日本の遠境に属するので、ここではその開港の交渉に応じられないと答えた。[379] そして、同年の九月、イギリスのスターリング艦隊が長崎に到着し、日本の境界に関する情報を求めた際、長崎奉行は「琉球者日本属国、対馬者日本国之内」[380]だと述べた。

以上の点をまとめると、幕府は開国する前、西洋列強に対して琉球を「通信国」として位置付けていたが、一八五四(安政元)年にアメリカ側が琉球の開港を要求したのちは、琉球についての説明を「通信国」から「日本の遠境に属する」地域、「日本の属国であるが、日本国内ではない」というように変化させたのである。

その後、一八五七(安政四)年からアメリカ側により、幕府は日米修好通商条約を締結するよう圧力を加えられた。幕府にとって修好通商条約はきわめて重要な意義を持った。一八五七年一二月、幕府から京都に派遣された大学頭林復斎と目付津田半三郎は、武家伝奏に、当時アメリカ総領事ハリスが押し付けていた修好通商条約の位置付けについて次のように述べた。[381]

方今海外之時勢改リ候ニ至リ候テハ寛永以来之御旧制ニ候得共、鎖国之御法ハ御改メ有之、万国へ程克御附合無之テハ相成間敷、(中略)外国之御処置ハ寛永以前へ御立戻リ御座候方、当節之時勢ニ相叶可申、既ニ寛永以前ハ外国商船往来ハ勿論、江戸表へ夷人被差置候儀モ有之候事、

このように林大学頭は、これからは万国と外交関係を結ぶことが必要である。諸外国との関係は、寛永年間(一六二四～一六四四)以前の状況に戻り、その当時は、外国の商船は日本に往来していたのみならず、異国人は江戸に入ることが許されていたことを説明した。これによって、修好通商条約を結ぶことが「鎖国之御法ハ御改メ有之」＝鎖国(祖法)の法を変える(＝改める、廃止する)ことになるということがわかる。[382]
しかし幕府は、一八五九年の夏に将軍家茂の襲職を祝うための新しい慶賀使の派遣を計画し、琉球使節を迎え入れる態度を示した。つまり、「通信国」「通商国」に基づいていた「鎖国」の廃止が、そのままでは朝鮮・琉球からの伝統的な使節の解体には繋がらなかったのである。[383]その後、一八六〇(万延元)年五月六日に琉球使節の延期を決定した際も、幕府は「追テ参府頃合之義ハ可相達候[384]」と述べており、琉球使節の派遣自体は止

める意志はなかったことがわかる。だが、当時の日本を取り巻く国際情勢、すなわち幕府が琉球は日本の支配下にあることを海外に曖昧にしたまま、はっきり明言していなかった一方、一八五九(安政六)年から西洋の公使が江戸に駐在し始めたことからみると、一八六二(文久二)年に予定されていた琉球使節が江戸まで参府すると、薩摩藩が述べた「内実唐国へ之響合」という恐れがあるということは幕府にとって切実な問題であった。つまり、その時まで琉球が清朝に対しても、そして一八四〇年代から幕府及び琉球が西洋列強に対しても踏襲し続けた「日琉関係の隠蔽政策」は、琉球使節の江戸参府と矛盾していたのである。藩主茂久の「覚書」に提案されていたように、清朝に対して日本と琉球の本当の関係について何も説明しないままで、琉球使節を迎えるのは、幕府にとって非常にデリケートな問題をはらむものであったと考えられる。

このような動きと同時に、琉球使節の解体を理解するために、薩摩藩の動きを視野に入れた上で、一八六〇(万延元)年五月以降の出来事についても検討する必要がある。前章で論じたように、薩摩藩主の参勤交代は琉球使節の大前提であり、一八六〇年三月から、薩摩藩は繰り返し、藩主茂久の参勤猶予を幕府に願い出ていたが、茂久の参勤猶予についての幕府と薩摩藩の姿勢は対照的だった。特に、一八六二年の文久の改革が施行されたことによって、島津久光が望んでいた日本全国の「武備充実」と、多額の費用がかかる琉球使節とを両立させることは難しかったのである。実際には、文久の改革の重要な帰結の一つとして、幕府が諸藩を統制する権力が弱くなり、一八六三年以降、政治の中心は江戸から京都に移ったのである。その後も、幕府は無位無官の久光の上京を優遇せざるを得ず、藩主茂久を参府させる権威がなかったのである。そのため、幕府には琉球使節の江戸参府の予定をもう一度組み立てる余裕はなかったと思われる。

第二節　幕末の幕府における琉球使節の位置付け

これまで述べたように、幕末の日本国内・対外の政治状況によって、幕府は新しい琉球使節の派遣計画について再考する余地はなかったのである。ここでは幕末における琉球使節に対する幕府の認識について論じたい。

一八六二（文久二）年閏八月八日、その時まで幕府が述べてきたことに「矛盾」があることを理由に、江戸駐在の英国代理公使ジョン・ニール（E. St. J. Neale）は、幕府に日本と琉球の本当の関係について詳しい説明を求めた。同年九月、幕府は、イギリス政府の照会に対して琉球の政治的な状態について正式な返書を送った。イギリス政府への幕府の返書によると、琉球は昔から「我国の所属」にあり、一六〇九（慶長一四）年に徳川幕府から薩摩藩主島津家久に付与されて以来、今に至るまで「一島之処務同家にて諸事進退する事なり」、つまり琉球のすべての所務を島津家が統治してきたが、琉球は古から中国にも「通信」するので、国内に中国の制度に従う諸事柄もあるが、日本側はそれを「禁する事なし」と述べた[385]。右の史料の前半の内容と、阿部の「想定問答集」の第二答目において琉球が「日本ニ属シ薩摩国主所領ニ相違無之」と位置付けられたこととの密接な関係に留意すべきである。

この返書について、岩崎奈緒子は「幕府が、日本の琉球支配の隠蔽を黙認する立場を変更[386]」したと指摘し、西里喜行は、「同年の英国公使の照会に対しては琉球の日清「両属」を承認せざるを得なかったものの、（中略）日琉（薩琉）関係の隠蔽方針をも事実上踏襲し続けた[387]」と述べている。また、真栄平房昭は「幕府は琉球領土の意志を明らかにするとともに、中国との冊封・朝貢関係の存続を公式に認めた[388]」と解釈している。横山伊徳は「幕府としては琉球の支配権に関わるものではない、との判断を示した」と述べている[389]。

筆者はこの史料について二つの点に注目したい。まず、幕府は、中国が琉球に「封爵」を授けていたが、日本（薩摩藩・幕府）の琉球支配がより実質的であることを主張した、ということに注目したい。同件に関するイギリス側の史料では「These Islands were subject to our Empire, and in our 14th year of Kaitsis（1609 of your Era）they were presented to Matsudaira Satsuma no Kami Ieh Hisa. From that time to the present moment Satsuma no Kami has had supreme control over all matters in those Islands」(390)と記さているように、薩摩藩は琉球の最高統治者であり、その権威を幕府から付与されたことが理解できる。

もう一つ、幕府は琉球が昔から「我国の所属」だと主張しただけではなく、その主張を証明する証拠も挙げている。そのため、従来ほとんど注目されてこなかったが、一八六二（文久二）年の幕府からイギリス政府へ宛てた返書の「別紙」を詳しくみたい。だが、この「別紙」を検討する前に、この一八六二年九月付の幕府からイギリス政府への返書の意味を正確に理解するためには、より長期的な視野からみる必要がある。

幕府にとって、琉球と日本の関係は、一八五四（安政元）年、ペリーが再来日した時点ですでに重大な問題となっていた。ペリーとの交渉後、老中阿部正弘は「想定問答集」を作成したが、この「想定問答集」から、阿部は琉球が「日清両属」の支配を受けていないと不都合であったのである。阿部は琉球が日本の支配下にあることを明言しないと、忽ちアメリカ人に琉球が奪われる恐れがあったので、日本も琉球を支配していることを主張したかったのである。(391)真栄平が指摘したように、幕府は「日清両属」を伏せておくことによってアメリカが琉球を占有することを懸念していたのである。(392)同じ五四年、阿部は薩摩藩主島津斉彬との面会の際、日本の琉球支配を清朝に暴露することも考えていた。だが、その後、琉球が一八五四年にアメリカと、一八五五年にフランスと条約を締結したので、アメリカに「取ラレ」るという懸念が低くなった。また、ペリーの再来日以来、西洋列強は幕府に琉球と日本の本当の関係について説明を求めるプレッシャーをかけなかった。一八五七(安政四)年、幕府は琉球とオランダの条約締結に関与することを拒否したが、幕府からみると、琉球が独自に条約を結んでも日本に従う「意味」を失わないと認識していたのである。一八六〇(万延元)年に香港のビクトリア管区司教のジョージ・スミスらが長崎奉行に日本と琉球の関係について尋ねた際、長崎奉行はきわめて曖昧な返事したが、イギリス側はそれ以上の圧力を加えることなく、琉球問題は長崎にとどまったのである(第一部第三章を参考)。

一八六二(文久二)年の場合、幕府がイギリス政府へ送った返書の背景には、阿部が一八五四年の時点で感じたのと同様の強い危機意識を持っていたのではないかと思われる。要するに、幕府が琉球支配について何も主張しないと、イギリス政府に琉球を奪われる恐れがあった。イギリス政府の史料から理解できるように、イギリス政府による幕府への琉球・日本関係の照会は、生麦事件との密接な関係があったのである。[393] しかし、ペリーと幕府側の交渉の際と異なり、今回(六二年)イギリス政府が琉球と日本の関係について正式な返事を要求したので、幕府は日本の琉球支配を詳しく説いたのである。[394] これがイギリス政府への一番重要なメッセージであった。

次に、先行研究では留意されていないが、西洋列強が日本に来て以来の琉球使節に関する幕府側の記述に注目を払いたい。

一八五三(嘉永六)年に『通航一覧』を編纂した大学頭林復斎は、第一巻において琉球から江戸幕府への慶賀・謝恩の使節を「来貢」として位置付けた。すなわち、外国(=琉球)の使者が来日し、徳川将軍に貢物を献ずる使節ということを意味している。[395]

一八五四(安政元)年、老中阿部の「想定問答集」に記されている一〇答目では、以下の通り述べている。[396]

我国慶長年中、薩摩守手ヲ以琉球ヲ征伐致シ、我国へ服従致サセ候へ共、琉球朱明之正朔ヲ受居候ヲ其儘ニ差免置候例ヲ以、清国ヨリ正朔ヲ与へ冊封使ヲ差越候ヲ不相構事ニ致来候、乍去全我国へ服従罷在候間、平生薩摩守家来彼地へ罷出取締致居候、且我国主代替並ニ彼国主代替ニハ彼必薩摩守ニ引連候歟、江戸へ来願致候儀ニ候

つまり、一六〇九（慶長九）年に薩摩藩が琉球を侵攻し、日本（徳川幕府）に服従させていたが、幕府は琉球が明の時代から明朝の正朔を受けていたことを許したという先例を以って、清朝が琉球に正朔を与え、冊封使を派遣することも構わずに許してきた。しかし、（薩摩藩による侵攻を通じて琉球を）日本に服従させたので、薩摩藩家来が琉球で取り締まりの役割を果たし、将軍の代替わりと琉球国王の即位があるたびに琉球が、薩摩藩の大名に必ず同行されるか、江戸へ使節派遣を願い出る、ということなどが述べられている。要するに、前述の如く阿部は琉球が「日清両属」の支配を受けていないと不都合であることを認識し、そして、幕府、日本の琉球支配について一六〇九年の薩摩藩による琉球の侵攻以来、薩摩藩の藩士が琉球を取り締まることの他、王府が江戸まで慶賀と謝恩の意を伝える使節の派遣の許可を願っている旨を説いた。阿部からみると、日本による琉球支配がより実質的であり、日本の琉球支配を示す証拠の中に琉球使節の江戸参府も述べられた。

さらに、日米修好条約が調印されてまもなく、一八五四（安政元）年四月に阿部は林大学頭と側近の筒井肥前守に琉球の政治的な位置付けについて意見を求めた。彼らは、琉球の父は中国であり、母は日本であるが、異国人から圧力を加えられたら、琉球は清朝の従属国であるとするのが得策であると述べた。また、琉球使

節については「其上、御代替又ハ彼国御代替之節ハ、名代使節差出、薩摩守召連、登　城御　礼、御目見等仕候事ニ御座候テ、薩州附属之国ニ御座候」[397]、つまり、徳川将軍の襲職と琉球国王の即位の際、薩摩藩主が琉球使節を江戸まで同行して琉球使者は江戸城でお礼を述べ、将軍にお目見得などを行うのであり、琉球は薩摩藩の従属国であると述べた。

その後、同年五月、海防掛ら（井戸石見守・荒尾土佐守・岩瀬修理）は、林大学頭らの意見を批判した。海防掛らは琉球使節に関して、「其上彼国之者共モ大小之取計向、悉ク薩摩守之指揮ヲ受罷在、御代替又ハ彼国御代替之節等、名代使者差渡シ御奉公向相欠キ候後モ無之候間、何レニモ服属之国ニテ、唐土之属国ト差極候筋ハ有之間敷表立相唱候共、矢張両国随従之国ハ称シ候テ相当之儀ト奉存候」[398]、つまり琉球人は様々なことについては薩摩藩主に従い、徳川将軍の襲職、また琉球国王の即位に際しては、使節を江戸まで派遣し、幕府に対するご奉公を欠かしたことはないのであり、琉球は清朝にも日本にも従い、公式に両属の支配を受けているということをいうのが得策であると述べている。

さて、次に、一八六二（文久二）年の幕府からイギリス政府へ宛てた返書の「別紙」に注目する。「別紙」では、琉球と日本の関係について次のように記されている。[399]

琉球島は我文治年中より聘礼を行ひ来りしか嘉吉元年当松平修理大夫先祖島津忠久か時より同家に服従し毎年貢物を捧けしか共我慶長年間島主違命の事ありしによつて同十四年忠久の後裔松平薩摩守家久同島へ兵般を指渡し其罪を問しに一島降伏せし故　大君殿下の始祖其功を賞して同島を家久に賜りし以来大君殿下代替りの節に改て同家へ賜る事にて我政府において大礼を行ひ又島主新に家を継し節等は島主名代の使者江戸表へ指越当島主継立の時は薩摩守進退を受る事にて其余同家より平常人数指渡し置島内

の所務諸般取計ひ候事なり、

つまり、文治年間（一一八五〜一一九〇）に琉球は日本に対する聘礼を開始し、一四四一（嘉吉元）年に島津家に服従した。その後は毎年貢物を納めるようになった。そして徳川家康は一六〇九（慶長一四）年の薩摩藩による琉球侵攻を契機に、琉球を島津家久に与えた。それ以来、徳川将軍の代替わり毎に、島津家に琉球の支配を再付与するに当たって江戸では大礼（＝慶賀使の迎かい入れ）を行った。一方、琉球国王の即位の際には国王の名代（＝謝恩使）が江戸に派遣されていると説明されている。「別紙」においては、文治年間に琉球が聘礼を開始し、一四四一年に島津家に服従したという虚構の歴史的出来事（薩摩藩のレトリックについて、第一部第一章を参考）と一六〇九年の薩摩藩による琉球侵攻以後琉球から慶賀使と謝恩使が派遣されてきたこと、また、「当島主継立の時」琉球王国が薩摩藩主の指示を受け、藩の役人（在番奉行など）が琉球で取り締まりの役割を果たしてきたことなどが、琉球が日本の支配に従ってきた証拠として述べられているのである。以上のように幕府は日本が琉球を支配しているとイギリスに説明していたが、「別紙」の最後のところで、琉球が清朝へ使節を派遣し、「其封爵を受る事をも亦禁せさる所なり」、つまり琉球が（明朝の時代から）中国皇帝の「冊封」を受けてきたということを述べ、幕府は琉球と中国とこのような関係を禁じていなかったのである。

この「別紙」から次のことも理解できる。

一八五四年（ペリーとの交渉後）に、老中阿部は琉球が日清両属にある中において、清朝に比べて、日本の支配がより実質的であることを対外的に示そうとした。一八六二（文久二）年に、幕府はイギリス政府に対して、琉球が日清両属の支配下にあることを述べた際にも、清朝に比べて日本による琉球支配の方が強いことを明らかにした。このように、ここでは五四年の阿部の「想定問答集」と六二年の幕府からイギリス政府への返書と別紙にみられる琉球の政治的な位置付け（＝薩摩の侵攻後、琉球は、薩摩藩の領分となり、江戸へ使節を派遣してきたこと）には密接な関係があることに注目したい。さらに、一八六二年に幕府が琉球は「昔」から日本の「所属」だったと述べたことがきわめて重要であり、阿部の「想定問答集」の内容よりも一歩進んだ主張になったと思われる。もう一つは、「大君殿下代替りの節に改て同家へ賜る事」という一文から、薩摩藩主は琉球の支配者であるが、その権威を将軍の代替わり毎に幕府により再確認される必要があった。

すでに先行研究で明らかにされたように、一七〇九（宝永六）年以降幕府にとって琉球使節の最も重要な役割は徳川将軍のご威光を高めることであったが、前述の一八五四年の幕府内部（老中阿部正弘の「想定問答集」と林大学頭ら・海防掛らの報告書）の議論と、一八六二（文久二）年に幕府からイギリス政府への返書とその「別紙」の内容から判断すると、幕末には琉球使節に対する幕府の新しい認識がみられる。

一八五四年にアメリカが幕府に琉球の開港を要求し、また一八六二年にイギリスが日本と琉球の本当の関係について幕府に詳しい説明を求めた際、幕府は琉球の政治的な位置付けについて調査を行い、琉球について「日本・清国両属之事ニ不相成候テハ不都合ニ可有之」[400]という認識を強めた。この時点で幕府にとって琉球支配の実効性を示す根拠を提示することは重要な問題となったのである。その中で、幕府は、薩摩藩の琉球侵攻の事実、琉球の石高が薩摩藩の「御郷帳」に書いてあること[401]、同藩の家来による琉球取り締まりの実績などとともに、琉球が日本の支配下にあることを対外的に主張する根拠として琉球使節の派遣を位置付けるようになったと考えられる。この位置付けは、一八五四年ごろは幕府内部の議論にとどまったが、一八六二年の段階においては、幕府からイギリス政府への返書とその「別紙」の内容からも窺えるようになったのである。

そして、「又島主新に家を継し節等は島主名代の使者江戸表へ指越」すという一文から、琉球が江戸に使節を派遣していることを日本国内だけではなく、イギリス政府も知るようなったといえるだろう。また、「改て同家（島津家）へ賜る事にて我政府において大礼を行ひ」という幕府による「慶賀使」の新しい位置付けについて考慮するならば、幕末になると、琉球使節の江戸参府はその儀礼的な意義というよりも、幕府から改めて島津家に琉球の支配を再付与する大礼としての意義に、その重要性が移行されたのではないかと思われる。要するに、琉球の対外的な位置付けに関して、幕府の清朝に対する慎重な姿勢から考察するに、一八六〇年代において幕府にとって琉球使節は将軍のご威光を高めるという効用よりも、琉球使節の江戸参府が過去に行われたという事実の方がより重要なものであったと思われる。一八五九（安政六）年以降、江戸に琉球使節が参府する場合、必ずしも清朝と日本との衝突が生じるとは限らないが、幕府がその時期（六〇年代）においては琉球を帰属させる意志がなかったので、琉球使節を迎えるのはとてもデリケートな問題であったと思われる。

これに関連して、一八六七（慶応三）年に慶喜が第一五代徳川将軍になった際、新しい将軍のご威光を対外的に示すため、伝統的な朝鮮通信使・琉球使節の江戸参府ではなく、大坂城で英仏米蘭の四国公使と接見した。また、幕府は当時日本が置かれた国際的な状況に対応して、フランス皇帝、イギリス女王、アメリカ大統領、オランダ国王、ロシア皇帝、プロシア国王、イタリア国王、ポルトガル国王、スイス大統領、ベルギー国王へ新将軍襲職を知らせる国書を送ったのである。(402)

最後に、幕末における琉球の所属問題について、もう一つの点に簡単に触れたい。前章で述べたように、一八六七年にパリ万国博覧会では薩摩藩の名代は薩摩藩主が琉球を支配していると明言したので、このような情報は広範囲に影響したと思われる。幕府外国奉行の向山隼人正は幕府の名代としてパリ万国博覧会に参加し、パリで薩摩藩が琉球は同藩の支配下のみにあると宣言したことを目撃し、心配していた。イギリスに滞在していた向山は、一八六七年一一月一五日に英国外国事務執政ロード・スタンレン（Lord Stanley）

と面会した。同年末のロード・スタンレンによる駐日英国公使パークスへの報告をみると、向山は将軍が日本の支配者であることや幕府と大名の関係について詳しい説明をし、幕府が西洋列強と密接な関係を維持したいと主張している。また、その際、向山は琉球島について「歴史的な記録が証明するように、(琉球は)日本の属国である」ということも述べている。[403] 右の史料から、ここでは、次の三つの指摘をしたい。①向山は、パリで薩摩藩が琉球を支配していると述べたことに対して、琉球はこれまでも、そして今後も日本、すなわち幕府の属国だとロード・スタンレンに主張したこと。②向山はロード・スタンレンに、一八六二(文久二)年に幕府がイギリス政府に送った日本語で書かれた正式な返書(とその別紙)の英訳を六七年に渡したが、これは六二年の返書の内容と重要な差異がみられる。六二年の日本語文と異なり、今回の六七年の英訳では、幕府は琉球が清朝から冊封を受けても、明確に幕府の属国であり、このことを証明するために琉球が幕府に慶賀使と謝恩使を派遣してきたと述べ、琉球国王が幕府の支配を認めたと主張している。また、六二年に薩摩藩主のみが琉球に指示を出しているという説明と異なり、今回幕府は、徳川将軍の指示・命令が薩摩藩を通じて琉球に伝えられてきたことも主張している。③この機会において幕府ははじめて自発的に西洋列強に向けて日本(薩摩藩・幕府)と琉球と清朝の関係について説明し、日本の琉球支配についてイギリス側の意見を聞いた。右の史料は他の点でも重要なものであるが、とりあえずここでは、右の三つの指摘からもわかるように、一八六七年に幕府は琉球の支配を強く主張するようになり、また幕末になると琉球の所属問題は琉球・日本(薩摩藩・幕府)・清朝にとどまることなく、徐々に西洋列強も関わるようになったのである。

第三節　琉球使節の視点からみる「琉球処分」

前節で述べたように、一八六二年と一八六七年に幕府はイギリス政府に対して、琉球を日本にも清朝にも従属しているが、日本支配の度合いの方が強いと明らかにし、その認識のもとで、琉球使節を西洋列強に対して日本の琉球支配を示す証拠と見做していた。このような幕末における琉球の位置付けに対する幕府の認識は、そのまま明治政府の琉球政策にも繋がっていったと思われる。ここでは、「琉球が日本にも清朝にも従いながら、日本支配がより実質的である」及び「琉球使節は日本の琉球支配の証拠」という認識を通して、明治政府によって行われた「琉球処分」をみてみたい。

本書では「琉球処分」というプロセスを近世末期、すなわち一八四〇年代に西洋列強が東アジアの世界を動揺させるようになってから始まった過程として位置付けているが、狭義には「琉球処分」は一八七二（明治五）年の琉球から東京への維新慶賀使派遣から始まったものと捉えている。先行研究によって明らかにされているように、この維新慶賀使を機会に琉球国王尚泰が明治天皇から「冊封」されたのであり、梅木哲人は「これまで薩摩藩の附庸とされていた琉球が、日本政府により国政の一環に位置付けられたことを意味するのであり、歴史的には後の廃藩置県よりも重要な意味を持っている」と述べている。[404]

また、「琉球藩王」の任命ついて、波平恒男は「天皇と尚泰王との間に初めて一種の君臣関係が設定された」と指摘している。[405] この慶賀使は以前の琉球使節の江戸参府とは異なり、日本と琉球の関係における重要な転換点であったのである。[406] すなわち、明治政府は、維新慶賀使を通して、従来の琉球の「日清両属」という位置付けから、琉球を日本専属（＝帰属）にするための第一ステップとしたのである。[407]

先行研究では近世琉球を「日清両属」として位置付けている。第一部でみたように、幕末になると、「日清両属」という表現が島津斉彬をはじめ阿部正弘などにより使用されるようになった。筆者も便宜的に「日清両属」を使用するが、幕末の琉球と日本の関係に関する記録（老中阿部の「想定問答集」、イギリス政府への幕府の正式な返書）に基づいて幕府からみると、日本支配がより実質的であることを念頭に置かなければならない。右に関して、豊見山和行の徳川幕府と琉球の関係に関する指摘は興味深い。豊見山は、幕藩制国家の中の「異国」琉球という従来の位置付けを再考察した結果、「徳川帝国下の従属国・属国」琉球という新しい捉え方をしている。[408]すなわち、清朝の中華帝国と同様に、幕府は徳川（ミニ）帝国支配をしており、琉球はこれら二つの帝国の「二重支配下」に置かれたのであると述べている。

まず、ここでは一八七二（明治五）年の維新慶賀使節を東アジアの伝統的な朝貢体制との連続性において注目したい。この維新慶賀使の背景には、日本と琉球の関係についての明治政府内での議論があった。

一八七二年五月三〇日に、大蔵大輔井上馨は琉球について以下のように述べている。すなわち、一六〇九（慶長一四）年の薩摩藩による琉球侵攻により「皇国ニ服従セシメ候ヨリ以来同国ノ義ハ薩摩ノ附庸ト看做シ諸事同藩ニ致委任」、つまり一六〇九年に琉球を「皇国」＝日本に服従させて以来、薩摩藩の「附庸」と見做されていたので、琉球に関する諸事は同藩に任されていた。しかし、「尤彼従前支那ノ正朔ヲ奉シ封冊ヲ受候由相聞」、すなわち琉球が清朝皇帝の正朔と冊封を受けてきたのだが、「従前曖昧ノ陋轍ヲ一掃シ改テ　皇国ノ規模御広張ノ御措置有之度」[409]、と、従来の曖昧な状況を改め、皇国の威信を伸張し、琉球を日本に帰属させたいと考えていた。

同じ時期に、副島種臣外務卿も「外国ト私交ヲ停止スルハ較々可ナリトスヘシ其華族併琉球藩王ノ宣下」[410]、すなわち、最終的に琉球の日本帰属を狙い、それを徐々に実現するために、琉球と外国との関係を禁じ、琉球の華族と琉球藩王に宣下することを提案した。明治政府は、琉日間に琉球国王の「冊封」の先例はなかったが、副島の「琉球藩王ノ宣下」という提案を採用したのである。これによって、一八七一年の廃藩置県から始まった中央集権化のプロセスにおいて、琉球は日本の一部となり、また琉球と薩摩藩（鹿児島県）との関係（＝琉球は薩摩藩の「領分」であること）は断たれることも意味していた。明治政府は、琉球を日本の帰属にするために、東アジアの伝統的な朝貢体制にのっとり、清朝皇帝のように一方的に明治天皇による琉球国王の「冊封」という政策をとるようになった。これは東アジアの朝貢体制における中国の覇権への挑戦でもあったと思われる。しかし、清朝皇帝の場合と異なり、明治天皇は尚泰を「琉球国王」ではなく、（日本国内の一部である）「琉球藩王」に任命した。これは明治政府が新しく作った「称号」であり、明治政府にとって琉球を「県」に設置する前に、「我藩属ノ体制徹底」[411]に変更するという推移が必要であったのである。すなわち、一八七二年の維新慶賀使は、以前の江戸参府と異なる目的を持ちながらも、決して近代的なものであったのではなく、近世的かつ伝統的な儀礼であったのだ。

次に、徳川時代の江戸参府と維新慶賀使との連続性にも注目したい。

同年（一八七二）六月に、「日清両属」を公にすることを望んでいた左院は琉球を「我ト清トニ両属」と位置付け、以下の通り述べた[412]。

琉球国ハ明ヨリ始マリ清ニ至テモ其封冊ヲ受ケ正朔ヲ奉ス、然ルニ其名ハ封冊ヲ受ケ正朔ヲ奉スレモ、其実ハ島津氏累世之ヲ支配シ、士官ヲ遣シ其国ヲ鎮撫ス而已ナラス、使臣ヲ率テ来朝セシムル事旧幕府ヨリノ制タリ由是観之ハ琉球ノ我ニ依頼スル事清ヨリ勝レルハ清ニハ名ヲ以テ服従シ我ニハ実ヲ以テ服従スレハナリ、すなわち、琉球は「名」においては明・清朝から「封冊」を受け、正朔を奉じても、「実」においては島津氏に代々支配されている。島津氏は家来を琉球に派遣し、琉球を取り締まることだけではなく、琉球の使臣（慶賀使・謝恩使）に（江戸まで）同行して「来朝」させたのである。「旧幕府ヨリノ制」からみると、琉球は徳川幕府の支配下にあったと主張したのである。

一八七二年五、六月の琉球の位置付けに関する議論からみると、徳川時代においては琉球が清朝と日本（薩摩藩・幕府）の支配下にあったが、日本による琉球支配の方がより実質的であると明治政府が認識していたことがわかる。このような認識、特に左院が述べた「其名」＝清朝支配と「其実」＝薩摩・幕府支配というような位置付けは、一八五四年の阿部による「想定問答集」と、一八六二年に幕府からイギリス政府への正式な返書に重要な関連性があることに注目したい。以上のいずれの史料においても、琉球が清朝から正朔と冊封を受けていたが、琉球が日本に従ってきた証拠として一六〇九年の薩摩藩侵攻による琉球の服従、薩摩藩の家来が琉球では取り締まりの役割を果たすこと、薩摩藩主は琉球使節の慶賀使と謝恩使を同行して江戸で将軍に謁見させたことが記されているのである。このように、日本による琉球の併合プロセスは、幕末（一八四〇年代）に西洋列強が東アジアに進出することにより始まり、一八五〇年代から徳川幕府が琉球・日本関係についての関心を徐々に深めるようになり、近代国家を作ろうとしていた明治政府により一八七二年から一八七九年にかけて併合が実現された、という長期間にわたって検討すべき国際的な史実だと私は考えている。

また、左院は維新慶賀使に関して次のように述べた(413)。

別紙大蔵省申立ノ如ク琉球使人ヲ接待スル西洋各国ノ使節ヲ接待スル如ク看做スヘカラサルハ勿論ナレ

モ、又国内地方官ノ朝集スルト同日ニ論スヘカラス、維新後今般使人始テ来朝スレハ、其事件モ地方官ノ朝集スルヨリ重大ナラン故ニ各国ノ応接ニ熟シ、且ツ其官員モ全備シタル外務省ニテ権リニ其事ヲ掌ル寧ロ大蔵省ヨリモ便ナリトス、

すなわち、大蔵省（大蔵大輔井上馨）が提案していたように、「琉球使人」を西洋列強の使節と同じように接待（歓迎）することはよろしくない。同時に、日本国内の地方官（元大名）が朝廷に参集すると同じように見做してはいけない。このたび、維新後はじめて「琉球使人」が「来朝」するので、この事は地方官の参朝より重要なものであるので、西洋各国の応接を熟知していて、かつ、官員が備わっている外務省がそのことをつかさどった方が、むしろ大蔵省よりも好都合であることなどが記されている。

　また、別の史料によると、左院は維新慶賀使の琉球使者について、「属国ノ扱ヲナサシメ旧幕府接待ノ式ヲモ参考スルヲ可ナリトセン」[414]、すなわち、属国からの使者として扱い、江戸まで参府した琉球使節の際の「式」を参考するよう、述べている。左院の建議を踏まえた上で、「使臣ヲ率テ来朝セシムル」、「維新後今般使人始テ来朝スレハ」、「旧幕府接待ノ式ヲモ参考スル」という用語をみると、明治政府は、琉球使節を「来朝」させる権利を徳川幕府から受け継いでいたということも窺えるだろう。また、一八七二（明治五）年六月二四日付の鹿児島県参事大山綱良から琉球へ宛てた書簡においても、同年の維新慶賀使と江戸時代の琉球使節の慶賀使との連続性と相違点がみられる。

　大山によると、維新慶賀使の目的は「王政御一新付祝儀」と明治天皇の「御機嫌」を伺うことであるが、「但是迄旧幕府え世代り等之折は時々被致参勤候事故今般御一新に付ては、国王自親参内相当之事候得共右者御用赦被為在国王名代」[415]が派遣されることになっている。すなわち、琉球は従来まで旧幕府の代替わりにおいて、

そのたび「参勤」＝使節を派遣してきており、今回、「御一新」であるので、本来なら琉球国王自身が明治天皇に参上することが相当であるが、尚泰が「御用赦被為在」たので、その代わりに名代が参内することが決められたとのことである。つまるところ、大山綱良は維新慶賀使の派遣を江戸時代の琉球使節との連続性の中で捉えているが、維新慶賀使が「御一新」を祝う目的があり、より重要な使節であることを強調しているのである。

これに関連して、一八七三（明治六）年九月に外務省によって編集された『琉球封藩事略』においても徳川幕府と琉球の関係について詳しく述べられており、琉球使節の「賀慶使・恩謝使」を徳川幕府への「来朝」、また「方物を貢ス」儀礼として位置付けている。[416]

以上の諸点から判断すると、一八七二・三年の時点においても、明治政府は、琉球使節を琉球が日本（薩摩藩・徳川幕府）の支配下にあったことを示すための証拠として位置付けていたのである。だが、その後、明治政府は琉球が薩摩藩・幕府の属国であったことを示すために、琉球使節という封建的な儀礼ではなく、西洋の国際法に基づいて、完全な統治権＝主権を証明することで琉球所属問題を解決しようとした。その後、明治政府は琉球を「我ト清トニ両属」という位置付けから、日本の帰属にするよう全力を尽した。

一八七二（明治五）年九月一四日に明治政府が尚泰を「琉球藩王」に任命してまもなく、副島種臣外務卿は、琉米修好条約の履行に関する駐日アメリカ公使デロングの照会に対して、「貴国ト琉球トノ間ニ取極メシ規約ノ趣ハ当政府ニ於テ維持尊行可致候儀」[417]、すなわち、明治政府は琉米修好条約を尊重することを明言し、この時から、西洋列強に対して琉球を「我帝国ノ一部」であることを宣言し始めたのである（琉球をめぐる副島とデロングの交渉については、新しい視点から第三部で詳しく論じる）。一方で、明治政府は、清朝に対しては、「琉球藩王」の任命について知らせないようにしている。

一年後、一八七三（明治六）年、北京における総理衙門との会談において、副島の指示のもと、柳原前光は琉球人を「我国ノ人民」、また琉球を「従来我属藩」と主張した。要するに、この時から明治政府は清朝に対しても日本による琉球支配（＝日本専属論）を明言し始めたのであり、これは、日本当局による清朝に対する「日琉関係の隠蔽政策」の終わりでもある。

しかし、一八七四（明治七）年、明治政府（大政大臣三条実美）は、台湾出兵計画の交渉に当たり、北京の特命全権公使柳原前光に対して「一、琉球藩ハ自昔我控御スル所ニシテ既ニ冊封ヲ奉シ政化ニ服ス其清国ニ貢キ以テ貿易ヲ営ム如キハ未タ旧套ヲ脱セス、若故ニ縁テ或ハ疑義ヲ来サハ須ク該藩従前我ニ帰服スルノ証例ヲ弁明スヘシ事両属等ノ名ニ渉リ枝節ヲ生スヘカラザル事[418]」、つまり、琉球が日本に「帰服」する証拠をはっきり述べる必要があり、交渉においては、「日清両属」という問題を提起しないように命じたのである。

一八七一（明治四）年に宮古船一艘が台湾で遭難し、生存者の内五四人が原住民によって殺害された事件に対して、一八七四年に明治政府は台湾へ出兵したことがよく知られている。その直後、一八七四年一〇月三一日付の「日清両国間互換条款及互換憑単」の第一条において、明治政府は台湾出兵を日本国属民（＝琉球人）の保護をするための義挙であるとして清朝に認めさせ、また琉球人の被害者のために清朝に撫恤金を出させることにも成功した。だが、同年一二月一五日に、一八七三年一〇月の「明治六年の政変」によって副島などが失脚してから、新政権を握った内務卿の大久保利通は、「琉球藩処分方之儀ニ付伺」において次のように述べている。すなわち、「琉球藩」について、琉球が清朝から正朔を奉じられてきたが、一八七二年に琉球慶賀使が来朝した際、天皇からはじめて「冊封」を賜り、琉球国王尚泰を「藩王」に任命した。しかし、清朝の支配を完全に脱することまでしなかったので、琉球の政治的な位置付けは未だに曖昧なままで不体裁なものである、と。大久保によると、台湾出兵の義挙を清朝に認めさせたことから判断すると、「琉球藩」を「幾分カ我版図タル実跡ヲ表シ候ヘ共未タ判然タル成局ニ難至」[419]と、ある程度まで日本の版図であることを表に見せることができたが、その政治的な位置付けがまだ判然としないということである。つまり、明治政府は国内において琉球を日本の一部に組み込んだ（一八七四年七月一二日、琉球藩は外務省の所管から内務省の所管に移された）が、対外的には「日清両属」という従来の位置付けから完全に脱することできず、未だに琉球問題が解決していなかったのである。[420]

その後、琉球問題に関して、大久保は法律顧問ボアソナード（G.E. Boissonade）に意見を求めたところ、ボアソナードは日本政府に琉球を間接的に統治するよう勧めた。ここでは、一八七五年三月一七日に、ボアソナードが「琉球島見込案」という報告書において、国際法における「貢」と「租税」の意義を説明していることに注目したい。[421]

> 琉球ヨリ貢献ノ名ヲ以テ日本ニ納メタル所ノ年々ノ金額ハ其名義ヲ改メ租税トナス可シ。何トナレバ、貢ハ之ヲ納ムル国ニ於テ自由ニ之ヲ廃スルヲ得ルノ独立ノ権アルガ如クナルガ故ナリ、今琉球ハ日本地方ト見ス可シ、然ラハ地方ハ租税ヲ中心政府ニ払フ可クシテ貢献ニハ非ザルナリ、

すなわち（江戸時代から）従来琉球が日本に「貢」という名目で納めてきた金額を「租税」に改めるべきである。なぜなら、「貢」を納める国はそれを続けるかどうかの決定権があるからである。今、琉球は日本の地方（＝国内）である。地方は「租税」を中央の政府に納めるが、「貢」ではないというのがボアソナードの説明である。明治政府はボアソナードの「見込案」にそのまま従ったわけではないが、ボアソナードの報告書によっても国際法における「税」の意義を理解するようになったことが窺える。特に「朝貢」「儀礼」などという東アジア

の朝貢体制における不可欠な要素が、国際法においてほとんど空虚なものだと理解したと思われる。

一八七九（明治一二）年一月一三日、寺島外務卿（副島の失脚後、一八七三年一〇月二八日に寺島宗則は外務卿に任命された）は駐日イギリス公使パークスの照会に対して、琉球の位置付けを「両属ト申訳ハ一切無之」と述べた。すなわち琉球は日清の「両属」下にはなく、琉球と清朝との関係について「清国トノ関係ハ同島ヨリ時々同国皇帝へ贈リ物ヲ呈スル為使臣ヲ派セシ迄ニテ租税ヲ出ス等ノ訳モ無之此使臣ヲ出ス事モ往時島津家ヨリ差止シ事有之候処其後私カニ使臣ヲ派出セシ事ナリシガ都合ニヨリ島津家ニテモ黙許シ来リシ迄ナリ」[422]、つまり、琉球は清朝の皇帝に「贈リ物ヲ呈スル為」に使節を派遣していたが、琉球は清朝に「租税ヲ出ス等ノ訳モ無之」きことを主張した。このように、明治政府は、清朝と日本による琉球支配の性格の差異を強調するため、租税を払うかどうかということに注目するようになったのである。

最後に、一八七九（明治一二）年一〇月において、明治政府が清朝に対して、沖縄県設置の弁明をするに当たって立てた論理について触れたい（それ以前にも明治政府は清朝に対して琉球と日本の関係について説明書を送ったが、これについては第三部第二章で詳しく論じる）。一八七九年八月二二日付の清朝の照会に対して明治政府は長文の覚書を提出した[423]。この覚書において、琉球が中国に「入貢」してきたという清朝側の主張に対して、明治政府は「乃チ其論点トハ琉球ヨリ時々虚文ノ朝貢ヲ受ケ又支那ヨリ虚名ノ冊封ヲ与ヘタル事是レナリ」、つまり、琉球の朝貢とは「虚文」＝うわべの飾りであり、清朝の冊封とは「虚名」＝空虚なものであると主張した。明治政府は中国の朝貢体制を支えている「冊封」と「朝貢」を空虚なものとして清朝側の主張を退けたのである。また、日本と琉球の関係について「我帝国ノ琉球ニ有スルノ権義ハ少クモ右最初ノ事歴（足利将軍琉球ヲ島津家ニ与フタルノ時ヲ云フ）ヨリ確定スルモノナリ」、すなわち、日本が琉球を支配する権義は足利幕府時代から確認できるとしている[424]。次に、明治政府は、すでに豊臣秀吉の時代から琉球は「我属邦」であり、「琉球ノ島人其封建上ノ義務ヲ履行スル事ヲ懈リタル」ということを理由に薩摩藩から侵攻され、その後「薩摩ト琉球トノ間ノ封建上ノ約束ヲ固結スルノ実効ヲ致シ爾来琉球ハ我帝国封侯ノ一ナル薩摩侯ノ所領シタル附属ノ采邑タルニ於テ名実共ニ動スヘカラサルニ至レリ」、つまり、日本「帝国」の一人の「封侯」であった薩摩侯の「附属」となったことが事実であると主張した。この証拠として、薩摩藩は「当時該島ニ施シタルノ変革トニ由テ其法律其租税及其内政ニ及ヒホシタル」と、薩摩藩の琉球支配が「法律」「租税」「内政」に関わる「実効」にまでに及んでいたことを述べた。そして、明治政府は次のような証拠も述べている。(423)

右ノ外尚寧ヨリ今日ノ尚泰ニ至ル迄歴代ノ島酋其職ニ就クトキハ勿論又ハ薩摩侯ノ代替リ毎ニ薩摩侯及ヒ其子孫相続人ニ対シ薩摩ノ法令制度ヲ遵奉スヘキノ誓ヲ立タリ而シテ三司官一同モ亦薩摩侯ノ代替リ又各其職ニ就ク毎トニ島酋ノ誓書ニ同キ誓ヲ立タリ、

この文書によると、尚寧(薩摩藩が侵攻した時の琉球国王)の時代から現在の「島酋」(尚泰)に至るまで、「琉球島酋」が襲職する際はもちろん、薩摩藩主の代替わり毎に藩主とその相続人に対して薩摩藩の「法令制度」を尊重する誓約をしてきた。また、三司官(首里王府の実質的な行政の三人の最高責任者)のメンバーは同様に、薩摩藩主の代替わり及び三司官に任命される毎に誓約をしてきた。明治政府は「徳川家康ノ時ヨリ今ニ至ル迄引続キ我内属ノ地トシテ琉球ノ支配ヲ受ケタル事此ノ如シ」と説明しており、清朝に対して徳川家康の時代から一八七九(明治一二)年に至るまでの琉球の位置付けは「我内属」であった、と明言したのである。

以上から判断すると、明治政府は、琉球の「日清両属」という位置付けを、一八七九年に琉球藩を廃止し、沖縄県を設置することで完全に脱却することができたのである。また、一八六二(文久二)年に幕府が正式にイギリス政府に対して琉球が清朝にも日本にも従うと述べていたが、一八七九年に明治政府はイギリス公使にも中国側にも近世における清朝の琉球支配を固く否定し、その代わりに琉球は専ら日本（薩摩藩・幕府）の属国であったと主張するに至ったのである。

琉球使節に関して、幕府はすでに一八六二年にイギリス政府への返書においてその儀礼的な意義というよりも、徳川将軍の代替わり毎に幕府から改めて島津家に琉球の所有を再付与する大礼としての意義に、その重要性を移した、ということは既述したところである。明治初期（一八七二〜七三年）においても、琉球使節は明治政府から「使臣ヲ率テ来朝セシムル」、また「方物を貢ス」儀礼として位置付けられていた。だが、その後、明治政府が日本の琉球支配を主張するための根拠として、琉球使節を持ち出すということはみられなくなる。特に、一八七九年一〇月の清朝に対する覚書では、明治政府は、一六〇九（慶長一四）年以降の日本（薩摩藩・幕府）による琉球の支配は実態としては「間接的な」ものであったにもかかわらず、国際法の論理を用いて、薩摩藩の侵攻以後は琉球に対して「完全なる主権」があったと主張した。これを示すため、薩摩藩の琉球支配が「法律」「租税」「内政」に関わる「実効」の領域にまで及んでいたとし、一方、清朝の朝貢体制を支える「冊封」及び「朝貢」を空虚なものであると強調した。この論理からみると、江戸参府の琉球使節もまた「来朝」、「来貢」及び「方物を貢ス」という儀礼であるので、このような使節の江戸参府という事実を主張することでは、明治政府が琉球に主権を持つことを証明することができなかったと思われる。また、幕末において、西洋列強に対して幕府は日本の琉球支配を示すために、琉球使節をその一つの証拠として位置付けていたが、明治時代において、明治政府は清朝側に対してそれを主張しなかった。なぜなら、清朝側も琉球が北京まで慶賀及び謝恩の使節を派遣してきたことを強調することができたからである。そのためにも、明治政府は、「徳川将軍の代替わり」などの際において行った儀礼ではなく、「薩摩藩主の代替わり」の際に琉球側（「島晳」及び三司官）が薩摩藩の「法令制度」などを尊重する誓書を拠り所として、自らの権利（＝主権）を主張したのである。このような誓書は国際法においても完全なる主権を示す文書であり、清朝側は同等な文書を所有していなかったのである。

おわりに

本章は徳川幕府の視点から江戸参府の琉球使節の延期と停止・解体について検討を行った。また、琉球使節を通して明治政府の「琉球処分」も検討した。先行研究によると、一七〇九（宝永六）年以降において、琉球使節の一番重要な意味は、徳川将軍のご威光を高めるための外交使節であったとされている。筆者も基本的に先行研究に従うが、一方で、幕末の史料を検討することで、西洋人が日本に圧力を与えることによって琉球使節に対する幕府の新しい観点がみられるようになったということについて論じた。

桜田門外の変に起因する国内危機のため、幕府は一八六〇（万延元）年五月六日に「国事多端」を理由に琉球使節の延期を命じたものの、琉球使節を止める意志はなかった。だが、筆者が前章で指摘したように、一八六二（文久二）年から幕府は文久の改革によって、その権威を失いつつあった。そのため、島津久光の上京を優遇せざるを得ず、琉球使節はもちろん薩摩藩主島津茂久の参勤交代を行わせる権力もなかったのである。

幕末になり、西洋人から日本と琉球の本当の関係について問われた際に、幕府は自らの世界秩序観に従って、琉球の政治的な位置付けについて調査を行った。幕府は西洋人に対して琉球は「通信国」であるという論理から、「日本の遠境に属する」地域・「日本の属国であるが、日本国内ではない」という説明を行っていたが、その後、一八六二年にイギリス政府に対して琉球が日本にも清朝にも従うが、日本（薩摩藩・幕府）による琉球支配がより実質的であることを明らかにした。琉球問題に対する幕府の態度は決して消極的なものではなく、琉球の政治的な位置付けについての問題は幕府内部の真剣な政治討論の課題となった。日本外交の性格が変わっていく過程で、琉球使節も新たな視点でみられ、徳川将軍のご威光を高めるという目的の他に、琉球が日本の支配下にあることを西洋列強に主張するための根拠としても位置付けられるようになった、と考えられる。

琉球使節の延期と停止・解体の理由を追うことで、明治政府による琉球の併合は、一八四〇年代に西洋列強が日本を開国させるために、日本と琉球の本当の関係について幕府に説明を求めたことから始まった一連のプロセスの結果であったことが窺えるのである。

幕末において幕府がイギリス政府に明らかにした琉球が日本にも清朝にも従うという位置付けは、一八七九年に沖縄県が設置されるまで完全には廃止されなかった。そして、明治政府は西洋列強に対しても清朝に対しても、近世琉球を日本の「我内属」と位置付け、清朝の琉球支配を固く拒否するに至った。また、幕府は西洋列強に対して日本の琉球支配を示すための証拠の一つとして琉球使節を考えていたが、明治政府は国際法に基づいて清朝側に対し、「法律」「租税」「内政」に関わる「実効」の領域にまで薩摩藩の琉球支配は及んでいたとした。そして、琉球国王及び三司官が薩摩藩主に対して約していた誓書を提示することで、日本が琉球に完全なる主権を有していることを主張したのである。

第二部のまとめ

第二部では幕末期から明治初期にかけての琉球使節の延期と停止・解体について考察した。これにより次のことについて指摘しておきたい。

先行研究の成果を踏まえつつ、一八五八(安政五)年と一八六二(文久二)年に予定されていた琉球使節派遣の延期の理由について新しい解釈を挙げた。特に、琉球使節の解体を伴ったのは島津久光が望んでいた日本全国の「武備充実」と、琉球使節の大前提である薩摩藩主の参勤交代が不可能になったことだと指摘した。

琉球に対する日本外交の性格の変容を追うことで、幕末において琉球・薩摩藩・幕府、それぞれは清朝に対して「日琉関係の隠蔽」という政策をある程度まで共有していたことがわかる。しかし、琉球は西洋列強との交渉においてトカラ列島を除いて、日本(薩摩藩・幕府)と関係を結んでいないと説明していた。これと異なり、幕府は一八四五(弘化二)年にオランダ政府に琉球を「通信国」、一八五四(安政元)年にアメリカ(ペリー)に対して琉球を「日本の遠境に属する」地域、同年イギリス(スターリング艦隊)に琉球を「日本の属国であるが、日本国内ではない」、そして一八六二年にイギリス政府に琉球が日本にも清朝にも従ってきたということを述べた。そして、薩摩藩は、パリ万国博覧会において琉球を専ら薩摩藩の支配下にあることを主張したのである。このように、琉球と幕府と薩摩藩の外交政策に大きな差異があり、西洋列強にとってはそれらの説明に矛盾があり、曖昧であるようにみえたことは想像に難くない。当然であるが、西洋列強が琉球の政治的な位置付けについて感じた矛盾は、明治初期になっても続いていたが、ほとんどの西洋列強が琉球は「日清両属」下にあると思っていた。第三部で論じるように、このような認識が明治政府の「琉球処分」に重要な影響を与えたのである。

第二部において論じた一八五〇・六〇年代の琉球使節の延期と停止・解体は、一見したところ幕末において小さいイベント(事象/事柄)だと思われるかもしれない。だが、その延期と停止・解体の背景にあった史実を詳しく探ることによって、違う歴史がみられる。

「琉球処分」の過程は一八四四(弘化元)年に西洋列強が琉球に開国の要求をしてから具体化し始めるが、その最も重要なターニングポイントはペリーの再来日の際にアメリカ側が幕府に琉球の開港を要求したことだと指摘した。なぜなら、琉球開港を要求されたことで、幕府(阿部)は琉球に対する日本の実質的支配をはじめて国際的に示そうとしたからである。その時に老中阿部正弘により記された「想定問答集」の内容と、一八六二(文久二)年の幕府からイギリス政府への正式な返書の内容、そして一八七二(明治五)年の明治政府(特に左院)の報告の内容には、これまで注目されてこなかった重要な連続性がみられる。幕末において強まった琉球に対する幕府の認識は、明治初期において琉球に対する明治政府の認識との密接な関係がある。つまり、清朝の琉球支配に比べて日本(薩摩藩・幕府)の琉球支配の度合いが強いという認識は、明治政府にとって近代国家としての領土確定がきわめて大事な課題となった際、琉球を併合する根拠となった。

一八五八(安政五)年の琉球使節派遣の延期は、琉球・薩摩藩・幕府のみに関わる出来事ではなく、その延期決定に当たり当時の日本国内・国際を取り巻く情勢が重要な影響を与え、幕末の政治・外交・社会的な複雑性を理解するための一つの重要なレンズであると指摘した。そして、琉球王府は、一八五〇・六〇年代になると、西洋人が使節の準備・派遣・絵図などを目撃しないよう琉球国内において厳しく監視していたのみならず、薩摩藩・幕府にも西洋人に琉球使節の江戸参府の情報を知らせないように働きかけたのである。

一八六〇(万延元)年に薩摩藩主が幕府に琉球使節派遣の延期を要求した際、薩摩藩は安政五ヶ国条約締結によって、当時の新しい日本国内外の情勢を利用したことに留意した。なぜなら、薩摩藩は自らの政治的な利益を得るために、西洋列強の公使が江戸に滞在するようになったことと、従来の清朝に対する「日琉関係の隠蔽政策」との問題性に注目したからのである。一八六〇年の薩摩藩による琉球使節派遣の延期要求は、桜田門外の変後に薩摩藩・彦根藩・幕府、つまり日本国内の枠組みの問題だけではなく、西洋列強の圧力に伴う東アジアの変動の中において、薩摩藩が日本の新しい情勢に対応する出来事としても捉えるべきだと指摘した。そして、幕府の清朝に対する慎重な姿勢からみると、一八六〇年代において幕府にとって琉球使節は将軍のご威光を高めるという効用よりも、琉球使節の江戸参府が過去に行われたという事実の方が西洋列強に対して日本の琉球支配を示すことができたのでより重要なものであったと指摘した。

以上からみると、アヘン戦争後、西洋列強が東アジアの世界に進出することによって、琉球使節の江戸参府こそが西洋列強を媒介として清朝に琉球と日本（薩摩藩・幕府）の本当の関係を露見する最も危険なリスクとなった。すなわち、琉球使節は琉球・清朝・日本（薩摩藩・幕府）・西洋列強の関係に不安定をもたらす潜在的な危機性があったのである。

従来、幕末に関する研究において「幕府と薩摩藩・長州藩」、「幕府と西洋列強」、また「清朝と西洋列強」などそれぞれの関係が主に検討の対象となっていた。しかし、第二部で論じたように、琉球使節の延期と停止・解体の経緯を追うことで琉球を中心に位置付けて日本の外交を捉えなおすと、当時幕府・薩摩藩・琉球・清朝・西洋列強の歴史が連動して動いていたことがよりみえてくるのではないか、と私は考えている。ここでは琉球使節をめぐってより広い視点（すなわち東アジアを超える視点）から幕末を描いてみたのである。

第三部
西洋列強の視点からみた「琉球処分」

第一章　日本・英国・米国・仏国の外交文書からみる一八七二年の琉球併合

はじめに

第三部では、「琉球処分」を再考察する。まず、第一部と第二部で論じた課題との結びつきについて少し触れたい。

第一部と第二部では、琉球が清朝の冊封・朝貢体制に参加しており、尚家が当時の東アジア世界の外交上において琉球の国王として正式に認められていたことを述べた。そこで、先行研究を踏まえて琉球・薩摩藩・幕府の関係を日本国内で完結するものではなく、清朝と琉球の関係も影響を与えていると解釈した。これは、琉球が日本（薩摩藩・幕府）の属国でありながら日本の一部ではなかった、すなわち「異国」であったからである。

一九世紀半ばにおいて、西洋列強の進出によって東アジア世界の力学が動揺する中、琉球・薩摩藩・幕府の関係の背後に、清朝と琉球の関係があるということ以外に、琉球と西洋列強、日本と西洋列強の関係を含めた、より広い枠組みの中で幕末における琉日関係を捉えた。要するに、琉球が属国でありながら日本の「異国」である限り、琉球と日本の関係を、琉球と日本が他の国と持っている関係を含めた大きなフレームの中で位置付けることが必要である。これから考察するように、「琉球処分」も同様に琉球・清朝・日本の関係だけではなく、東アジアを超えて西洋列強を視野に入れてグローバルなフレームの中で論じてみたい。

前述したように、琉球は、一八五四（安政元）年にアメリカ、五五年にフランス、五九年にオランダと修好条約を締結した。幕末に琉球が独立国として締結した「三条約」は、結果として明治政府が琉球を併合する障害にはならなかった。また、アメリカ・フランス・オランダは、琉球と修好条約を締結しているにもかかわらず、明治政府に対して「琉球処分」の問題性について厳しく指摘することはなかった。ここでは、なぜ琉球の独立性を示すことができるはずであったこれらの「三条約」が、明治政府による琉球併合の障壁とならなかったのか、ということについて論じたい。このような疑問に関して、「琉球処分」の国際的な特質について視線を向ける。[425]

「琉球処分」と西洋列強の関係について、パトリック・ベイヴェールは一八七二（明治五）年から一八八〇年にかけてフランス政府の貴重な外交文書を紹介している。ただし、ベイヴェールはほとんどフランス側の史料にのみ基づいて考察しているので、その結果としてフランスの視点だけについて注目している。[426] そのため、フランスがとった政策が明治政府と琉球にどのような影響を与えたかが充分明らかにされていないので、研究の余地がみられる。

また、小野聡子は、明治政府と欧米諸国の外交文書に基づいて「台湾出兵と万国公法」という課題について考察しており、日本による「台湾出兵」という事件に対して、西洋列強が国際法を尊重する姿勢を示したと述べている。[427] マルチ・アーカイブズの検討によって、明治初期の東アジアの国際的な社会と、そこで施行された国際法に関する研究を行うことは非常に重要である。本章でも、日本側の史料とアメリカ・フランス・イギリスの外交文書を総合しながら「琉球処分」について考察するが、明治政府による琉球併合に対して、従来ほとんど注目されてこなかった西洋列強がとった姿勢に着目する。

これまでの先行研究では琉球の主権問題が主に琉球・日本・中国の問題として理解されていたが、「琉米・琉仏・琉蘭修好条約」を機軸に「琉球処分」を検討しなおすのであれば、それらの「三条約」を琉球に締結することを求めたアメリカ・フランス・オランダの存在と役割はきわめて重要なものとなる。だが、「まえがき」ですでに述べたように、今回調べた史料では、オランダが琉球併合に直接関わった事実について明らかにすることができなかったので、本書ではオランダの姿勢については論じないことにする。本章では、「琉球処分」という問題について欧米諸国が国際法に基づきながらも、帝国主義的な立場で自らの利益を考慮して選択した政策が、結果として、明治政府による琉球の併合プロセスにおいて強い影響を与えたということについて注目したい。

以上を踏まえて、本章では一八七二(明治五)年に駐日米・仏国公使が副島種臣外務卿との交渉においてとった行動を例にして、西洋列強が「琉球処分」に関して見逃してはいけない重要な役割を果たしたことを明らかにしたい。また、一八七五年に北京において琉球の主権は国際的な問題となったことについても論じる。

第一節 「三条約」に対する徳川幕府と明治政府の認識

第一部第二章で述べたように、琉球が締結した「三条約」では、琉球と日本の関係の結びつきについては何も触られていない。また、これらの「三条約」の締結により、西洋列強は琉球王府にある程度までの外交権を認め、琉球と条約を結ぶことを重視した。しかし、米国が琉米修好条約を批准したのとは異なり、蘭国と仏国は琉球と締結した条約を批准しないと最終的に決めた。

一方で一八五六（安政三）年に幕府は、琉米修好条約の締結について「於日本亜人共志願之箇条御約諾相成候末之儀ニ而何そ御不都合之訳茂無之」[428]という一文から理解できるように、日本がすでにアメリカと条約を締結したので、琉球がアメリカと条約を締結していても、幕府には支障はないと認識していた。幕府は国際法において、条約を締結するのが外交関係を開始することと理解していたが、条約締結が主権国家間の合意により締結される文書だということを見抜けなかった。そのため、幕府（老中阿部正弘）は、懸念していたように琉球がアメリカ人から占領されるよりは、琉球が米国と条約を結ぶことの方が望ましかったと考えていたと指摘した。

以上を踏まえて、幕府は琉球が西洋列強と条約を締結したことについては黙認したが、これは幕府が琉球の所有を放棄するという意味ではなかった。一八五七年に琉蘭修好条約締結に関与するか否かということについての幕府内での議論から理解できるように、琉球が条約を結んでも、「琉球国者御国ニ従ひ居候意味も失ひ不申」と書かれているように、日本に従う「意味」を失わないと幕府は認識していたのである。

次に、幕末に琉米修好条約などに対して生まれたこの幕府の認識は、明治初期におけるこれらの「三条約」に対する明治政府の認識との密接な関係があることに注目したい。

一八七一（明治四）年に、明治政府と清朝は日清修好条規を締結し、両国は正式な外交関係を開始した。この条規締結により、明治政府と清朝は対等な関係を結び、第一条では両国の平和関係の他に「両国に属したる邦土も、各々礼を以て相待ち、聊侵越する事なく永久安全を得せしむべし」と記されているように、両国に属している領土への侵攻を控えることを定めている。同時に、明治政府にとっては近代国家として領土確定がきわめて大事な課題となり、七一年の廃藩置県から始まった中央集権化のプロセスの一環として琉球の所属問題に注目し始めた。

一八七二年五・六月に、日本と琉球の関係について明治政府内の議論があったことについてはすでに述べた。大蔵大輔井上馨は琉球の従来の清朝と薩摩藩の支配下にあった曖昧な状況を改め、琉球を日本に帰属させると提案したのである。

また、同時に、副島外務卿は「外国ト私交ヲ停止スルハ較々可ナリトスヘシ其華族併琉球藩王ノ宣下[429]」する。副島も最終的には琉球を日本に併合する意図があり、それを実現するための最初の政策として、琉球と外国との関係を「停止」させ、琉球国王を日本の華族に列し、「琉球藩王」に「宣下」するようにと提案している。副島は、琉球と外国との「私交を停止スル」ことを提案したことから判断すると、幕末に琉球が西洋列強と締結した条約は、日本による琉球併合施策の実行に当たって問題にはならないと認識していたことが窺えるだろう。また同じ時期に、左院は琉球の位置付けについて「分明ニ両属ト看做スヘシ[430]」と述べ、「日清両属」という従来の位置付けの公認を提案したのである。

以上でみたように、明治政府は、琉球の主権問題を主に日本と清朝のみの問題として位置付けており、最終的に副島が述べた琉球国王の「藩王ノ宣下」という提案を採用した。

次に、陸軍少佐樺山資紀の日記で、明治天皇により琉球国王が「藩王」に任命されたことに関する二つの記録をみてみたい。

一つ目は、一八七二(明治五)年八月一九日付の記録で、これによると「陰、午前山本十次郎・本田伊佐衛門殿来訪、台湾事件により琉球王を出府せしめ三ヶ条の条約ヲ立てられ、其上何分の決断する内議なり、華族に列せられ琉球藩王と称し、従来仏国条約等断然廃止する積りなり」(431)と書かれている。このことにより、八月一九日に明治政府の数人の役人は「台湾事件」(一八七一年に宮古船一艘が台湾で遭難し、生存者の内五四人が原住民によって殺害された事件)と琉球国王の「藩王」任命などについて「内議」を行った上で、幕末に琉球が欧米諸国と締結した条約を「断然廃止する積り」であったと理解できる。

二つ目は九月一四日に関する記録である。その日に琉球国王尚泰が明治天皇により「藩王」に「宣下」、すなわち任命されたことに対して、樺山は「琉球王参内藩王となり華族に列せられ金三万両其外物品下賜、従て各国条約等悉皆廃棄せらる」(432)と述べている。このことにより、樺山は琉球王が「藩王」に宣下されたことで、「従て」琉球が締結している修好条約は「悉皆廃棄」されたと理解していたことがわかる。

このように、幕末において幕府は琉球が締結した「三条約」について、特に問題にはしなかったし、また明治初期においては、明治政府も「琉米・琉仏・琉蘭修好条約」の存在について、特に日本による琉球併合に問題になることを心配していなかったようである。明治政府の中には、琉球の主権問題は主に日本と清朝の間のみにとどまり、副島が楽観的に琉球に外国との関係を絶交させることを考えたように、琉球国王の「藩王ノ宣下」によって琉球が西洋列強と結んだ条約が廃止されたと認識していた役人もいたことがわかった。しかし、「三条約」は存在していたので、琉球の所属問題は明治政府と清朝に限る問題ではなかった。このことは、これから筆者が語る「琉球処分」の大前提である。

第二節　英・米・仏の外交文書を通してみる琉球国王の「藩王ノ宣下」とその周辺

一九世紀半ば、イギリス・フランス・アメリカ・ロシアは東アジアに進出し、アジアの国々に「不平等条約」

を締結させ、最恵国という約款を通じて自国にとって有利な貿易を狙っていた。東アジアにおけるアメリカの外交政策はアメリカ側により「中立政策」と「反帝国主義」的なものだと主張されていたものの、アメリカも「不平等条約」により与えられた特権を利用し続け、ようやく他の西洋列強と同様の外交方針をとったとみられる。[433]また、アメリカはイギリスをはじめ他の列強に比較すると、明治政府とより密接な関係にあったとされているが、琉球の所属問題について第三部で論じる駐日米国公使デロングとビンガムがとった行動の差異に留意すべきである。

本書は、東アジアにおける西洋列強の外交政策に関する詳細な研究ではなく、琉球が締結した「三条約」の重要性に注目することで、「琉球処分」の国際的な側面をより明らかにする研究である。筆者は、日本や中国などに対してそれぞれの西洋列強がとった外交政策を全体的に分析することが非常に重要であると理解しているが、各国の相互的な外交方針の中に「琉球処分」をどのように位置付けるかという点は今後の課題と残したい。ここでは今までほとんど検討の対象にならなかった西洋列強が果たした役割について注目し、マルチ・アーカイブズというアプローチで「琉球処分」の研究にさらなる一歩を進めたい。

一八七二(明治五)年九月三日に琉球維新慶賀使が東京に到着し、同月一四日に明治天皇は琉球国王尚泰を「藩王」として任命した。このことは琉球を併合するために明治政府がとった最初のきわめて重要な政策である。ここでは、英国の外交文書に基づき、駐日イギリス弁理公使が琉球維新慶賀使の意義について本国政府に報告した内容を検討する。また、日本・アメリカ・フランス政府の外交文書を通して、駐日米・仏国公使が、尚泰の「藩王」任命について副島外務卿から情報を得た後、彼らがとった行動と本国政府(米国と仏国)に送った報告について考察する。

一　イギリス

駐日イギリス弁理公使ワトソン（R. G. Watson）は、イギリス外務次官ハモンド（E. Hammond）宛ての一八七二（明治五）年九月二〇日付の書簡で、イギリス政府に、東京に到着した琉球維新慶賀使について報告している。ワトソンが述べた内容（要旨）は左の通りである[434]（以下、西洋列強の史料の翻訳に関して、最も重要な部分は直訳して（　）に入れることにした）。

> 二週間前から高位の琉球使節が東京に来ている。この使節の最も重要な目的は「is to congratulate the Mikado on his assumption of the Government」（天皇の王政復古に対する慶賀の旨を表す）ことである。以前、日本の政府が将軍により統治され、「whom the king of the Loochooans looked upon as their suzerains」（琉球国王が徳川将軍を琉球の宗主としてみていた）。琉球使節のもう一つの目的は、台湾に於いて漂流した何人かの琉球人が原住人によって殺害されたことに対して「to complain to the Mikado's Government」（明治政府に不平を述べることである）。しかし、私（＝ワトソン）は、日本政府がその事件に対する補償を求めるため、「intends to take active measures to obtain redress」（積極的な対策を取る意図）があるのか否かこの時点において確認できなかった。

また、ワトソンは日本政府が琉球を「Han」（藩）として全体的に自らの保護下（支配下）に置き、日本帝国に併合するため、「it seems has taken advantage of the visit of this mission」（琉球使節の訪問を利用したように思われる）と述べた。興味深いのは、ワトソンにとってこの新しい琉球の「藩」というものが、「subject princedom, such as the territories of the larger daimîos formed in Japan previously」（徳川時代に大名たちが所有・支配していた「藩」と同様のもの)だと捉えていたことである。次に、ワトソンは「as the Emperor of China has also been protector of Loochoo, and has conferred investiture on each succeeding king for the last two centuries at least, this proposal on the part of the Japanese Government will probably meet with opposition at Peking」(中国の皇帝が少なくとも二百年前から琉球の保護者であり、またのめいめい琉球国王が即位をした際に冊封したので、日本政府の当計画に対して北京において中国により反対されると思われる)ということも予知していた。(435)

右の報告から理解できるようにワトソンは、明治政府が琉球使節の東京到着を、琉球を「藩」として日本に併合するために利用し、すでに琉球の併合を完成したと認識していた。また、ワトソンは、中国側が明治政府による琉球の併合政策を知った場合、必ず反対すると予想していた。もう一つ、後で検討するアメリカ・フランス公使の場合と異なり、右の内容からワトソンが報告した情報は、直接副島外務卿(すなわち日本政府)から得たものか否か不明である。

最後に、ワトソンは、琉球と日本の関係に関するアーネスト・サトウ(E. Satow, イギリスの通弁官)が記した非常に詳しい覚書を添付した。この覚書の要旨からみると、(436)

琉球と日本の関係は一四五一年までさかのぼり、その際琉球人が足利将軍に贈り物をした。その後、琉球と薩摩藩との交際が深くなり、薩摩藩は毎年琉球から贈り物をもらっていた。一六〇九年の薩摩藩による琉球侵略から、琉球国王が薩摩藩主の支配下に置かれていたので、自らの宗主として奉公し続けた。そして、毎度の徳川将軍の代替わりに、薩摩藩が仲介者の労を取り、将軍により琉球国王に改めて「investiture」(安堵・授爵)が承認されてきた。また、中国と日本の間に置かれている琉球の位置付けは、琉球国王が即位する際、中国から琉球に使節が冊封するために派遣されてきた、というものである。そして、薩摩藩主家久が琉球を侵略した時から、一五回の使節が琉球から江戸に派遣された。それは以下の年である。一六一一年、一六四九年、一六五三年、一六七一年、一六八二年、一七一四年、一七一八年、一七四九年、一七六四年、一七九〇年、一七九六年、一八〇六年、一八三二年、一八四二年、一八五〇年。

ワトソンはサトウが書いた詳細な覚書を添付することで、本国イギリス政府に中国と日本の間に置かれた琉球の特別な政治的な位置付けについて知らせた。サトウの覚書は非常に詳しく、一八六二（文久二）年に幕府がイギリス政府に送った正式な返書の内容と、一八六七（慶応三）年に向山隼人正が英国外国事務執政に提出した六二年の英訳文の内容（第二部第三章を参考）とほとんど同様である。サトウの覚書によれば、中国の場合は、皇帝が琉球に冊封使を派遣し、日本の場合は、琉球が薩摩藩主を自らの宗主と見做し、幕府から「investiture」を受けるために江戸に使節を派遣してきたのである。第二部第三章で指摘しているように、幕末になると、幕府はイギリス政府に江戸への琉球使節派遣について情報を伝え、その使節を琉球が日本（薩摩藩・幕府）の支配下にあることを示すものとして位置付けていた。サトウの覚書からも同じことが裏付けられている。

二　アメリカ

次に、駐日アメリカ公使デロング（C. E. De Long）と副島外務卿の交渉をみてみよう。デロングは弁護士であり、一八五七（安政四）年にカリフォルニア州下院議員となり、一八六九（明治二）年に駐日アメリカ弁理公使（後には特命全権公使）に任命された。一八七二（明治五）年にデロングは中国アモイ駐在のアメリカ領事をしていたリゼンドル（General C.W. Le Gendre）を副島に紹介したことから、副島に対して「好意的態度を示した」と理解さ

れている。(437)

　これまでの先行研究でデロングは副島と密接な関係にあったことが指摘されているが、このような指摘はほとんど日本側の史料のみに基づいているものである。ここではデロングとアメリカ政府とのやりとりから、日本政府との関係におけるデロングが狙っているポシションと、琉米修好条約に対して彼がとった行動が日本による琉球併合に重要な影響を与えたということを明らかにしたい。

　一八七二年九月一八日、すなわち明治政府が尚泰を「藩王」として任命してから四日後に、デロングは副島外務卿へ左の照会を送った。(438)

此頃日本政府ヨリ琉球島王エ辞爵譲地ヲ促カサレ、同人儀日本帝国中ノ故大名ト同格ニ列セラレ華族ニ叙セラレ候旨宣下有之候由閣下ノ御シラセニテ承知仕候。然レハ之ヨリシテ琉球ハ合併セラレテ日本帝国ノ一部分ト相成候就テハ千八百五十四年七月十一日ニ亜米利加合衆国ト琉球国ト取結シ規約ニ閣下ノ注意ヲ乞ヒ申度(中略)、随テ琉球国一円ノ惣地境中右規約ノ諸条目ヲ貴政府ニテ御維持被下候哉此段御伺申進候拝具、

　この史料の内容により、デロングは副島外務卿に、以前に副島から日本による琉球併合の情報を直接聞いていたので、明治政府が琉米修好条約を「御維持」＝引き継ぎするのかと照会したことが理解できる。従来、先行研究ではなぜデロングが右のような行動をとったか注目されてこなかったが、デロングの照会をより理解するために、一〇月六日に彼がアメリカ合衆国国務長官フィッシュ(H. Fish)へ送った報告の内容はきわめて重要である。フィッシュへの書簡の冒頭で、デロングは明治政府による琉球併合について報告している。(439)

「The Kingdom of Lew Chew」（琉球王国）が「had at last been formally incorporated into this empire」（遂に日本帝国に正式に併合されるとともに）、（琉球併合により）国王が元大名の地位に下げられ、江戸にて官邸を賜り、「which he had accepted」（その上、琉球国王がそのことを承認したことを）暫く前に日本の外務大臣から知らされた。

私（＝デロング）としては日本に対して、一八五五年三月九日にアメリカ大統領により批准された「the compact between our Government and that of Lew Chew」（我が政府と琉球政府との間の条約）への注意を喚起し、日本によりそれが尊重され、遵守されることになるのか否かを照会すべきだと判断した。なぜなら、「[this treaty] gave our people certain privileges not embodied in our treaty with Japan」（当条約が日本と我々との間の条約に取り入れられていない特定の特権を我が国民に与えていた）からである。昨日、日本の外務大臣からの回答を受け取り、日本政府が「agreed to regard the same」（同様の意見）、つまり引き継ぐことについて同意した。

また、同じ書簡の後半では、デロングは「台湾事件」について詳細な報告を行った(440)。

近時、琉球の民が乗っていた伝馬船の乗組員一同が台湾島で難破し、その島の原住民により殺害されたと聞いたので、日本外務大臣（副島）に口頭でこの報告が事実か否かと聞き、もし事実とすればその件について当該政府（日本）が何かするのかしないのか、するとすれば何かを照会した。その回答として日本外務大臣は、それが事実であると告げるとともに、日本政府がその原住民を罰するために近い内に行動に及ぶことを示唆したのである（中略）。

「Upon learning this, I thought I observed an opportunity, with the assistance the general could and seemed willing to lend me, to furnish this government with a mass of information most useful to it, thereby saving it from making any ill-advised efforts, and at the same time to put our legation at Peking and yourself in such rapport with the views and intentions of this government as to be of substantial benefit to us and at the same time advance my standing and intimacy with this government」.

これを知った私（＝デロング）は、将軍閣下（リゼンドル）が私に助力を提供、あるいは提供の用意があるとおぼしき感触を得、当該政府（日本）に大いに有用なる大量の情報を提供すれば、従って日本が不用意な振る舞いをするのを回避し、同時に我が国の北京公館及び貴職（フィッシュ＝アメリカ政府）が当該政府（日本）の見解及び意図への理解を深め、我々に大いなる利益をもたらすようになる。同時に日本政府における私の立場及び（私と日本政府との）親密関係も強化されるという好機があると考えている。

右のデロングの報告の内容はきわめて重要である。一八七二（明治五）年九月半ばの時点で、デロングは、明治政府がすでに琉球を正式に併合していたと認識していた。また、デロングは、琉球が日本政府に併合される前に「The Kingdom of Lew Chew」としてアメリカ政府と条約を結んだことを充分に理解していたが、琉球に対する明治政府の行動に対して異議を唱えなかった。さらに彼は、自分の判断で琉米修好条約について日本政府が当条約を引き継ぐか否かと照会した。その照会の理由とは、琉米修好条約には日米修好通商条約にない、アメリカ人にもっと有利な特権が与えられているからである。

第一部第二章で論じたように、琉米修好条約などでは米・仏・蘭人は琉球においてある程度までの自由交易と自由に行動する権利を獲得していた。これに対して、琉球王府は薩摩藩の許可を得て、琉球にとって危険になりうる箇条、すなわち尾行人を廃止する条項を守らなかった。一八七二年に、デロングはそのような特権に注目したことに留意すべきである。

もう一つの重要な点として、デロングは、琉球国王尚泰が明治政府による併合及び自らの格下げを受け入れたと認識し、本国に報告した。彼は右の情報を副島から確実に直接聞いていたが、デロングからアメリカ政府への書簡以外、日本側の史料では同じ情報（＝尚泰が琉球の併合を認めたこと）がみられない。つまり、デロングは、琉球王府に確認せずに、副島の言葉を信じて、そのまま本国米国政府に情報を知らせたと思われる。また、デロングにとっては、琉球に関わる問題よりも、「台湾事件」が大事なものであり、アメリカ政府が日本政府と親密な関係を結ぶのであれば、米国に大いなる利益があると述べている。このようにみると、アメリカ政府にとっては琉球と密接な関係を作ることは、同様の利益はなかったものと考えられる。日本政府との親密関係を強化しようと狙っていたデロングは、琉球国王が本当に琉球併合を承認したか、言い換えると日本による琉球併合が正当なものであるのかということについて、明治政府に詳しく問い合わせたりして困らせるつもりは全くなかったのではないかと考えられる。

その後、一一月一八日に、フィッシュがデロングへ返答を送った。デロングの報告に対して、フィッシュは次のことを述べた[441]。

「Your action in this matter is approved. It is supposed that the absorption or incorporation of one state by another does not discharge or release, within the limits of the absorbed or incorporated state, the obligation which it may be under to a third power at the time of such absorption or incorporation」.

本件に関する貴職（＝デロング）の行動は、是認されている。一国が他国による吸収または併合される場合は、吸収または併合された国の領土の内において、当該国が吸収または併合の際に第三大国に対する義務を免除あるいは解放するものではないと考えられる。

このように、フィッシュの返答においても、アメリカは琉球における自らの権利と利益のみに注目し、デロングが報告した通り琉球国王が明治政府による琉球併合を承認したと信じた。また、「一国が他国による吸収または併合」という文書から、フィッシュの視野はアメリカと琉球と日本のみにとどまることなく、世界中までに広がっていき、国際法において国際条約を「引き継ぐ」ことが可能であると理解している。しかし、フィッシュの解釈には二つの重要な問題がある。彼によると、琉球には日本に併合される前からアメリカに対して「義務」があったので、併合されてからもそのような「義務」が免除されることにはならないと認識している。この解釈は、日本による琉球の併合がすでに完成されていたことが大前提であるが、この時点（一八七二年）では琉球が日本に正式に併合されていなかったことに留意しておきたい。もう一つの重要な点は、琉球国王尚泰が日本による琉球併合を承認していなかったということである。

右の動きとほとんど同時に、明治政府の代理としてワシントンに滞在していた森有礼は一一月二一日付で副島外務卿へ報告を行った。森の書簡では「当国外務卿「フヒシ」氏エ内話ニ及候処条約ノヶ条惣テ日本政府引受変更無之間ハ全ク異議無之ト応答有之候[442]」ということが述べられている。このように、アメリカ合衆国国務長官フィッシュは森と「内話」で、日本政府が琉米修好条約の条々を「惣テ引受」け、当条約を「変更」しないのであれば、アメリカ政府が日本に「全ク異議」を唱えないということを述べ、このことを森は副島に伝えたのである。すなわち、両政府（アメリカと日本）の非公式な場での了解により、明治政府が琉米修好条約を引き継ぐという約束に対して、アメリカ側は「全ク異議無之」と応じたことがわかる。さらに、右のような両政府の了解で最も重要な点は、明治政府が日本による琉球併合について、アメリカ政府の黙認を獲得したということである。

三　フランス

次に、フランス政府の外交文書から駐日フランス公使テュレンヌ（Comte P. de Turenne）と副島外務卿の交渉を検討する。前述したように、一八七二（明治五）年九月一四日に明治政府により琉球国王が「藩王」に任命されたが、同日にテュレンヌは本国フランス政府（外務大臣レミュザ伯、Comte C. de Rémusat）へ報告した。その報告の内容は、先日、すなわち九月一四日以前、副島外務卿と「台湾事件」の問題に関して対談を行ったということである。

テュレンヌによると、副島が明治政府は「台湾事件」にこれから干渉することと、琉球の所有を主張することを決定したと知らせてきた。このことに関して、テュレンヌは、本国への報告の際に「琉球は東アジアには海軍基地を獲得していないアメリカ合衆国とプロシアのような西洋列強の欲望を喚起するので、副島の計画の適切さについて疑いがない」というコメントを加えた。[443]

その次に、テュレンヌは副島に、琉球への日本政府の計画が首尾よく成功することを望むと伝えたが、一方では、中国が三百年間にわたる琉球に対する権利を主張できるので、中国が明治政府の計画を知った時に、「日本の計画に抵抗すること、また琉球に対する権利を第三国に譲ることを恐れているのか」ということまで忠告した。これに対する副島の返答は非常に興味深い内容である。[444]

まもなく東京を訪問する予定がある琉球国王の大使に、琉球が中国からの干渉を拒否すれば、（中国の援助を失うこと、また）台湾事件などで蒙る被害から回復するために日本が（琉球を）援助すること、そして代々行われてきた琉球から薩摩藩主への納税を廃止するという「妥協」を提案する計画があると答えた。そして、もし「王子」（＝伊江王子尚健）がこのような「妥協」を受け入れた上で、彼が王府の主権を放棄する態度を示した場合は、以上のメリットの他に、（副島＝明治政府が）琉球を「藩として設置する」と同時に国王を日本の華族に列することも考えている。

右の副島の返答に関して、テュレンヌは、フランス政府に明治政府の琉球への計画（「台湾事件」を契機に琉球の所有を主張すること）に注目すべきだと主張した。その理由とは、中国が日本政府の計画を知ることになった場合、必ず中国と日本との国際的関係において、ある程度までの緊張感を伴う可能性が高いということである。だが、その次の文書でテュレンヌは、中国と日本は開戦しないと考えている、という意見も加えたのである。(445)

九月二七日にテュレンヌは再び本国フランス政府に報告を行う。この内容は、テュレンヌが副島から再び伝えられた情報に関するものである。これによると、副島はテュレンヌに、琉球国王の大使（伊江王子尚健のこと）は明治政府が提案した「妥協を受け入れた」ということを伝えた。このことについてテュレンヌは、今後中国がこの琉球問題に干渉するという可能性はあるが、琉球国王の大使が日本側の「妥協案」を受け入れたことで、「日本による琉球の併合は本日実現されたと見做していい」と本国政府に報告した。(446)

一八七二年九月一四日と二七日のテュレンヌの報告から次のことが理解できる。

テュレンヌは、帝国主義的な立場において、近いうちに未だ東アジアに海軍基地を獲得していない欧米諸国が琉球を占領することが考えられるので、副島外務卿の琉球の所有を主張する計画を「適切」だと見做した。

テュレンヌは、中国が明治政府の琉球への計画を知った場合、清朝と明治政府に緊張関係がもたらされるのではないかと考え、明治政府の計画を知らせてきた副島に、琉球への日本の進出計画に対する中国政府の抵抗がありそうなことについても忠告した。また、テュレンヌは、明治政府がせまった「妥協」を琉球の大使が承認したと本国フランス政府へ報告した。このように、テュレンヌは、琉球の主権問題について、副島外務卿の主張を信じて、そのままフランス政府へ情報を伝えた。報告の中でテュレンヌは、一八五五（安政二）年にフランス政府が琉球と修好条約を結んだことについて重要視しておらず、琉球を独立の王国としてほとんどみていなかったと思われる。また、最も重要な点は、琉球国王が「藩王」に任命される（一八七二年九月一四日）より前に、副島外務卿は明治政府が琉球を「藩」として設置する際、すでにテュレンヌ（フランス政府）の黙認を獲得しており、フランス政府は一八七二年九月二七日の時点で琉球が明治政府に併合されたと認識していた、ということである。この点は従来日本側の史料にはみられなかったが、フランス政府の外交文書から確認できる重要な事実である。そして、米国政府と仏国政府の史料から、副島は明治政府において琉球と外国との「私交を停止スル」ことを提案したが、琉球と条約を締結した米・仏公使の姿勢をよくみながら、琉球への進出を展開し始めたことも理解できるだろう。

このように一八七二年の段階では明治政府が琉球の所有を主張したこと、また明治政府が琉球を併合したことについて清朝は何も知らなかったのに対して、英国・米国・仏国はそれぞれの駐日公使を通して知るようになっていた。イギリスとフランスは中国政府が琉球併合について知った場合、必ず明治政府に抵抗し、日本と中国では緊張関係が生じると予知していながら、中国側に日本による琉球への進出計画について情報を伝えなかった。

一方で、一八七二年の明治天皇による琉球国王の「藩王」の任命について琉球王府から清朝に何も知らせなかった理由とは、明治時代に入っても琉球にとっては清朝に対して「日琉関係の隠蔽政策」を踏襲することが重要視されていたからである。

一八五九(安政六)年に琉球王府はオランダ政府とも修好条約を結んだが、駐日オランダ公使ファン・デ・ホベン(Van der Hoeven)は、琉球国王が「藩王」に任命される直前、詳しくいうと一八七二年八月二九日に東京を出発して帰国した。臨時にその代理公使としてだれが任命されたのか確認できない。(447)

四　琉球併合に関する副島外務卿の外交政策

次に、副島外務卿(明治政府)がとった行動について注目したい。

一八七二(明治五)年九月二八日に、明治政府は琉球藩に対して「各国ト取結候条約並ニ今後交際ノ事務外務省ニテ管轄候事(448)」という命令を出した。この命令により、琉球が締結した「三条約」を外務省が「管轄」することとなり、琉球の外交権を接収した。その直後、一〇月五日に、副島外務卿は、琉米修好条約の「御維持」に関するデロングの照会に対して次のように返答した。(449)

同島ノ儀ハ数百年前ヨリ我邦ノ付属ニ有之、此度改テ内藩ニ定メル迄ニ候。閣下御申越ノ如ク我帝国ノ一部ニ候故千八百五十四年第七月十一日ニ貴国ト琉球トノ間ニ取極メシ規約ノ趣ハ当政府ニ於テ維持尊行可致候儀勿論ノ儀ニ御座候。

この史料から理解できるように、副島は「閣下御申越の如く」、デロングが「御申越」したように、明治政府が「勿論」琉米修好条約を尊重すると約束した。前述したように、一八七二年の八月から九月にかけて明治政府は琉米修好条約などを「廃止」する意向があったが、デロングの照会があったので、その計画は不可能なこととなった。デロングが琉米修好条約に注目することで、明治政府に琉球の所属問題が清朝と日本に限定される問題ではないと理解させたと思われる。しかし、同時に琉米修好条約の「御維持」についてデロングがとった行動は、明治政府に有利に働いたことに注目したい。なぜなら、明治政府は、デロングの照会に応じたことによって琉米修好条約を「引き継ぐ」ことになったからである。これに関連して、同年一一月、日本政府が琉米修好条約を「変更」しないのであれば、アメリカ政府はデロングの進言通り、日本に「全ク」異議を唱えないと返答した。このように、琉球の独立性を証明する最も重要な証拠の一つであるはずの琉米修好条約は、両政府の非公式な場での了解により、明治政府に継承された。この結果として、明治政府は琉球併合に対するアメリカ側の黙認を獲得し、この了解が一八七九(明治一二)年の沖縄県設置までに重要な影響を与えたのである。

だが、右の動きについて次のことにも注目したい。デロングが都合のよい提案をしたので、明治政府は米国と琉球が結んだ条約のみを「御維持」することを請け合った。これにより明治政府は、副島にその意識がなかったとしても、結果として幕末において琉球が締結したそれらの「三条約」の正当性を承認しただけではなく、琉球が一つの王国としてそれらの条約を締結する権利があったことも認めることになった。しかしその一方で、「三条約」はやはり明治政府にとってデリケートな問題であったので、波平恒男が指摘しているように、明治政府はフランス・オランダに対しては、あえて琉仏・琉蘭修好条約を「御維持」することについて照会しなかったということに留意すべきである。[450]

その後すぐ、明治政府は那覇にあった薩摩藩の在番奉行を廃止し、その代わりに外務省の支局を設置した。その後、一八七三(明治六)年三月に日清修好条規の批准のために副島は中国に行った。同年閏六月、北京から帰国した副島は、東京に滞在していた琉球使節（与那原良傑ら）の照会に対して、琉球の「国体政体永久に相替わらず」、すなわち、明治政府は琉球の「国体政体」を永久に変更しないという約束をした。同時に、明治政府は琉球に「三条約」の原本を提出するよう命じた。琉球はこれを固く拒否し、最初に条約の「写し」のみを提出したものの、七四年九月一八日にはその原本を渡せざるを得なかったのである。

以上を踏まえて、一八七二年・三年における副島の外交政策について三つの点にまとめてみたい。①副島は、駐日米・仏国公使に対して事実と異なることを伝え（デロングに対して、琉球国王が日本による琉球併合を承認したこと。テュレンヌに対して、琉球の大使が明治政府の「妥協」を受け入れたこと）、正式な琉球併合より前に、すでに米・仏公使から明治政府による琉球併合の黙認を獲得した。その後すぐ、明治政府は、駐日各国公使に琉球が日本の一部であることを知らせたが、フランス・オランダ政府に対しては琉仏・琉蘭修好条約を「引き継ぐ」ことについて照会しなかった。②副島は琉球に対して、明治政府が尚泰に与えた「藩王」という称号の本当の意義（琉球が日本に併合され、日本の主権が琉球に及ぶこととなったこと）を説明することなく、これからも明治政府が琉球の「国体政体」を永久に変更しないと約束した。③副島（明治政府）は、清朝に対して、一八七二年の時点では明治天皇による琉球国王の「藩王」任命について何も知らせなかったが、翌年以降は、清朝に対して琉球の「日本専属論」を主張するようになったのである。

第三節　琉球併合過程に関する国際的な諸問題

一　一八七三年の駐日イタリア・ドイツ代理公使の要求

前節で論じたように、一八七二（明治五）年にデロングは副島に、琉球併合について異議を唱えない代わりに琉米修好条約を引き継ぐかと照会し、アメリカ政府は明治政府から琉米修好条約に書かれている特権を認めさせる約束を獲得した。

このように明治政府は、琉球国王を「藩王」に任命し、また琉球併合について駐日米国と仏国の黙認を獲得しつつ、琉球が日本の「一統之一部ト被見做」ということを駐日各国公使に通知した。このことに対して、一八七三(明治六)年八月二七日に駐日イタリア・ドイツ代理公使は、明治政府に左の通り照会した。(451)

拙者今閣下之御懇切ニ依頼シ、右島ニ在留貴国長官ニ右島中貴国之権之及フ所於テハ旧条約於テ他国人民ニ被許候処之権ト利トヲ我伊太利国之船艦並ニ人民ニモ同様被許候様御通達被下度、又拙者只今之処ニテハ此書状為取換而已ニテ充分ト心得候得共或ハ別段ニ条約被取結候様之事ニ候得者、閣下御答次第

(ドイツ公使も同様の照会を送った)、

この史料によると、イタリアとドイツは、日本が琉球に権利を持つと主張したのを契機に、幕末に琉球との条約締結によって特権を確保したアメリカ・フランス・オランダと同様の権利と利益を明治政府に求めたのである。特に、イタリアとドイツは、自らの船艦と人民の保護の他に、明治政府と締結していた修好通商条約にはない、米国人などに有利な特権(自由な行動と貿易)を与えている琉米修好条約に注目したと思われる。(452)

興味深いのは、イタリアとドイツが、琉米修好条約などと同様の特権を含む条約を結びなおす必要はなく、同じ権利と特権を得るため「此書状為取換而已充分」、すなわちこの書簡のやりとりのみで良いと提案したことである。当時、西洋列強が日本との修好通商条約では最恵国を獲得しており、日本がイタリアとドイツと

新しく条約を締結し、新しい特権を許すのであれば、他の欧米諸国（イギリス・ポルトガル・スイス等）は同様の特権を獲得するはずである。そのため、今回イタリアとドイツは故意に明治政府に対して便宜的な提案をしたと思われる。これにより、イタリアとドイツも、アメリカ・フランス・イギリス同様に日本による琉球併合について問題視していないことがわかり、明治政府にとって好都合となった。その直後、九月一九日に副島外務卿はイタリアとドイツの照会に対して、「即御来意ニ任セ曾テ同藩ト米仏蘭ト約束致候件々者貴国船艦並ニ人民ヲモ同様取扱候様同藩へ相達シ置」[453]く、と返答した。これにより、副島（明治政府）は、イタリアとドイツが申し出たように、同藩（＝琉球）との条約によって米国・仏国・蘭国が獲得した同様の「件々」＝特権をイタリアとドイツの「船艦並ニ人民」にも認めることを定め、この決定を明治政府が琉球藩に知らせることなどを述べた。

このように、イタリアとドイツは、琉球の併合を問題にせず、「書状」のやりとりだけで「三条約」でアメリカ・フランス・オランダが獲得していたものと同様の特権が得られたことで、明治政府の琉球に対する主権問題を問題化しなかったのである。これにより、この時点においても、琉球の主権問題は広範な反響を呼び起こさなかったのである。

二　一八七五年の北京における琉球所属問題の国際会議開催提案

一八七二（明治五）年に明治政府は琉球国王尚泰を「藩王」に任命し、西洋列強に対して琉球を「我帝国ノ一部」であると明言し、そして一八七四年一〇月三一日付の「日清両国間互換条款及互換憑単」の第一条において、台湾出兵を日本国属民（＝琉球人）の保護をするための義挙であるとして清朝に認めさせた。しかし、当時の時点において、明治政府は対外的には琉球を「日清両属」という従来の位置付けから完全に脱することできておらず、未だに琉球問題が解決していなかったのである。ここでは、一八七五（明治八）年の動きについて論じてみたい。

一八七五（明治八）年三月一五日に琉球の進貢使は北京に到着した。この進貢使一行は、国頭親雲上盛乗（毛精長）をはじめ五〇〇人で構成されており、先例通り一行が福建に着いてから、その中の一八人のみが北京まで上った。最初に、日本側の史料をみてみよう。

三月二八日に駐清日本代理公使鄭永寧は琉球使節が北京に到着したことを受けて、清朝側（総理衙門・恭親王奕訢）と交渉したことについて寺島宗則外務卿へ詳しく報告した。鄭の報告によれば、三月二四日付の総理衙門との交渉において、鄭は琉球を「我国藩属」「早ク郡県ト為スヘキ」ことなどを主張した。これに対して恭親王が述べたことに注目したい。恭は「琉球進貢ノ使臣従前曾テ其国ノ日本ニ屛藩タルヲ称セシ事ナシ故ニ我中国其来ルヲ接待スルハ従前ノ典例ニ依テ動カササルヲ是トス」[454]、すなわち琉球の進貢使は従前から派遣され、琉球人は琉球がかつて日本の「屛藩」であることをいっていないので、中国側は琉球の使者を歓迎するのが「従前ノ典例」であるので、この状況を変えないとする。鄭が北京で琉球使者と面会したいと要求したことに対して恭はこれを強く拒否し、恭親王は将来にはこのような問題が生じないように、明治政府が琉球国王に対して「他日貴本国ヨリ将来ノ事ヲ該国王ニ向ツテ理論処分有ラハ可ナラン」[455]と主張した。すなわち、恭親王は将来にはこのような問題が生じないように、明治政府が琉球国王に対して「理論処分」したら、清朝側は鄭の要求に応じる可能性があるだろうと述べた。

すでに明治天皇が尚泰を「藩王」に任命したのにもかかわらず、琉球の進貢使が北京に到着したことで、琉球の政治的な位置付けをめぐって、総理衙門と鄭の議論が行われた。明治政府はこれに関する報告を受けた直後、琉球と清朝の朝貢関係を廃止することを決定した。このことから、一八七五年に北京において起きた出来事が、その直後、明治政府の政策に重要な影響を与えたことがわかる。このことについて、後田多敦は「日本が琉清関係断絶命令に踏み込んだのは琉球の進貢使が北京に現れたことを知ってからのことになる」と述べている。[456] 次に、先行研究では注目されていなかったが、一八七五年春の北京での動き（鄭と清朝側の交渉）は、東京におけるアメリカ政府と明治政府との交渉にも重要な影響を与えたことに注目したい。

明治政府への鄭の報告の中で、琉球の進貢使の北京到着について、駐清フランス代理公使とアメリカ公使がとった行動に関して、興味深い記録が残っている。琉球進貢使の北京到着を聞いてから、三月二九日にフランス代理公使ロシシュアート（Comte J. de Rochechouart）は琉球の政治的な位置付けをめぐって、清朝と日本の関係に「一難論」が生じることを恐れたので、鄭に次のように述べた。[457]

ロシシュアートは、今回の事件（＝琉球の進貢使の北京到着）を「成丈ケ安全ナラシムルニ注意シ各意見ヲ述ヘ以テ友誼ヲ表スルハ交際ノ法ニシテ我国貴国ト親好如此正ニ力ヲ尽スノ時也」[458]、すなわちできるだけ安全に解決するよう注意する必要があり、各々（清朝側と日本側）の意見を述べることで友誼を表するのは国際法に従うことであり、フランスと日本は親好関係にあるので、正に力を尽くす時であると述べた。そして、英国公使（ウェイド）は長い間中国に滞在しており、西洋列強公使のリーダーでもあるので、ロシシュアートは琉球についての総理衙門と鄭の交渉の詳細を彼へ報告すれば、「即チ貴下ノ為メニ各国公使ヲ該館へ会同シテ事ノ理非ヲ衆評スヘシ此儀速ニ該公使へ御依頼有リタシ」[459]と述べた。つまり、仏国代理公使はフランスと日本が親好関係にあることを重視し、明治政府の「為メニ」琉球の所属問題をリーダーの英国公使の了解の上で、北京において国際会議で議論することを望んでいたことが理解できる。

鄭は決して琉球の所属問題が国際会議で議論されることを望んでいなかったが、仏国代理公使の提案を無視することもできなかった。その際、駐清米国公使がとった行動に留意すべきである。三月三一日、米国公使は鄭に「琉使ノ事ヲ問」い、鄭の詳細な説明を聞いてから、「此件ハ固ヨリ各国ノ評議ヲ容ルル所ナク自ラ貴国政府ノ命ヲ待ツ事当然ナリト云ヘリ」、すなわち今回の琉球の進貢使に関わる問題は本来国際会議で議論するものではなく、鄭が日本政府の指示を待つのが当然だと述べた。

鄭は四月二日にフランス代理公使の書記官と面会した際に、琉球問題をめぐる国際会議について、「老輩ノ威図氏（英国公使）既ニ二号ノ通手数ヲ尽シ又三号ノ通（原文ヲ看セシム）勧論セラルレハ我亦敢テ聴従セサルヲ得ス故ニ各国会議ノ事ヲ威図氏ニ請求セシ原文ヲ取戻シテ爰ニ在リ、是ハ本国ニ送リ我政府ヲシテ貴（仏）公使ノ好意浅カラサル処ヲ知ラシメント欲スル為メ」[460]と述べ、フランス代理公使の勧告に従ったことがわかる。また、鄭はフランス側に、清朝側が鄭に送った、総理衙門と鄭の交渉を要約した書簡が曖昧で、そして交渉の記録が部分的に省略されていることにも注意を促した。[461]

結局、四月三日に急に英国公使は上海へ出張に出かけた。その理由とは、当時、英国公使の「属下ノ通弁官清国雲南ニ於テ官兵ニ殺害セラレシ一件」があったためである。[462]そのため、北京で予定されていた国際会議は開催されなかった。当日の送別会のため、鄭は英館へ行ったが、英国公使はすでに出発していた。鄭はその際、英国の書記官、独逸の書記官と米国公使にも清朝側の曖昧な書簡の文書を見せ、これに対してイギリス・ドイツ・アメリカの代理人たちは「何レノ意見モ更ニ与総署兎角ノ論ヲ須ヒス只貴国政府ノ命令ヲ待ツカ上策ト存ル旨ヲ申候」[463]と、鄭が明治政府の指示を待つことに賛成したのである。

次に、一八七五年の北京における鄭と清朝との交渉について、アメリカ側の史料からみてみたい。四月八日に駐清米国公使アベリ（B. P. Avery）は、本国政府に琉球の進貢使をめぐる総理衙門と鄭の間に生じた討論について報告した。アベリが述べた要旨は左の通りである。[464]

日本は琉球の主権を主張し、琉球国王は現在帝（天皇）の賓客として日本におり、琉球国王が天皇の優越的な権威を承認したと聞いている。琉球人が殺害されたことに対して補償を求めるため、日本政府が台湾を侵略したからである。清朝側がこの侵略を義挙だと認めたことを理由に、鄭氏はこれを日本による琉球支配の承認として利用している。琉球使者は、二百年間に渡って毎年中国に朝貢する習慣を踏襲してきた。しかしながら、この朝貢は、朝鮮の場合と同様、字義そのものが示唆する一方の従属性と他方の主権を忠実に承認する一種の税ではなく、すなわち政治ではない知的な敬意を表す贈物としての性質を持つものでしかない。それは、小国の大国に対する親善のための献納であって、かつて欧州における旧教国が教皇に対して奉じていたような、中国の皇帝の宗教的労苦に対する崇敬の表れである。

今年の春、琉球の進貢使が北京に到着した際、総理衙門と鄭の間に討論が生じた。総理衙門の大臣は琉球が中国の朝貢国だと主張しているが、おそらく日本側の主張に対して真剣に中国による琉球の主権、また支配権を主張する意志はないと思われる。

この報告の中で、次の内容は特に重要である。

「I am at loss to account for the strenuous effort made by the French chargé d'affaires to have Mr. Tei refer this Lew Chew question to the foreign representatives here. The Japanese chargé evidently did not desire such a reference, although out of deference to the Count de Rochechouart, he reluctantly consented to lay the matter before his colleagues. The English minister, as dean of the body, circulated a note proposing a conference. Knowing all the facts I declined to go into a conference, as also did the ministers of Russia and Germany, and the chargé d'affaires of Spain; so that none was held, and Mr. Tei is now waiting instructions from his government」.

私(=アベリ)は、鄭氏が各国公使にこの琉球問題について付託するよう、仏国代理公使(ロシシュアート)がなさっている熱心な努力を理解するのに困っている。日本の代理公使(鄭氏)は明らかにこのような付託を望んでいないが、ロシシュアート伯爵に敬意を表すため、各国公使の前でこの問題を付託することを不本意ながら承認した。英国公使は各国公使のリーダーとして、会議の開催を提案した通知を回覧した。すべての事実を知っている私(=アベリ)は、会議に出席することを断り、ロシアとドイツ公使、またスペインの代理公使も同様に(断った)。(結局、会議は)開催されず、鄭氏は現在本国政府の指示を待っている。

駐清米国公使の報告から次のことがわかる。彼は琉球が清朝にも日本にも従っていたことを理解していたが、清朝の支配は政治的なものではなく、小国の琉球が大国の中国に「知的に」敬意を表すものとして認識していた。そして、清朝側は琉球の所有を真剣に主張する意志がないのに対して、明治政府は強く琉球の主権を主張していることを理解していた。アベリの報告からも、フランス代理公使は琉球問題をめぐって国際会議を開催するために熱心な努力を行っていたことがわかる。しかし、日本側の史料と異なり、アベリは、自分、ロシア・ドイツ・スペインの代理人が国際会議に参加しなかったので、その会議が開催されなかったと認識していたようである。さらに、アベリは英国公使が急に上海に出張したことについて言及しなかった。最も重要なのは、アベリは「すべての事実を知っている私」ということを理由に国際会議に参加することを断ったと報告した。アベリが知っていた「事実」の中で、清朝による琉球支配(朝貢関係=知的な敬意を表すこと)と日本による琉球支配(より実効性がある支配関係)との差異の事実の他に、彼は鄭が琉球の主権問題をめぐる国際会議の開催を望んでいなかったことも十分に理解していた。このため、アベリがとった行動は明治政府の好都合となったことに留意すべきである。

もう一つの点に注目したい。アベリが本国政府に送った報告の中で、別紙として鄭と総理衙門の交渉の詳細も添付された。この資料は清朝側の曖昧な文書ではなく、鄭から渡された日本側の詳しい報告である。その中で、鄭と清朝側の交渉において恭親王は繰り返し左の通り述べている。(465)

「O, Lew Chew is tributary to Japan, is it? Well, you send to Lew Chew and prevent the people of those islands from sending tribute-bearing deputations to China, and then we will believe that they are tributary to Japan. They haven't said that they were subject to your government」.

琉球は日本の藩属であるのか。そうであるならば、琉球人に中国に朝貢する使節を派遣することを阻止させなさい。そうすると、我々は琉球が日本の藩属であることを信じる。琉球人は日本政府の属人であるとはいっていない。

アメリカ側の史料からも、清朝側が挑戦的に主張したことが明治政府にとって琉球併合への次の段階に踏み出すための刺激ともなったことが窺える。

一八七五年に北京において琉球の所属問題は、琉球・清朝・明治政府の他に、少なくともフランス・イギリス・アメリカ・ドイツ・ロシア・スペインに関わる国際的な問題となっていた。しかし、清朝側の曖昧な姿勢、英国公使の急な出張、そして特に米国公使の行動により、琉球の運命に重要な影響を与える可能性があった琉球問題をめぐる国際会議が行われなかったのである。

次に、一八七五年五月三〇日、琉球問題についてアベリは再び本国米国政府に報告を送った。これによると、鄭はアベリに、日本政府が琉球に対する完全な主権を主張することを決定したと知らせていた。そして、鄭は、これから日本の領事のもとで、琉球が他の日本の開港地と同等の資格でアメリカと定期的に貿易する権利を与えられることも述べた(466)。

アベリの報告に対して、同年七月二九日にアメリカ合衆国国務長官フィッシュはアベリに返書を送り、アメリカに特権が与えられている米国と琉球王府(the royal government of Lew Chew)が一八五四年六月一一日に締結した条約に言及した。そしてこのようなことについては、ほぼ同時に駐日米国公使ビンガム(J. A. Bingham)にも注意するよう指示が出されていた(467)。つまり、一八七五(明治五)年の北京における鄭と清朝側の交渉が明治政府に琉球併合へ本格的に踏み出す刺激を与えただけではなく、アメリカに重要な影響を与え、アメリカ側は再び琉米修好条約の有効性(デロングの在職中に彼が重要視した特権)に注目したことがわかる。

一方、一八七五年五月、明治政府(大久保利通)は琉球と清朝の冊封・朝貢関係を廃止することを決定した。琉球の進貢使が北京にあらわれてから、大久保からみると、琉球が日本国の領土であることを対外的に証明するのに、琉球から清朝への使節などを廃止するのがきわめて重要な問題となった。そのため、一八七五(明治八)年七月一〇日に、内務大丞松田道之は那覇に到着し、一四日に琉球王府に対して琉清関係断絶命令を出した(468)。これにより、明治政府は琉球を併合することに大きな一歩を踏み出したのである。

フィッシュの指示を受けてから、数ヶ月後、一八七六年四月四日にビンガムは寺島宗則外務卿に「我政府該国ト取結タル現約面ニ変換ヲ生スル等ノ儀ハ無之哉」、すなわち、日本政府は米国と琉球が締結した条約に変更をもたらしたことはないのかと問うた(469)。明治政府は同(七六)年五月一七日に琉球藩の裁判権を接収することを決定し、琉球藩の裁判権を明治政府の内務省出張所へ移管した。そしてその後、同年五月三一日にビンガムの照会に対して、寺島は左の通り返答した(470)。

右ハ明治五年九月中琉球ヲ内藩ニ定、明治七年以来内務省ヨリ官員ヲ差置外国ニ関スル事ハ総テ右ヲ以テ管知セシメ、同時ヨリ東京ト該藩トノ間ニ郵便船ノ往復ヲ開キ、同八年該藩内保護ノ為兵管差置候旨其筋へ相達置候。向後追々改革可致積ニ有之候ニ付、従来貴国ト該藩ト取結候定約上ノヶ条ニ難差置変換ヲ生候儀有之候ハハ、尚可及御通知候、勿論当政府ニ於テハ既ニ該藩トノ結約ニテ保存相成居候。貴国権理ニ間然致候儀曾テ無之、自然右申述候様ノ取計致シ候節ハ、予メ貴政府ト御協議可致ト存候、

すなわち、寺島は、明治政府による琉球藩に対する改革について説明し、日本政府は米国が琉球藩との条約で確保した権利を今まで変更したことはなく、もし日本政府がそのような行動をとる場合には必ず米国政府と協議する、ということを請け合ったのである。この一八七六年の寺島の返答は、一八七二年の副島が駐日米国公使デロングに対して琉米修好条約を引き継ぎ、そして同年一一月に明治政府が非公式に米国に琉米修好条約を変更しないことを約束した「再保証」である点を指摘しておきたい。

そして、日本側が琉米修好条約を変更しないという「再保証」をしたことに対して、米国側も約束を内々に支持し、琉球に対する日本政府が行った改革、そして決定した計画(「向後追々改革可致積ニ有之候」)について知っていたが、それ以上異議を唱えなかった。これにより、今回も琉米修好条約の有効性の問題は、日本政府と米国政府の「再」了解により円滑に解決したのである。

最後に、西洋列強の視点から外交関係を結ぶこと、すなわち条約を締結することの意義について少し触れておきたい。一八七五年四月の時点で、駐日の西洋列強の公使たちは、同年の三月から琉球の進貢使が北京

に滞在していることを未だ知らなかった。当時東京では、朝鮮の開港問題について、明治政府は各国公使との議論を行っていた。四月五日のイギリス公使パークスによる本国イギリス政府への報告では、数日前に岩倉具視とパークスの対談があり、その内容について次のように述べている。[471]

岩倉は朝鮮が将来に当たって独立性を維持するために開港することが必要であると述べた。また岩倉は、一八六八年にパークスが明治政府に対し、北の隣国（＝ロシア）の狙いから日本の領土を守る方便として、江戸の北側では港を開港することを勧めた、ということにも言及しながら、朝鮮の開国の重要性を強調した。そして、岩倉は、朝鮮の開国問題について仏国公使のベルテミ（J. F. G. Berthemy）と話した際、ベルテミが朝鮮は開国しないと、近いうちに別の列強から併合されると主張した、と述べた。最後に、岩倉は、日本が開国していなければ、必ず列強から併合されていたはずだ、ということも加えた。

右の史料から、英国・仏国公使は国際法に基づきながら帝国主義的な立場において、一つの国が開国しないのであれば、遅かれ早かれより強い国に併合されると認識していたことがわかる。西洋列強の帝国主義についてよく認識していた岩倉も、彼らと同様に朝鮮が独立性を維持するためには開国するしかないと考えていたことが理解できるだろう。以上の認識からみると、琉球は一八五〇年代に開国したので、必ず自らの独立性を維持することができたはずである。しかし、早い段階で開国していたにもかかわらず、琉球は日本に併合された。右の史料で語られているのは、当時朝鮮を開国させるための単なるレトリックである。朝鮮も、一八七六年に明治政府により開国されたが、一九一〇年に日本に併合された。以上を踏まえて、西洋列強、また彼らと同様の帝国主義的な立場をとるようになった日本は、小さくて弱い国と条約を締結していても、その後情勢が変わると、自らの利益のためにその弱い国を占領することも可能であると考えていた。だが、本書では次のことに注目したい。歴史を振り返ると、条約を締結すること自体が直ちにその国の将来の独立性を保証するわけではないが、琉球は条約を締結した際に、独立した国として条約を結び、西洋列強は琉球にある程度までの外交権を認めていた。そのため、琉球を併合した際、明治政府がどのようにそれら条約を表面下におさめることができたか、またなぜ琉球と条約を締結した西洋列強がそれらの条約を重要視していなかったか、ということを理解するのが非常に重要であり、従来ほとんど注目されてこなかった問題である。

おわりに

本章では、従来あまり使用されてこなかった西洋列強の外交史料に基づき、一八七二年の明治政府による琉球国王の「藩王」任命と一八七五年の北京における琉球進貢使の到着問題を再検討したものである。本章の要旨をまとめると次の通りである。

まず、西洋列強（英国・仏国・米国）はそれぞれの国際法の理解に基づいて、日本による琉球の併合問題に関して異なる解釈を持っていたのみならず、それらの国々の中においても東京と北京で活躍していた外交官と、それぞれの本国政府当局は、異なる視点からこの問題をみていたこともあった。また、概して、ほとんどすべての外交官は、琉球が歴史的に「日中（清）両属」にあったことをよくわかっており、琉球が幕末に独立国として条約を締結していても、その独立性についてはあまり重要視していなかったようである。だが、アメリカ側の史料では、繰り返して琉球を「the Kingdom of the Lew Chew, the royal Government of Lew Chew」と記述しており、「王国」と認識していたことには留意すべきである。

また、西洋列強側の史料を検討することで、従来日本側の史料でみえてこなかったことが明らかになる。一八七二年の段階において、イギリス・アメリカ・フランスは、明治政府により琉球が正式に併合されたと認識していた。また、デロングは琉米修好条約の中ではアメリカ人に有利な特権が与えられていたことから、同条約の有効性に注目していたことを明らかにした。そして、デロングは日本政府との関係を強化したかったので、琉球に確認せずに明治政府による琉米修好条約の引き継ぎの大前提である日本による琉球併合について、日本側に異議を唱えなかったこともわかった。帝国主義的な立場からアメリカは、近代化の道を歩んでいた日本を支え、親密な関係を作ることに利益があると考えていたことに留意すべきである。

英国と仏国は明治政府が琉球を併合することについて、日本と中国の関係にある程度までの緊張感が生じると予想していながらも、日本側の琉球への進出に対して異議を唱えることもなく、また、中国側にも日本の計画について情報を渡さなかったのである。

一つの興味深い点は、一八七二(明治五)年九月の日本側の史料では、明治天皇が琉球国王を「藩王」として任命したと書いてあるが、明治政府による「琉球藩」の設置についての記録はみられないということである。しかし、英国の駐日公使代弁ワトソンと仏国の駐日公使テュレンヌによる同時期の本国政府への報告では、明治天皇が琉球国王を「藩王」として任命したことについては何も記していないが、明治政府が琉球を「藩」として設置し、その「藩」というものが徳川時代に大名たちが支配していた「藩」と同様の位置付けのものとして認識していたのである。

また、副島外務卿は明治政府による琉球併合の正当性を示すため、米国のデロングに琉球国王が琉球併合を受け入れたこと、他方で仏国のテュレンヌに琉球の大使(伊江王子)は副島が提案した「妥協」を承認したと事実と異なる話をした。デロングとテュレンヌは、琉球側に確認せずにそのような虚言を信じたのである。

そして、一八七三年の時点において、少なくとも駐日イタリア・ドイツ代理公使も琉球がすでに日本に併合されたと認識し、琉球の主権を問題化することなく明治政府から琉米修好条約などと同様の特権を獲得した。

従来先行研究で注目されてこなかったが、一八七五年春に琉球の政治的な位置付けは国際的な問題となった。同年の琉球の進貢使の北京到着を契機に、北京において琉球の所属問題をめぐって駐清仏代理公使により国際会議の開催提案があった。その時点で、このような会議が開催されれば、琉球の運命に重要な影響を与えたと考えられる。しかし、当時、駐清日本代理公使鄭永寧が、その会議を開催したくなかったことも知っていた駐清米国公使は、意識的にその会議に参加することを拒否したことに留意すべきである、と指摘した。

この北京の出来事は明治政府に二つの重要な影響を与えた。一つは、明治政府が琉球併合への次の段階（琉球藩に清朝との朝貢関係を禁ずること）に踏み出すことにしたこと。二つ目は、米国政府が琉米修好条約の有効性に注目し、これに対して明治政府は米国の特権について「再保証」するに至ったことである。

幕末において琉球が米・仏・蘭国と修好条約を締結したので、琉球の所属問題は米・仏・蘭国にも関わった問題として捉えるべきだと私は考えている。なぜなら、米・仏・蘭国が琉球にある程度までの外交権を認めており、また修好条約では琉球と日本の関係（支配関係）の結びつきについて何も記されていない。そうであるならば、琉球と条約を結んでいた西洋列強こそが、条約を理由に琉球併合に異議を唱えることができるはずであったが、それぞれの国の思惑と政策により、それをしなかった。前述したように、今回オランダと琉球所属問題に関する重要な史料を見つけることができなかった。フランスは琉仏修好条約を批准していなかったので、明治時代になると、当条約の存在を忘れていたかもしれない。しかし、フランスが琉球と条約を締結したことを認識していた副島は、明治政府が琉球国王を「藩王」として任命する前に、フランス公使の意図を探ろうとしていたことを見逃してはいけない。その際、テュレンヌが帝国主義的な立場において琉球併合を「黙認」したことは、日本が琉球を併合するプロセスにおいて、結果として、明治政府に有利に働いたのである。

最後に次のことに注目したい。これは、明治政府が琉球を併合する過程において、特に琉球の主権を証明し得る琉米修好条約に関して、デロングがとった行動は非常に重要な史実だということである。その理由とは、デロングが琉球に確認せずに日本側に琉米修好条約の引き継ぎを提案したことにより、アメリカ政府は日本の琉球併合を黙認したのみならず、明治政府から同条約を継承する約束をとりつけたので、結果として、琉球の併合過程において中立の姿勢をとったというよりも、むしろ併合を後押しする重要な役割を果たしたからである。

本章の分析からも理解できるように、筆者は「琉球処分」を、東アジアを超えてより国際的でグローバルな視点から検討した。次章では、このような国際的なアプローチから一八七八・九年の出来事について検討を行う。

第二章　東京滞在琉球人による各国公使への請願書と米・仏公使の対応

はじめに

前章で論じたように、筆者は明治政府と西洋列強の史料を検討することで、今までほとんど注目されてこなかった「琉球処分」に関して西洋列強が果たした重要な役割について注目している。前章では、一八七二（明治五）年に東京において米・仏国公使がとった行動が琉球併合過程における明治政府に有利に働いたことを明らかにした[472]。

本章においても、国際的でグローバルな視点から、日本側と西洋列強側の史料を通して、「琉球処分」に関係する一八七八・九年の動きと出来事に注目する。喜舎場朝賢は『琉球見聞録』において、一八七八（明治一一）

年に「富川三司官与那原三司官等東京に在て窃かに東京に駐剳する英国蘭国米国各公使に見え琉球事件の為め日本政府を論説せられんことを頼む英蘭公使は拒で受けず米国公使は本国へ照会し如何を行はんと云ひたるも其後何の動静を見ず」と記述した。[473] ここでは、喜舎場朝賢が述べた東京滞在琉球人三司官による各国公使への請願書提出と、その前後について研究を行う。その中で、駐日各国公使に対して、琉球人はどのような請願書を提出したか解明したい。そして、なぜ、米国公使が琉球三司官に「本国へ照会し如何を行はんと」約束していたにもかかわらず、その後彼から「何の動静」がなかったかということについても明らかにしたい。

先行研究では、波平恒男は日本側の史料に基づき、一八七八（明治一一）年前後の各国公使の動向について検討を行っている。その中で、波平は、「以上の英仏公使の外務卿への問合せに見られるように、米国公使ビンガムを含めて、日本駐在の外国公使は琉球に対して同情的で、日本政府には批判的であった」と述べている。[474] そして、パトリック・ベイヴェールは、フランス側の史料のみに基づき、駐日フランス代理公使シェフロワ（L. de Geofroy）が「琉球に対する公式な支持を断ったのは、もちろん現実主義からである。しかしながら、この列島の住民達の運命は彼にとって無関心事ではなかった」ことなどを述べている。[475]

以上のように、先行研究では各国公使が琉球に対して「同情的」な態度を示しつつも、公の面において明治政府に対して「批判的な」姿勢を示したことなどが指摘されている。

本章では、以上の先行研究の視点と異なり、一八七八年において西洋列強（米国・仏国）が琉球からの助力要求に応じなかった理由を明らかにし、アメリカ政府とフランス政府がとった最終的な政策が、明治政府の好都合となったことを明らかにする。そして、これに関連して、前米大統領グラント（Ulysses S. Grant）が琉球問題をめぐる清朝と明治政府間の調停を行ったことを「琉米・琉仏・琉蘭修好条約」という新しい視点から検討し、その歴史的な意義について再考察をする。このような研究によって、「琉球処分」をより国際的な視点から再考察する必要があることを明らかにしたい。

第一節　一八七八年の各国公使への駐日琉球人の請願書の内容

一八七一(明治四)年に、琉球に日本国内の廃藩置県の改革について情報が伝わった時、琉球王府は対策を協議し、鹿児島に出張していた琉球役人に対して、従来の琉球と薩摩藩の関係(支配関係)を維持した上で、琉球が「朝廷への御勤」を果たしたいと述べた。すなわち、琉球王府は薩摩藩(鹿児島県)の支配下にあるまま、明治政府への「御勤」を果たしたい姿勢を示したのである。[476] そして、琉球側は明治政府の改革への対応策として、「五島」＝奄美大島が以前(一六〇九年の薩摩藩による琉球侵攻の前に)琉球の属島であったことを明治政府に主張する他に、「従来江戸幕府に対する例に準じ、毎年年頭使者を薩摩へ出し、薩史と共に上京せしめん、其の他吉凶慶弔等臨時の使節も亦凡て先例に拠るべし」と主張することも考えた。[477] 幕末になると、特に一八五九(安政六)年以降、西洋列強が江戸(後に東京)に滞在するようになってから、琉球王府は琉球使節を派遣することに対して消極的な態度を示していた。しかし、明治政府による廃藩置県の情報を聞いた後、琉球王府は徳川時代のように薩摩藩の役人とともに、東京まで朝廷へ挨拶を述べるための使節を派遣することを考えた。当時、琉球側は日本に西洋人が多く滞在していたので琉球使節の派遣を好ましく思っていなかったが、従来の薩摩藩との関係を維持する方策として使節を東京に派遣することを選んだようである。

だが、注意すべき点は、明治時代になっても、琉球王府は従来の「日琉関係の隠蔽政策」を踏襲しながら、日清両属の現状を維持しようとしていた、ということである。右の史料の続きでは、王府はこれから東京への使節派遣について「但し外人の目に触れん事を恐れ此の際支那装束を避けん」[478]、すなわち琉球使者が清朝風の衣装を着ないよう（つまり大和風の衣装にするよう）指示を出したのである。

これに関して、一八七二（明治五）年に、明治政府は琉球王府に維新慶賀使を派遣することを命じた際、以下の通り述べた。(479)

一東京ハ外国及支那人入組御懸念可有之筈候得共都会雑沓ノ場所柄外々へ不相響様ノ仕向ハ如何様共可相調候間其段ハ御安心可有之候、

明治政府は、東京には西洋人・中国人が多いので、琉球王府が心配しているはずだが、東京では琉球使節到着などについて日本側が「外々へ」漏洩しないよう取り計らうので、この問題について「御安心」するようにと述べた。右の記録から、明治政府は、琉球王府が東京に異国人が滞在していることを理由に琉球使節の延期・中止を要求する認識があったことがわかる。(480)これまでみてきたように、幕府も薩摩藩も同じ認識を持っていたと考えられる。

明治政府が尚泰を藩王として任命した際、日本側は「藩王」という新しい称号を与えた本当の意図、すなわち、琉球が日本に併合され、日本の主権が琉球に及ぶこととなったことについて知らせなかった。また、前章で述べたように、一八七三（明治六）年閏六月、東京では琉球使節の照会に対して副島外務卿は口頭で、明治政府が琉球の「国体政体永久に相替わらず」、すなわち、琉球の「国体政体」を永久に変更しないと約束した。これに対して、琉球使者は「誠以難有次第奉存候、乍恐右ノ趣御染筆ヲ以被成下候ハヽ、上下一同安堵可仕」と、副島が述べた約束の内容を正式な文書にするよう要求した。その後、琉球藩は明治政府により副島が口頭で述べた約束を文書にした記録を受け取った。これと同時に、琉球藩は日本（明治政府）の支配下にありながら、従来通りの清朝との冊封・朝貢関係を維持することを認められた。この状況の中、琉球藩は清朝に対しても西洋列強に対しても琉球と日本の関係を隠蔽し続けたのである。

琉球藩にとって最も衝撃的な転換はいうまでもなく、一八七五(明治八)年七月一四日に、内務大丞松田道之が琉球王府に対して琉清関係断絶命令を出したことであった。これに対して、琉球藩は「御両国は父母の国と挙藩末々に至り奉仰罷在」[481]、すなわち、琉球にとって中国と日本は父と母の国であり、両国とも従来通りの関係を維持したいと要求した。また、明治政府による琉球藩内への熊本鎮台分営の設置、日本の年号と暦のみに従うようという命令に対しても、琉球藩は執拗に抵抗し続けた。

以上の明治政府の政策に対する琉球側の対応・抵抗策について、先行研究では次の二つの重要な点に注目されている。一つ目は、東京において琉球人三司官池城安規・与那原良傑・物奉行幸地朝常らが明治政府に請願書を提出したことについてである。これによると、明治政府の一方的な命令に対して、一八七五年七月二四日から一八七六年一一月二七日まで東京では琉球人が明治政府に一四回ほど請願書を提出した。[482]そして、二つ目として、東京において琉球藩の要求に対して明治政府が繰り返して「難聞届」く、すなわち固く拒否し続けたので、琉球藩は密かに使者を清朝へ派遣することを企てるようになったことである。一八七六年一〇月、物奉行幸地親方(向徳宏)ら一行は琉球から密かに出発して、翌七七(明治一〇)年三月に福州に到着した。西里喜行が指摘しているように、中国における幸地らによる救国請願運動によって清朝側(李鴻章)は一八八〇年末に琉球の「分島案」(前米大統領グラント調停後、琉球を二つに分けて、沖縄本島とその北の島々を日本の領土、宮古・八重山を清朝の領土にする案)という明治政府の提案を最終的に拒否した。[483]つまり、中国での琉球人の救国請願運動は李鴻章の外交政策に重要な影響を与えたことが明らかにされている。

ここでは、一八七八(明治一一)年に東京において琉球人三司官が西洋各国に助力を求めたことについて論じたい。従来、琉球人が駐日米・仏・英国(当時、英国公使パークスがオランダの代表でもあった)に請願書を提出したことは知られているが、その請願書の内容は明らかにされていない。そこで、アメリカ・フランス・イギリス政府の外交史料を利用し、琉球人三司官が提出した請願書の内容を分析したい。

一八七八年九月二日に 駐日アメリカ公使ビンガムはアメリカ合衆国国務長官エバーツ(W. M. Evarts)に送った書簡に、それ以前に東京において琉球人の「judicial officers」(三司官)がビンガムに提出した請願書も添付していた。この請願書は英語で書かれており、その内容は駐日フランス代理公使シェフロワ、またオランダの外交を代行していた駐日英国公使パークス(H. S. Parkes)へ渡された請願書(両方ともフランス語)とほとんど同様の内容であるので、ここではアメリカ側(英語)の史料を検討する。駐日米国公使宛の琉球人三司官の請願書の日付は一八七八年八月一九日であり、駐日清朝公使(何如璋)とその通訳者との協力により記された文書だと思われる。琉球人三司官の請願書の要旨は左の通りである。[484]

琉球は小さい国であり、一三七二年から当時に至るまで、五世紀にわたり中国(明・清朝)へ朝貢し、一三九九年から琉球国王は「中山王」として中国皇帝により冊封されてきた。そして、琉球は中国の年号、正朔及び文字を現在に至るまで使用する習慣がある。同時に琉球は中国によって「完全に自由に王国行政を行うことを許された」。五世紀にわたって琉中関係には五つの規則があった。①二年に一回、琉球は琉球産物を進貢することで中国に朝貢する。②中国皇帝の代替わりの際、琉球は慶賀の使節として高官使者を派遣する。③琉球国王の即位の際、「中山王」の地位を認める中国皇帝の冊封使節を要求するため、中国に琉球使節を派遣する。④時々、琉球の朝貢使節に同行する琉球学生は北京の国子監に入学することが許可される。⑤中国の属領では琉球人が漂着する場合、彼らは無事に琉球に帰国することが保証される。

一八五四年にペリー提督が琉球に、米国と条約を締結することを許し、その条約は七ヶ条で構成され、中国語（漢文）で記され、中国の年号で書かれており、貴国（＝ビンガム）、つまり米国政府が琉米修好条約の原稿を保存しているはずである。その後、大国のフランスとオランダも琉球と条約を締結した。琉球と日本との交際は、明治維新以前に薩摩藩のみを通して行われていたが、その後、薩摩藩が廃止され、一八七二年に明治政府は琉球を「東京へ併合し」、琉球国王を「藩王」として任命し、日本華族に列する、そして琉球のすべての「business」（商売・貿易）を日本の外務省を通して行うよう、という強制的な命令を出した。一八七三年に、明治政府は琉球に、米・仏・蘭国と結んだ条約の原本を強制的に提出させ、七四年に勝手に琉球の管轄権を日本の内務省に移した。そして、同年に日本の太政官は琉球に対して中国との朝貢関係の廃止を命じた。琉球は繰り返し明治政府に請願書を送り、使者を派遣したが、明治政府は頑固に琉球の要求に応じなかった。

請願者の意見であるが、「我々の王国は小さい国家であるにもかからず、国家である」。琉球は中国の年号を昔から使用してきて、中国の許可で自らの王国行政を行ってきたが、現在、日本は勝手に琉球の習慣を変えることを命じた。琉米修好条約をみれば、その条約において中国の年号と文字が使用されたことが理解できる。今後、従来の琉球の習慣と異なり、「中国から冊封されることを禁止されるならば、締結された条約も（漢文で書かれており、中国の年号が記されているので）紙屑同然となる」。琉球は国家として存在することができないのみならず、琉球と条約を締結した大国の機嫌を損ない、また中国皇帝に対しても我々の行動について説明しがたくなるので、我々は非常に心配している。また、琉球は小さい領土であるが、アメリカは琉球を（日本とは）別個の国家として認め、また扱い、条約を締結することを許した。

琉球人はアメリカ側の親切で思いやりのある態度をずっと感謝している。現在の切迫した危険状態において、アメリカ人が明治政府に忠告し、日本が琉球を従来の状態に戻すため説得するよう、我々はアメリカを頼りたい。

このような琉球人三司官の請願書からみると、琉球側は琉球を中国の朝貢国でありながら独立した一国でもあることを主張した。当時(一八七八年九月三日)、琉球の主権問題をめぐる駐日清朝公使何如璋と寺島外務卿との交渉が始まっており、何如璋も同様の説(つまり、琉球が清朝の藩国でありながら、西洋列強と一国として条約を締結したこと)を主張していた。これにより、東京において清朝公使と琉球三司官は協力しながら琉球問題を解決しようとしていたことが理解できる。

そして、琉球人の請願書から、一八七八年において、琉球人は幕末に締結された条約を日本から琉球の独立性を主張するための最大の証拠として、また、琉球問題に米・仏・英国の関与を促すための最も重要な武器として利用したことがわかる。そして、琉球人は琉球を従来の状態に戻してほしいと各国公使に要求しており、これは清朝との朝貢関係の復旧と、自らの王国行政を自由に行うことと、明治維新以前の薩摩藩との関係の復旧を意味しているようにみえる。以上から判断すると琉球人が従来の「日清両属」の復旧を要求したかにみえるが、請願書では明治維新以前の琉球と薩摩藩の関係の(政治的な)性格が説明されていないことに留意すべきである。徳川時代における薩摩藩と琉球の関係について説明することは琉球人にとってデリケートな問題で、正式な文書にはこのような弱点について何も書かないのが得策であったと判断したのだろうか。

小さい国であるにもかかわらず、琉球と条約を締結することにより、アメリカなどが琉球を「国家」として認め、扱ったことを強調することで、琉球側は西洋列強にもそれらの条約を尊重する義務があることを主張したと思われる。言い換えると、琉球人の請願書では、一八七二年以降明治政府が琉球に対して一方的に強制的な命令を出したことについて、それらの「三条約」が存在していたからこそ、琉球の所属問題が琉球・清朝・日本の問題だけではなく、アメリカ・フランス・オランダも関わるべきであるので、明治政府に抗議してほしいということが主張されたのである。

次に、琉球人の要求に対して西洋列強がどのように対応したかをみてみよう。

第二節　琉球人請願書に対する米・仏国の対応

一　アメリカ

前述したように、一八七八（明治一一）年九月二日に、ビンガムは琉球人三司官の請願書について本国アメリカ政府に報告した。ビンガムは法務官でありながら、政治家にもなり、米国大統領グラントにより駐日アメリカ公使に任命された（在職期間、一八七三～一八八五年）。他の駐日各国公使と異なり、ビンガムは「不平等条約」に定めている最恵国及び協定関税を改定するように努力した。ここでは、一八七八年に琉球問題に関してビンガムが主張したことについて検討を行う。ビンガムの報告書の始まりにおいて、琉球の三司官は明治政府が「their government」（琉球政府）を占領したことに対して苦情をいい、琉球と中国との伝統的な関係について詳しく述べ、米国の援助を要求している請願書を提出したことが述べられている。琉球人の請願書に関して、ビンガムは左の通り主張した。(485)

琉球の請願書を通して今回私がはじめて知った情報は、日本が琉球に強制的な命令を出し、琉球におけるすべての「business」（実業・商売など）は日本外務省を通して取引されることと、日本の役人が琉球と外国とのすべての交渉を管理すべきだと（請願書で）いっていることは、（一八七六年の）寺島外務卿の言明にもかかわらず、アメリカが琉米修好条約で確保していた権利を妨げることになると私（＝ビンガム）は主張させていただきたい。

私からみれば、当該政府（日本）は五世紀にわたり（琉球を）完全に自由させ、そして一八五四年に琉球に我々の政府と（条約を締結することを）明らかに許したので、（琉球）諸島に対して最高権威を主張することにはいまさら遅すぎる。

ペリー提督の報告（第二三回米国国会の上院実行資料七九号）に言及させていただきたい。その報告の三六三頁に日本政府（＝徳川幕府）は琉球がはるかに遠い国であり、その開港について我々（＝幕府）は交渉に入ることができないということ。また、三六四頁に（日本政府は琉球に）限定的な支配していること。そして二二二頁にペリー提督は中国による琉球支配を承認したと記されている。琉球問題について新しい指示を下さい。

一八七八（明治一一）年に琉球に対する明治政府がとった政策についてビンガムが主張した諸点は非常に重要である。彼は明治政府が琉球に強制的な命令を出したことをはじめて聞いた、と強調した。筆者はこれについて、一八七二年にデロングが琉球側の意思を確認せずに、副島が琉球国王が日本への併合を承認したと述べたことを信じて、アメリカ政府が琉球併合を黙認したことと重要な関係にある、ということを指摘しておきたい。すなわち、アメリカ側は従来（一八七二年に副島の約束、七六年の寺島の「再保証」の際）琉球への日本の進出を黙認し、琉球側の立場に注目を払わず、日本側の主張のみを聞いてきたのである。そして、非常に興味深いのは、ビンガムの国際法の認識では、アメリカが琉米修好条約で確保した権利を明治政府の政策が妨害しており、すでに米国と琉球は条約を締結しているので、明治政府が琉球に対する主権を主張することはその時点において遅すぎる、と捉えていたということである。また、ビンガムはペリー提督の報告に基づき、徳川幕府が琉球にアメリカと条約を締結することを許したことから、琉球を完全に自由にさせておいたことを理解していたのである。ビンガムにとって、琉米修好条約は非常に重要な意味を持っており、その条約締結を理由に本国政府に琉球が日本から独立していたことを主張し、琉球の所属問題について新たな指示を要求した。

次に、ビンガムの報告を受け、一八七八年一〇月九日にアメリカ政府（アメリカ合衆国代理国務次官補フレデリック・ウィリアム・セワード、F. W. Seward）がとった最終的な政策をみよう(486)。

国務省（＝アメリカ政府）が得た情報によると、「The Lew Chew Islands」（琉球諸島）の独立は、一方で中国政府と琉球、他方で日本政府とのみの論争であり、以上の論争（琉球主権問題）に関わっている各々の国（琉日中）とアメリカが締結した条約で確保した権利が危険にさらされない限り、当政府（アメリカ）はこの問題には干渉することはできない。

そして、ビンガムはまた、一八七六年の寺島外務卿による宣言（すなわち明治政府が琉米修好条約を変更しないこと、前章を参考）があったにもかかわらず、明治政府の琉球に対する改革によって米国が琉球で獲得した特権が妨げることになると主張した。これに対して、アメリカ政府は「この（日本）外務卿の宣言は、右の（琉米修好条約）締結にも、従来本国務省（アメリカ政府）に通知された情報にも矛盾していないようである」とビンガムに反論した。

次に、ビンガムが主張した琉球に対する日本政府の「強制的な命令」に対して(487)、

（この命令は）、琉球諸島の支配を主張した権威を行使することで日本政府がとった一連の政策の一つであり、従来通知されてきた同類の行動に比べて、本政府（アメリカ）との条約締結に不利に作用しないようである。こういう事情の中、別段の指示があるまでは、日本政府に対して本政府（アメリカ）の代表として琉球諸島の利益のために、貴職（ビンガム）が正式な告知することを控えるよう願う。

と、アメリカ政府が指示を出した。右の史料から、アメリカの助力を要求した琉球人の期待は裏切られたことがわかるだろう。また、なぜ、喜舎場朝賢が『琉球見聞録』で書いたように、ビンガムが駐日琉球人の援助要求に対して本国政府に報告すると約束していたにもかかわらず、その後彼から何も動きはなかった理由も理解できるだろう。

一八七二年の時点で、琉球が日本政府により併合される前にアメリカと条約を締結したことを理由に、琉球併合について日本政府に指摘することができたデロングは、それをしなかった。その際、日本との関係を強化したかったデロングは重要な役割を果たし、彼がとった行動がその後の琉球の主権問題に対する米国側の行動にも重要な影響を与えたのである。その一つの帰結として、同年一一月に、アメリカ政府と明治政府の非公式な了解により、明治政府が琉米修好条約を変更しないのであれば、アメリカ政府は日本による琉米修好条約の「御維持」について異議を唱えないと約束した。日本による琉米修好条約の「御維持」の大前提は、明治政府がすでに琉球の併合を完成したということである。つまり、アメリカ政府は琉米修好条約の有効性を重視していたが、どちらかの政府が（すなわち日本か琉球か）それを遵守するかということは二次的な問題として捉えた。これは、それまで琉球が結んだ条約を廃止しようと考えていた明治政府にとって好都合となり、琉米修好条約を「御維持」するという約束で琉球の独立性を証明する最も重要な証拠の一つを奪うことができたのである。

一八七八年になると、アメリカ政府は、琉球の主権問題が琉球・中国と日本の関係に限られているものであり、アメリカ側がその問題に関与してはいけないとビンガムに命じた。一見したところ、琉球の主権をめぐるアメリカ政府がとった姿勢は局外中立だと思われる。しかし、アメリカ政府は一八七二年以降、琉米修好条約をめぐる明治政府がとった政策、また明治政府が宣言した約束には矛盾がない、と理解していた。つまり、一八七二年から琉米修好条約を変更しないという明治政府が尊重した約束に対して、アメリカ側はその了解を内々に支持し続けたのである。このような琉球主権の問題をめぐるアメリカ政府がとった姿勢は局外中立といえるだろうか。むしろ、アメリカ政府は、日本との関係を維持・強化するためにも、ビンガムが指摘した琉球に対する徳川幕府と明治政府の政策に内在している一貫性のない諸点を軽視したと考えられる。琉球は琉米修好条約を自らの独立性を証明する最大の証拠として位置付けていたので、アメリカ政府が最終的にとった行動は琉球にとって不利となる一方で、琉球を併合するために明治政府に有利に働いたといえるだろう。また、琉球王国の位置付けについて、一八七二年の米国の外交史料では琉球「王府」という表現がよくみられるが、一八七八年の史料では「王府」の代わりに「琉球諸島」という表現が使用されたことに留意すべきである。

その後、ビンガムは本国アメリカ政府の新しい指示を得てから、イギリス公使パークスとの面会において琉球問題に関する自分の意見を述べたようである。このことは、一八七九年一月にパークスが寺島外務卿との交渉においてビンガムの意見に言及したことからみてとれる。これによると、ビンガムは「琉球島ハ小国ナリ、同国ノサントドミンゴに於ル如ク日本ト清国ト両国ヨリ保護シ、其儘ニ致シ置カレナバ宜シカラント中居レリ」[422]、すなわち琉球は小さい国であり、サントドミンゴのように日本にも中国にも保護されることが望ましいと述べた。先行研究でも以上のビンガムの意見については論じられてきた。しかし、琉球人三司官の請願書を読んで琉球が徳川幕府から独立していたことを主張したビンガムが、パークスと会う直前に本国政府から琉球の利益に沿って日本政府に対する正式な忠告を行わないよう命じられた事実については、今回はじめて明らかになった。また、ビンガムは、本国政府の指示通り琉球の独立性について明治政府に異議を唱えなかったが、駐日英国公使に対しては琉球を従来の「日清両属」に復旧することが望ましいと述べたこともわかった。このようなビンガムの行動をみると、琉球人三司官の請願書の主張が彼に深い影響を与えたことがわかる。後で論じるように、前大統領グラントの調停（琉球所属問題に関する日清間の調停）の歴史的な意義をより広い視点から理解するために、グラントがこのような立場をとったビンガムから得た情報もきわめて重要なものであると思われる。

二 フランス

アメリカの場合と同様に、駐日琉球人三司官は、琉球と条約を締結したフランス側にも助力を頼むに至った。一八七八（明治一一）年一一月一八日に、駐日フランス代理公使シェフロワは、琉球をめぐる日本と清朝の論争について本国フランス政府へ長文の詳しい報告をした。これによると、シェフロワは、昔から当時に至るまで琉球の政治的な位置付けを「double vassalage」（日清両属）として認識している。琉球の所属問題についてシェフロワが報告した要旨は左の通りである。彼の報告によると[488]、

駐日清朝公使は明治政府に対して、琉球が中国に朝貢すること、そしてそれ以前の琉球の日清「両属」状

態の復元を要求している。中国の公使館は、駐日琉球使者を動かしている。琉球の代理人は、琉球の利益のために日本政府へ干渉するよう、フランス・アメリカ・オランダ、いわゆる琉球と条約を締結した国々への請願書を作成した。まもなく一時的に帰国するアメリカ公使はこの問題に注目する時間がほとんどない。オランダは現在ハリー・パークス氏（英国公使）により代行されている。日本人を困らせるのを好んでいるパークスは、いつもの情熱でこの問題について討論している。

私（＝シェフロワ）は、琉球人の行動を支えるのがフランスにとって役に立たない、と判断した。今まで、私は「次から次に口実をもうけ、琉球人使者に会うのを避けようとしていた。しかしついに中国人は（私）との会見の約束をとることに成功した」[489]。「あなた方（フランス政府）に送った説明からも明らかなように、それがいかに正当なものであれ」、我々は中国側の主張・申し出を支えることに直接的な利益がない。「二つの勢力のうちどちらか一つの優位が我々にとって左右するなら、それはどちらかといえば、物理的にも精神的にも我々が影響力を持っている日本であると私は思う」[490]。

琉球の所属問題に対するフランスの干渉を正当化するために、一八四六年（あるいは一八四七年？）にセシール提督によって琉球と締結した条約が主張された場合、日本政府はこの条約が決して批准されていなかった、と異議を唱えることができるだろう[491]。

シェフロワの報告から次のことが理解できる。彼は駐日琉球人が中国の公使館により動かされているとみていて、明らかに琉球人の行動を支えるのがフランス側に利益がないと認識しており、数日間にわたり琉球使者に会わないよう様々な口実を設けた。そして、彼は以前から琉球が中国と日本の属国であったので、琉球が独立国として修好条約を締結したことを重視していなかった。そのため、彼は琉球の主権問題をめぐる中国と日本の外交関係の展開に関心を持っている。最も重要なのは、シェフロワは中国側（と同時に琉球側）が「いかに正当なもの」と主張していても、フランスは中国・琉球を支える利益がないと述べたことである。つまり、彼は、清朝・琉球側の主張が正当なものであることを理解していたが、他の西洋列強と同様に、国際法に基づきながらも帝国主義的な立場においてフランス側の利益を考慮し、このような視点から中国・琉球の立場に立つことはほとんど利益がないと判断した。そして、彼は、当時トンキン（ベトナム北部）ではフランスと清朝の対立が高まっていく状況下にあったので、中国よりも近代的な道を歩んでいた日本を支えるのがフランスにとって利益があると考えていたことも留意すべきである。シェフロワは駐日琉球人の動きに関する英国公使と米国公使の対応に関心を持ち、ビンガムが帰国するところであったので、琉球問題に対応する時間がないと認識していた。当然であるが、シェフロワは琉球問題に関するビンガムと米国政府のやりとりについて何も知らなかったのである。

ベイヴェールが指摘しているように、シェフロワは（一八七二年においてテュレンヌも）一八五五年にフランスが琉球と条約を締結したことの詳細（締結の年、締結の担当者など）をほとんど忘れていたのである。[492] ここでは次のことに注目したい。ビンガムが琉米修好条約が琉球の独立性を示す上で重要なものとして位置付けていたのとは異なり、シェフロワは、琉仏修好条約が批准されていなかったので、これを日本から琉球の独立性を証明する重要な文書としてではなく、むしろ明治政府が琉球問題へフランス側の関与を阻むことができる文書として認識していた。しかし、シェフロワが琉球を助けなかった主な理由とは、フランスが琉仏修好条約を批准していなかったからではなく、フランスが琉球と清朝の立場に組することに利益がないと考えていたためだったのである。

その後、一八七八年一二月二日に、シェフロワは彼の友人でもある駐清フランス公使へ送った書簡にて「琉球の人々は興味深く、彼らの理由は正しい。日本人が厚かましく彼らを併合し、世界中に中国がそれを認めたことを信じさせた」と記した。[493] この書簡から、先行研究[494]で指摘されているように、シェフロワは琉球人について深い関心を持っていたことがわかる。しかし、ここではプライベートのレベルではなく、彼が駐日フランス代理公使という公人としてのレベルでとった行動に注目したい。つまり、シェフロワは駐日琉球人と会う前にも、彼らの請願書を読んでからも（シェフロワ宛の請願書の日付は一八七八年一〇月二〇日である）、琉球の所属問題に関する自分の意見を変えることなく、琉球を支えないことが得策だと本国フランス政府に主張し続けたのである。

これに関連して、一八七九年一月になると、シェフロワは琉球の所属問題についてフランス政府に「我々の精神の完全な自由を惑わせるものはなにもなく、我々はただ自分の行動を決定するのに好機をみることだけが必要である。今、この状況下においては、我々は日本と対峙する中国の要求を支持するのに好機であるとは少しも思わない」と主張したのである。[495]

琉球問題についてアメリカ政府がとった最終的な政策と同様に、シェフロワ、また彼の意見に従ったフランス政府が最終的に選択した政策は、琉球を併合するに当たり明治政府にとって好都合となった。駐清仏国公使への書簡の内容で理解できるように、シェフロワは明治政府が琉球を「厚かましく併合」したことを理解していたのに琉球を助けなかったので、彼の立場は、帝国主義、また現実主義であったといえるかもしれない。だが、琉球の立場からみると、当時東アジアはすでによりグローバルな社会になっており、日本からの独立性を証明するために自らが米・仏・蘭国と条約を締結したことを国際法に基づいて主張したのに、それらの西洋列強コミュニティが琉球の主張に応じることなく、琉球に対する明治政府の進出に対して黙認することを選択したことが、最終的に王国の存立を失ったことに強い影響を与えたと考えられるだろう。

先行研究で指摘されているように、英国公使パークスが日本による琉球併合について明治政府を批判したのは事実である。[496] 一八七九年一月一三日に、パークスは寺島外務卿に琉球に対する日本政府の行動について様々なことを聞き、他の各国公使と同様に彼も琉球の政治的な位置付けについて「琉球島ハ貴国ト清国トノ両属地ト一般ニ思ヒ居レリ」、つまり琉球が清朝と日本の「両属」下にあることを認識していた。しかし、これに対して寺島は「両国ト申訳ハ一切無之」、琉球は清朝に朝貢してきたが、実は日本(薩摩藩)に連綿して租税を払ってきたのであると国際法に基づいて主張した。[497] パークスはオランダの代表でもあったが、英国が琉球と条約を締結していなかったことから彼の交渉する必要性は米・仏国公使に比べて低かったと思われ、それ以上寺島にプレッシャーをかけなかった。

現在、日本による琉球併合に関するイギリス政府の史料を検討しており、今後の課題としてイギリス側の役割について注目したいと考えている。ここでは、パークスがイギリス政府に、琉球人三司官の請願書の内容についての報告を、一八七八年末の時点ではなく、沖縄県が設置された後に行ったこと。また、パークスは、琉球人の請願書の内容について非常に深い関心を持ち、これにより明治維新以前に琉球が日本から独立していたことと認識するようになった、ということを述べるだけにとどめる。[498]

第三節　グラント調停の再考察

前米大統領グラント(U. S. Grant)による琉球問題をめぐる清朝と明治政府への調停について、先行研究では主にグラントが具体的な調停案を提示することなく、清朝と明治政府の直接交渉において琉球問題を解決するよう勧めたと述べられている。その後、一八八〇年に妥協案として、明治政府が琉球の二分割案(沖縄島とその北の島々を日本へ、宮古・八重山島を清朝へ帰属させる)を提案し、清朝側は最初は妥協していたが、最終的にその提案を拒否するに至ったことなどが明らかにされている。(499) 本節では国際的な角度から「琉球処分」をみる最後の課題として、「琉米・琉仏・琉蘭修好条約」をめぐる視点からグラントが果たした役割を検討することで、グラントの調停の歴史的な意義について再考察する。

前節で論じたように、一八七八（明治一一）年末に駐日琉球人三司官は米・仏・英国の助力を要求した。琉球人の行動についての情報を受けた明治政府は、琉球の所属問題が国際的な問題になる前に、琉球藩を日本国に正式に併合することを決めた。一八七九年三月一一日、明治政府（太政大臣三条実美）は琉球藩が一八七五年の琉清関係断絶命令と一八七六年の裁判権の接収に違反したことを理由に「琉球藩廃止と沖縄県設置」という「処分」を決定したことは周知の通りである。

清朝は一八七八年末から、駐日公使の何如璋を通じて、明治政府による琉清関係断絶命令に対して、強く抵抗し始めた。清朝側は琉球を清朝の「朝貢国」でありながら西洋列強と条約を締結している「一国」でもあることを主張することで、明治政府の琉球に対する一方的な政策について反対し、一八七九（明治一二）年四月四日に明治政府が琉球藩の廃止と沖縄県の設置を全国に布告した後、清朝側の抵抗は一層強まった。

清朝側の抵抗に対して、一八七九年五月二七日に寺島外務卿は明治政府による沖縄県設置について「右ハ我内政ノ都合ニ因リ処分相成リタル義ニ候」、すなわち琉球藩の廃止と沖縄県の設置を「内政ノ都合」、つまり、明治政府は「琉球処分」を日本国内の問題として位置付けていたのである。また、明治政府に対し清朝側（駐日公使何如璋）が書簡にて「無礼」な言葉を使ったことを理由に、寺島は琉球問題について清朝側との交渉に入ることを拒否し続けた。

一八七九年七月三日に、官僚・政治家の井上毅は三条太政大臣・岩倉右大臣宛に琉球の主権問題について「琉球意見」といった報告書を提出している。井上の報告書によれば、琉球の主権問題について清朝側が琉球を清朝の「属国ナリ」、また清朝・日本の「両属之国ナリ」と主張するのであれば、明治政府にとってそのような主張を「論破スル事甚タ容易ナルヘシ」であるが、清朝が琉球を「半主之国ナリ」と主張するのであれば、明治政府にとってそれを「論破」するのが非常に難しいと指摘している。[500] その理由とは左の通りである。[501]

半主ノ国ト云ニ至テハ欧州ニ一小国自ラ独立スル事能ハス数大国ノ保護ヲ受ケ其一大国之併セント欲シテ外ノ二三大国之ヲ拒ム者其例甚タ多シ（中略）、支那人若シ外国人ト密ニ相謀議シ欧州半主之邦ヲ引テ辞柄トナスニ至ラハ、我レ之カ為ニ多少ノ答弁ヲ費サヾルヲ得サルベシ、

すなわち、井上は、清朝が琉球を「半主ノ国」と主張するのであれば、琉球の主権問題が国際的な問題になる可能性があることを認識していた。特に欧州世界と同様に、井上は日本が「一小国」の琉球を併合したことに対し、清朝が西洋列強と密かに企て、「二三大国」の西洋列強が琉球を「半主ノ国」だと主張して日本の行動に抵抗することをきわめて恐れていたのである。

そして、井上は琉球の主権問題について「一ノ困難ナル事情アルハ彼藩嘉永六年ニ米国ト安政元年ニ仏国ト同五年ニ蘭国ト条約ヲ結ベル是ナリ」[502]、すなわち明治政府にとって幕末に琉球が米・仏・蘭国と条約を締結したことが「一ノ困難ナル事情」だと述べている。

井上の国際法の解釈によれば、「公法家独立ノ国ト属国トヲ差別スルニ専ラ外国交際権ノ有無ヲ以テス」[503]、つまり国際法において独立の国と属国を区別する点は、「外国交際権」の有無であるということである。井上は琉球の場合、「其内治ニ於テ従前薩摩ニ属セシ事瞭然トシテ擬似ノ点ヲ容レズト雖モ独リ外交ニ至リ幕府幷ニ薩摩ハ琉球ノ自ラ為ス所ニ任セ之ヲ不問ニ付スル者ノ如シ」[504]、すなわち内治においては疑いなく薩摩藩

の支配下にあったことが瞭然であるが、対外的には、幕府も薩摩藩も琉球に自ら外交を行うことを委任し、琉球の対外関係について不問に付したようにみえると指摘した。そして、琉球が米・仏・蘭国と修好条約を締結したことについて「当時我カ政府タル者、之ヲ黙認ニ付シタルカ如キニ至テハ甚タ弁解ヲ為スニ困ムモノナリ而シテ其条約ハ皆咸豊ノ年号ヲ用ヰ又洋書漢書ヲ以テ文字ヲ成シタリ[505]」と述べた。井上は、当時幕府は琉球が条約を締結したことを黙認したようにみえ、条約では清朝の年号と漢文が使用されているので、明治政府にとってこのような事実を弁解することがきわめて困難であると認識していた。また、「三条約」の調印国同士の関係性からみても、井上は「条約ノ正当ニシテ其効力ハ充分ナル事ヲ得ル者トス而シテ各条約ノ第一款ニハ並ニ両国和睦相交ルノ意ヲ掲ケタリ即平等締約ノ体裁ナリトス[506]」と指摘した。すなわち、琉球が結んだ「三条約」には正当性があり、また効力のあるものであり、すべての条約の第一条では両国が「和睦相交ル」ということが書かれているので、「平等」条約の「体裁」でもある。以上を踏まえ、さらに井上は「琉球ハ其内治ノ我レニ属スルニ拘ラズ外交上ニ就テハ自ラ一国ヲ為ス者ニ類似セリ故ニ支那人ハ歴次ノ照会ニ頻ニ此事ヲ引証セリ[507]」、つまり、琉球が国内的に日本（薩摩藩）に従っていたが、外交上においては自ら一国（国家）として外交を行ったので、清朝側は明治政府宛の照会でしきりにこの事実を挙げていると指摘した。

また、井上は「琉球意見」で次のことを主張している。[508]

右三国ト締約ノ事ニ付、明治五年琉球ヲ内藩ニ列スルノ後、我政府ヨリ三国ニ何等ノ照会ヲナシタル事ナシ、却テ米国公使「ビンハム」ヨリ明治五年九月二四日（即千八百七十二年十月二十日）ヲ以テ右条約ヲ日本政府ニテ維持スベキヤヲ照会シタルニ因リ我副島外務卿ハ十月五日ノ書函ヲ以テ琉球ノ定約ハ当政府ニ於テ維持尊行スベキヲ答ヘラレタリ、其後九年四月四日（即千八百七十六年）ヲ以テ米公使ヨリ我政府琉求ノ権ヲ制限変換スルノ事アリヤヲ問ヒ従テ米政府琉求ト結タル現約ニ変換ヲ生スルヤ否ヲ尋ネタリ、而シテ我寺島外務卿五月三十一日ノ答書ニ琉求内政ハ逐次改革スト雖定約ニ変換ヲ生セズ結約ノ権利ヲ間然セザル旨ヲ述ヘラレタリ、右ニ就キ我カ論敵者ノ為ニ辞ヲ設クル時ハ初メ琉求ノ三国ト約ヲ結ヘルハ薩摩ニ於テ其情ヲ知ラズト云モ可ナラン後ニハ其事表発シテ内外人ノ共ニ知ル所タリ、而シテ我政府ハ仏蘭二国ニハ何等ノ照会ヲモ為サザリシ、而シテ米国公使ニハ其締約ヲ相続スベキ旨ヲ以テ答ヘタル時ハ是レ即チ明カニ琉求ノ各国ト締盟シタル条款ハ正当ノ者ト認メタルナリ、又琉求ノ以前各国ト締盟スベキ権利アルヲ認メタルノ証トスヘキナリ、是ヲ公法家ノ説ニ照スニ我カ論宗ノ為メニハ巨大ナル障碍物ノ前途ニ横阻スルヲ見ルカ如シ、

井上によれば、一八七二年に明治政府は琉球を「内藩」にした際、米・仏・蘭国に琉米・琉仏・琉蘭条約について照会しなかった。「却テ」駐日米国公使デロング(右の史料に書かれているビンガムの名前は正しくない)が明治政府に琉米修好条約を「維持」するのかと照会したが、これに対して、副島外務卿は書簡にて明治政府が琉米修好条約を「維持尊行」すると回答した。その後、一八七六年に、駐日米国公使ビンガムが琉米修好条約を変更したのかと照会したことに対して、同年に寺島外務卿は従来明治政府が「琉球内政」を次々に改革してきたが、その条約については変更することなく、条約締結によってアメリカ政府が獲得した権利を妨げることはないという「再保証」をしたのである。明治政府が、アメリカ政府に琉米修好条約を引き継ぐと約束したことは、琉球が各国と締結した条約を明らかに認めたことを意味しており、また琉球が以前(日本の「内藩」にされる前に)各国と条約を締結する権利(外交権)を有していたことも認めた証拠となる。国際法において明治政府が琉球に対する主権を主張する際、以上の事情がこれからの「巨大ナル障碍物」になる。

井上毅の報告書は非常に重要な史料であり、その内容から次のことが理解できる。明治政府がすでに沖縄県を設置したにもかかわらず、井上は明治政府にとって琉球の主権を主張する際、特に国際的な交渉(=清朝と明治政府の他に西洋列強を含める交渉)において、琉米・琉仏・琉蘭修好条約が最大の「障碍物」だと考えている。井上は、薩摩藩・幕府が琉米・琉仏・琉蘭修好条約締結について黙認したので、対外的に琉球は外交権を有していたことを認識している(しかし井上は、琉仏・琉蘭修好条約が批准されていなかったことには注目していないと思われる)。さらに、明治政府がアメリカ政府に琉米修好条約を尊重することを約束したことから判断すると、その条約の正当性と琉球の外交権を認めたと理解していた。つまるところ、井上が最も懸念していたのは、琉球の「三条約」が存在していたことから、琉球の所属が国際的な問題になるということである。

そうであるならば、なぜ、その後においてこの「三条約」は、明治政府による琉球併合を阻止する壁とはならなかったのかということについて考えなければならない。この問いを解決するために、グラント調停に注目したい。

周知のように、前米大統領グラント一行[509]は世界周遊中、中国にも日本にも立ち寄った。そして中国に来遊した際、グラントは清朝側(総理衙門・恭親王・李鴻章)から琉球問題の調停を依頼された。グラントが大統領に在職している間、米国政府(国務長官フィッシュ)は琉米修好条約をめぐって明治政府と非公式な場での了解を一八七二年に結び、さらに一八七六年にこの了解は明治政府により「再保証」され、アメリカ政府はこれを認めていた。次に、グラントと清朝側の交渉を簡単にみてみよう。

グラントとの面会において、李鴻章は「朝貢の有無は問題に非ざるも、惟だ琉球王は従来清国の封冊を受けて居たのに、今日本が故無くして之を廃滅するのは、公法に違反せし、実に各国にも比例の無い事である」[510]と述べた。また、李鴻章は「第一、琉球は従来清国に臣事し又米国とも通商条約がある。今日本が斯くの如き処置を採るに於ては、清国に取って不都合なること勿論なるのみならず、米国に取っても亦不体裁なことである」[511]と指摘した。そして、李鴻章はアメリカと清朝の通商について、アメリカ商船が太平洋から横浜を経て上海に来るが、「若し一度び和破れて開戦に立到ったならば横浜港等に在する米国商船は順調に航行することが出来なくなる。即ち日本の琉球滅亡は但に清国と不和を来すのみならず、正に米支両国の通商大局を攪乱するものである」[512]と主張した。李鴻章の主張に対してグラントは「琉球は元来一国であるのに、日本は併合して以て自ら広しとしてゐる。清国の争ふ所は土地であって、朝貢に非ずといふのは甚だ道理である。将来は別に特別条項を設くる必要がある」[513]と述べた。

先行研究で指摘されているように、李もグラントも明治政府による琉球の滅亡が正当性のない行動だと理解しているが、二人とも「琉球の復旧問題」に視線を向けていなかった。そして、李は、日本による琉球の滅亡が清朝とアメリカ側の通商関係に影響を与えることを理由にグラントに調停を依頼した。一方グラントは、清朝側が問題しているのが「朝貢」ではなく「土地」であるということはもっともなことだと考えていたのである。西里喜行は、以上の面会において、李鴻章がグラントに「琉球分割構想」のヒントを与えたと考えられると述べている。[514]

その後、七月三日にグラントは横浜に到着し上京した。グラントが日本滞在中の七月一六日に明治政府（寺島外務卿）は駐清日本公使宍戸璣を通じて、清朝へ覚書を提出した（実際には八月二日に清朝側に渡された）。これにより、明治政府ははじめて清朝に対して琉球と日本の支配関係について具体的な史実を述べ、琉球が昔から一貫して日本の一部であったと主張した。これを証明するために、明治政府は、将軍足利義教が功労により薩摩藩主島津忠国に琉球を与えたこと（＝これは第一部第一章で述べた「嘉吉附庸説」のことであり、一七世紀に薩摩藩により幕府に対して申し立てられたが、この説を証明する史料は見当たらない）、一六〇九年の薩摩藩による琉球侵攻、一六一一年に薩摩藩が琉球王府に命じた掟一五ヶ条（これで、薩摩藩は琉球と明朝の朝貢貿易の管理をするようになっていた）、一六一一年に薩摩藩が国王尚寧と王府の高官に誓わせた「起請文」（琉球が昔から薩摩藩の「附庸」国であったことを宣言させた）、などの「虚構」と「事実」を挙げている。[515] ここで注目すべきなのは、この時点で清朝に対して明治政府は琉球が締結した条約について何も弁解していない、ということである。

八月一二日に、伊藤博文内務卿（一八七八年の大久保利通の暗殺後、伊藤が内務卿を継承していた）は駐清日本公使宍戸宛の書簡において、東京でグラントとの交渉について「グラントは充分我政府の是なるを認め僕に明言したり（琉球は日本の領地にして其人民は日本人なり）然し同人の見込にて即今支那と戦端を興すは両帝国の利に非ず却て欧人に被利は無疑とのことを切言せり現時内閣に於ては此一事ニ付一も異論は無御座候に付御安心可被下候[516]」と記した。伊藤内務卿の書簡から、グラントは琉球に対する明治政府側の主張を理解しており、清朝と日本との戦争が勃発するのであれば、清日の両国ではなく、必ず西洋列強がその利益を得ると切言したとある。グラントは琉球の主権問題をめぐる清日関係の緊張感と進展に注目し、戦争が勃発したら確実に西洋列強がその利益を獲得することを日本側に警告したことが理解できる。

八月一〇日に明治天皇と面会した際にグラントが述べたことの中で次の四つの点に注目したい。

①東京に到着してから、駐日米国公使ビンガムと琉球の主権問題について話し合い、その後も彼と何回も話したこと。②日本に来てから、伊藤内務卿・西郷陸軍卿と面会した際、琉球問題をめぐる清朝と明治政府の主張には大きな差異があることがわかっており、「（いまさら）日本政府にとって現在の立場（すなわち、すでに沖縄県を設置して）から後退することが不可能だと理解できる」こと。③明治政府が琉球を分割して清朝に「太平洋ニ出ル広潤ナル通路ヲ彼ニ与フルノ議ニモ至ラハ」、清朝側は「是ヲ承諾スヘシ」こと。④琉球問題についての交渉において、清朝と日本は西洋列強を関与させないようにすべきこと。ヨーロッパの列強の外交政策

は利己的であり、清朝と日本の不和が生じた場合、彼らは自らの利益を得るためにその不和を利用するはずだ、ということなどを述べた(517)。

以上にみたように、グラントは日本に来てから琉球問題に対する明治政府の主張を徐々に理解し始め、一つの妥協案として明治政府が琉球諸島を分割し、清朝に先島諸島を譲渡することを勧告した。そしてグラントは、アメリカを除くヨーロッパの列強の利己的な外交政策に対して日本側に繰り返して注意したことに留意すべきである。グラントは、(中立の立場を示す)アメリカ政府の外交政策がヨーロッパの列強の帝国主義的な政策と大きな差があることを示唆したかったと思われる。

もう一つの重要な点は、グラントは駐日米国公使ビンガムと琉球問題について何度も話し合ったと述べたことである。これについて、ニューヨーク・ヘラルド紙の記者であり、グラントの世界周遊の同行者であったジョン・ルッセル・ヤングは自身の日記に、一八七九年八月六日にビンガムが(ヤングを)訪問して長時間にわたって話したことを記録しており、ビンガムは琉球問題について清朝側の味方をしている、との見方を述べていた(518)。以上から判断すると、ビンガムは一年前に駐日琉球人三司官の請願書に対してとった姿勢と同様に、今回も琉球の主権問題に関して、明治政府ではなく清朝(琉球)の味方をしていたことが理解できる。そして、ビンガムはグラントに、一年前に彼が琉球側の主張を本国政府に報告したことに対して、米国政府がとった最終的な政策についても詳しく話したことは、想像に難くないだろう。これにより、グラントは、琉米修好条約をめぐって明治政府と米国政府が交換した書簡の内容のことと、米国政府がビンガムに「日本政府に対して本政府(アメリカ)の代表として琉球諸島の利益のために、貴職(ビンガム)が正式な告知することを控えるよう願う」と命じたことも、知るようになったと推測できる。

以上からみると、日本に来てから、琉球の主権に関する明治政府の主張をグラントが理解し始めた背景には、一八七八年に琉球の主権問題に対してアメリカ政府がとった姿勢をビンガムから伝えられたことが影響していると思われる。特に、米国政府が琉球問題をアメリカが関与せずに中国・琉球・日本間で解決すべきと考えていると知ったという点は重要だと考えられる。このように、筆者は、グラントの調停をただ一八七九年の出来事としてのみならず、それまで琉球問題について米国政府がとった政策から連続したものとして捉える。先行研究では琉球の主権問題をめぐる一八七八年末のビンガムと米国政府の交渉について検討の対象とならなかったので、グラントとビンガムとの面会について注目されていなかった。だが、グラントがビンガムから得た情報は重要であると考える。

八月一三日に、グラントは清朝の恭親王と明治政府の岩倉具視にそれぞれに書簡を送り、琉球問題について日清両政府の主張に大きな差異があるので、両国の平和を維持するために、両政府の特別な使節を設置し、お互いに譲歩・協調することが必要であると忠告した。そして、グラントは、清朝と明治政府の交渉に西洋列強を入らせないよう強く勧告した[519]。

先行研究では、グラントの調停後において、明治政府は西洋列強と同様の中国内治通商の特権を獲得するために、清朝側に琉球を二つに分割する、すなわち、宮古・八重山を譲渡することで清朝から最恵国条款を認められることを狙っていた、ということなどが述べられている。ここでは、「琉米・琉仏・琉蘭修好条約」をめぐる視点からグラントの調停の意義に注目したい。

グラントの調停により、日清間の争点が東京で琉球人三司官が要求していた琉球復旧という問題から、日本政府が琉球を分割して清朝へ先島諸島を譲渡する問題へと変化した。これにより、琉球王国の復活の希望が断たれ、琉球の主権問題は清朝と日本の「二国」に限る問題となり、正式な交渉に琉球が入ることができなくなった。そして、グラントの忠告により清朝と明治政府の交渉において西洋列強の関与がなかったことにより、琉米・琉仏・琉蘭修好条約の存在が明治政府にとって「巨大ナル障碍物」にならなかった。井上毅が見抜いていたように、それらの「三条約」を明治政府は認めていたし、この条約によって「琉球処分」以前に琉球が外交権を持っていたことも証明し得ることであった。従って、西洋列強のみが国際法において「三条約」が締結している法律上の有効性を理由に、「琉球処分」の問題性を指摘することができた、ということを見逃してはいけない。井上が述べたように欧州世界では「一大国」が「一小国」を併合しようとしていたら、その「一小国」を保護している他の「二三大国之ヲ拒ム」場合も多かったし、また「支那人若シ外国人ト密ニ相謀義シ欧州半主之邦ヲ引テ辞柄トナスニ至ラハ」明治政府にとって「之カ為ニ多少ノ答弁ヲ費サザルヲ得サルベシ」ことになる可能性もあるのだ。西洋列強が琉球問題に関与しない限り、明治政府にとってそれらの「三条約」が琉球の独立性を証明するといった清朝側の主張を容易に拒否することができたことに留意すべきであろう。

一八七九年八月二二日に清朝側は駐清日本公使宍戸に書簡を送り、再び琉球問題に対する清朝の主張を述べた。その中で琉球国王が中国皇帝から冊封され、琉球が中国に朝貢し、中国の正朔を受けてきたことなどの他に、琉球が一国として西洋列強と条約を締結したことが主張された[520]。また、明治政府は、グラントの調停後の一〇月一一日ころ、清朝から琉球問題を友好的に解決するよう、中国と日本の使節を設置することが提案されている通知を受けた（このような情報は、一八七九年一〇月二三日付のイギリス政府への駐日英国公使の報告からみられる）[521]。以上からみると、明治政府は、清朝が沖縄県の設置に抵抗し続けながらも、グラントの提案を受けてまもなく「二国」交渉の開始を要求していることを理解していたのである。

一八七九年九月に、寺島の後任として井上馨が外務卿に任命された。同年一〇月に、明治政府（井上外務卿）が八月二二日付の清朝の照会に対して長文の覚書を提出した[522]。第二部第三章にみたように、この覚書において明治政府は、一六〇九年以降の日本（薩摩藩・幕府）による琉球の支配は実態としては「間接的な」ものであったにもかかわらず、国際法の論理を用いて、薩摩藩の侵攻以後は琉球に対して「完全なる主権」があったと主張した。これを示すため、薩摩藩の琉球支配が「法律」・「租税」・「内政」に関わる「実効」の領域にまで及んでいたとし、一方、清朝の朝貢体制を支える「冊封」及び「朝貢」を空虚なものであると強調した。ここでは、この覚書において幕末に琉球が締結した「三条約」に関する明治政府の見解をみてみたい。

清朝は琉球が一国として西洋列強と条約を締結したにもかかわらず、日本が琉球を併合したことから「夫ノ外国ヲ軽侮スル」と批判した。このような批判に対して明治政府は「支那国ハ夫ノ条約上一方ノ対主ニ非ス故ニ其事ハ豪モ支那政府ノ関係スヘキモノニ非ルナリ」[523]、すなわち清朝がそれらの「三条約」の「対主」＝当事者ではないので、その条約に関して関与することはできない。

そして、清朝が主張した「外国ハ夫ノ条約ヲ締結シタルニ因テ琉球ノ一国タルヲ認ムルト云フ論」も明治政府はそれを「無効ノ弁」として退けた。その理由とは、西洋列強は「実地ノ事情ヲ知ラス」、つまり琉球の本当の政治的な位置付け（＝日本の一部であること）を知らなかったからだとした。さらに、明治政府は「且今日ノ中央政府ニ於テ決シテ許スヘカラサルノ事柄ヲモ当時多ク諸封侯ニ許シタルヲ以テ」、すなわち近代の明治国家が決して許さないことが、当時の江戸幕府においては「諸封侯」に数多く許された事情を挙げた。最後に明治政府は次のように述べた[524]。

啻ニ我々ハ夫ノ条約ヲ拒否セサリシノミナラス、其条約上ノ対主タル外国ニ対シテハ我々ハ其条約ヲ履行スヘク自ラ擔承セリ、蓋シ夫ノ約款ハ固ヨリ重擔過酷ノモノニ非スシテ嚮ニ我々カ同一ノ外国ニ向テ履行スヘク盟約シタルモノノ中ニ在ルモノト異ナル所ナケレハナリ、是以テ夫ノ条約ノ事ハ琉球ノ我日本内属ノ地ニ非ス事ヲ証スルニ瑣少ノ效ヲモ有セサルナリ、すなわち、明治政府はそれらの「三条約」の締結を否定しないだけではなく、それらの条約の「対主」＝当事者である西洋列強に対して明治政府が琉米修好条約などを尊重することを約束している。まさしく、それらの条約の条項は過酷なものではなく、明治政府が西洋列強と締結した条約「ノ中ニ在ルモノ」と同様のものである。以上により、その「三条約」の存在を理由に琉球が「日本内属ノ地」ではないということを一切証明することはできない、と明治政府は強く反論した。

明治政府が強調したように琉米・琉仏・琉蘭修好条約の当事者は米・仏・蘭国である。明治政府はこの三ヶ国に「其条約ヲ履行スヘク」と約束したことを述べたが、実は米国に対してのみ琉米修好条約を「維持」することを請け合い、仏・蘭国に対しては一度も照会していなかった。そして、明治政府は、琉球が締結した条約の箇条は、日本が西洋列強と締結した条約「ノ中ニ在ルモノ」と同様のものであると述べたが、琉球が結んだ「三条約」では日米修好通商条約などになかった西洋列強に特別な特権を与えていたことに留意すべきである。

明治政府の弁解に右のような矛盾があっても、明治政府が主張したように、これらの「三条約」の「対主」は西洋列強である。このように、アメリカ政府（デロング・フィッシュ・エバーツ）が明治政府（副島・寺島）の琉米修好条約を引き継ぐ約束を内々に支持していたことから、いくら清朝が批判しても明治政府は「夫ノ修約上一方ノ対主ニ非ス」＝清朝はその条約の当事者ではないと主張することができた。

他方で、明治政府は、グラントの調停案を受けてから、琉球の主権問題が清朝と日本の「二国」の問題になることを理解した上で、清朝に対し琉球が結んだ条約に関する反論をはじめて送ったことに留意すべきである。グラントの調停案では琉球問題をめぐる清朝と明治政府の交渉に西洋列強を参加させないよう強く勧められているからである。実際に、清朝・日本両国がグラントの忠告に従い、西洋列強を交渉に入れなかったのである。琉球も清朝も、琉球の独立性を証明する最大の証拠として琉米・琉仏・琉蘭修好条約の存在を繰り返し主張してきた。しかし、すでに指摘してきたように、琉球国に国際法に基づいて条約を締結させた西洋列強のみがそれらの「三条約」を理由に明治政府による「琉球処分」の問題性を指摘することができた。前節にみたように、一八七八年までに米・仏両国は、駐日琉球人の請願書を受け取っていたものの、琉球併合の正当性に関しては明治政府に問いたださないことを選択した。このような西洋列強の行動は、琉球併合を進めていた明治政府にとって好都合となった。そして、グラントの調停案が出されて以降、清朝と明治政府は琉球問題をめぐる交渉において西洋列強が入ることを許さなかった。これにより、国際法において琉球の独立性を証明することができた最も重要な証拠(「三条約」)は、琉球人の請願書に書かれていたように「紙屑同然」となったのである。

グラントの調停は、琉球問題をめぐる清朝と明治政府の直接交渉の開始を促したが、その調停のもう一つの重要な結果として、琉球問題を清朝と明治政府の「二国」間の交渉に限る問題とし、琉球の独立性を証明できた「琉米・琉仏・琉蘭修好条約」の法律上の価値を無効にさせたのである。これは、従来注目されてこなかったグラント調停のもう一つの重要な歴史的な意義だと私は考えている。

おわりに

本章では、前章における琉球問題に対する一八七二年の駐日米・仏公使の対応の検討の一環として、日本側と西洋列強側の史料を通して、一八七八・九年の「琉球処分」に関する出来事を、より国際的な視点から考察した。

一八七八(明治一一)年に、駐日琉球人三司官は各国公使の助力を要求した。彼らの請願書では、琉球の日本からの独立性を証明するために、幕末において琉球が米・仏・蘭国と締結した「三条約」が最大の証拠とされている。琉球人の請願書では、各国が条約締結を許したことで琉球を国家として認めたので、米・仏・蘭国にそれらの修好条約を尊重する責任があり、この件に関わってほしいと訴えた。また、明治維新以前、琉球と日本との関係は薩摩藩とのみあったことが記されているが、その関係の政治的な性格について何も説明されていないのは興味深いことである。

琉球人の請願書に対して米国公使ビンガムは深い関心を持ち、小国である琉球側の主張を重視し、琉球が日本から独立していたことを理解していたものの、日本との関係を維持するためにも本国政府は彼の主張に耳を貸さず、琉球を助けないことにした。フランス側(駐日仏国代理公使シェフロワと彼の意見に従ったフランス政府)も帝国主義的な立場において、琉球の独立に一切関心を持たず、中国が「いかに正当なもの」を述べても中国の主張を支えるよりも、フランスが影響力を持っている日本を支えることを選択した。

従来、グラント調停は主として、琉球問題をめぐる清朝と明治政府の直接交渉の開始を促すことに成功した出来事として見做されていた。だが実は、グラント調停により琉球の主権問題が清朝と明治政府の「二国」間のみに限る問題とされたので、琉球の独立性を証明できた「琉米・琉仏・琉蘭修好条約」の法律上の価値をなくさせたといえるだろう。

第三部のまとめ

従来、「琉球処分」は主に琉球・中国・日本間の枠組みの中で検討されてきたが、第三部で論じたように東アジアをこえて、「琉球処分」をよりグローバルなフレームにおいて、いわゆる世界史の中の一つの重要な出来事として研究した。このような広いフレームにおいて、北京・首里・東京の三つの中心的な場所があり、北京と東京において清朝側と日本側はお互いに交渉する他に、中国も日本も駐清・駐日琉球人と各国公使とも交渉しており、公使たちがその交渉の情報などについて現場でお互いに話し合うこともあるが、必ずその情報を本国政府に報告し、またその報告に対する新しい指示を受けることになる。このようなグローバルな状態において琉球・中国・日本・西洋列強の動きは同時に交差し、また直面するのである。その中で、当然であるが、外交は人間が行う交渉であり、それぞれの外交官(公使)のパーソナリティ(知恵・関心・態度・知覚・感覚など)によって生まれるものだということにも注目する必要がある。これらを踏まえ、「琉球処分」は検討される必要がある。特に、従来に比べてよりグローバルなフレームからみると、琉球併合について西洋列強が果たした役割もきわめて重要であることがわかる。

前にも述べたように、筆者はあくまでも東アジアの国々における西洋列強の衝撃をことさらに強調する目的はないが、従来よりも西洋列強の役割を詳しく検討しない限り、なぜ幕末において琉球が独立国として締結した条約が日本による琉球併合を阻止する壁にならなかったのかを、完全に理解することはできないと考えている。要するに、琉米修好条約などが存在していたからこそ、琉球の所属問題については、琉球と清朝と明治政府のみならず、西洋列強も関わるべき問題であったのである。琉球と条約を締結していた西洋列強は「琉球処分」の問題性を指摘することができたはずである。しかし、第三部で論じたように、特にアメリカとフランス政府は、琉球が条約を締結したことを理由に両政府の援助を求めたにもかかわらず、日本との関係を維持するために、明治政府がとった琉球併合政策を黙認することを選択したのである。

一九世紀半ばから東アジアはよりグローバルな社会となり、その状況の中では一つのアジアの国(例えば、日本）は帝国主義的な立場において、他の地域（台湾、小笠原諸島）・王国（琉球、韓国）を併合し、また植民地にする狙いがあるのであれば、その目的を達成するために国際法を巧みに利用することが非常に重要な点になっていたが、この政策のみでは他の地域・王国の併合などを完成することができなかった場合、武力に訴えるという切り札を出すこともあり得る情勢であった。だが、従来あまり注目されてこなかったが、第三部では実証的に示したように、西洋列強の許可また黙認なしでは、他のアジアの国よりいち早く近代的な道を歩んでいた日本国にとっても、他の地域・王国を併合する、また植民地にすることはきわめて難しかったといえるだろう。

以上のようにグローバルなフレームの中で捉えると、琉球併合について西洋列強が果たした役割もきわめて重要であると考える。

終章　世界史から見た「琉球処分」—西洋列強が果たした役割の歴史的な意義

本書では、「未完の問題[525]」である「琉球処分」をより理解するために、日本の外交と東アジアの外交をより広い視点で捉え、新しいアプローチにより研究してきた。「琉球使節の江戸参府の延期と停止・解体」と琉球が西洋列強と締結した「三条約」という二つのテーマを軸に「琉球処分」の研究を展開することで、「琉球処分」のプロセスにおける近世から近代への「連続性」とその「国際性」に注目した。また、西洋列強の役割と姿勢に着目することで「琉球処分」を、東アジアを超えてよりグローバルな出来事として研究してきた。その中でも特に、従来注目されてこなかった、なぜ、明治政府にとって「琉米・琉仏・琉蘭修好条約」の存在が琉球を併合する計画の壁にならなかったのかを実証的に明らかにした。

本章では、西洋列強の意図・動向・干渉などを視野に入れて「琉球処分」の研究に新しい視座を提示したい。それは、「琉球処分」を世界史的な視点から捉えなおすことである。

第三部第二章で述べたように、井上毅は、「琉米・琉仏・琉蘭修好条約」が存在していたことについて、一八七九（明治一二）年四月に明治政府が沖縄県を設置してまもなく、国際的に琉球併合の正当性を示すことに関して、それらの「三条約」がこれからの日本の「一ノ困難」となるだろうと認識していた。井上が主張したように、欧州の世界では「一小国」自らが独立することができない場合、「数大国」でその小国を保護し、その内の「一大国」が併合する姿勢を示したら、「外ノ二三大国」はその行動を拒むような先例が多い。

この点についてヨーロッパの歴史の例をみると、一般的に「小国」と見做されているサンマリノ（面積、六一、二㎢）・マルタ（三一六㎢）・モナコ（二、〇二㎢）・リヒテンシュタイン（一六〇㎢）・ルクセンブルグ（二五八六㎢）・アンドラ（四六七、六㎢）といった国々の独立が維持されるためには、大国が他の大国とバランスをとりながらそれぞれの小さい国々を守る姿勢をとることが、歴史的・政治的な条件であったとされている。(526) 右の諸「小国」の独立性をより詳しく理解するためには、その国と隣国との関係（例えば、サンマリノとイタリア政府との関係）のみではなく、一九世紀のヨーロッパの情勢と変動を全体的に理解することも必要である。これと同様に、筆者からみると、「琉球処分」を理解するためには、西洋列強の姿勢を含めて一九世紀後半の東アジアの情勢と動きを検討することが必要であると思われる。

現在でも独立国として存在できているサンマリノなどの場合と異なり、本書で論究したように、日本による琉球併合の場合、西洋列強は「一小国」であった琉球王国（面積、二二七一㎢）の援助要求に応じないことを選択した。これは、当時西洋列強にとって琉球を支えることに利益がなかったからである。

一八七八（明治一一）年に駐日フランス代理公使シェフロワは本国政府に対して「いかに正当なものであれ」、我々（フランス政府）は琉球と中国側の主張・申し出でに力を貸すことに直接的な利益がないと主張した。特に、フランスでは、当時トンキンにおいて清朝との対立が高まっていく状況下にあったので、地政学の視点から中国よりも明治政府を支える方が得策だと認識されていた。

アメリカの場合、駐日米国公使デロングが日本政府と密接な関係を作りたいという姿勢をとっていたので、琉球併合の正当性について明治政府に細かく問うことをしなかった。もう一つの留意すべき点は、デロングと副島外務卿の交渉が非公式なものであった点である。デロングが米国と琉球との間で結んだ琉米修好条約を明治政府が引き継ぐのか、と副島に照会したことは、結果として日本にとって好都合であり、明治政府はこの条約の内容を変更せずに引き継ぐことを約束した。しかしそれだけではなく、このような了解が非公式な場で行なわれたので、当時西洋列強が日本との修好通商条約で獲得していた最恵国待遇の問題は表面化しなかった。また、デロングの行動から生まれたアメリカ政府と日本政府の非公式な了解により、米国政府は日本による琉球併合を黙認し、一八七九年に至るまでその了解を内々に守ったのである。

当時の帝国主義的な立場において、西洋列強は利益がないと「一小国」の琉球王国を助けないのが当然であったかもしれない。だが、本書で注目してきたのは、幕末において琉球と条約を締結することを重視していたアメリカ政府とフランス政府は、日本による琉球併合が正義ではなく、その併合には矛盾があり、また琉球人の意志に反する政策であったことを充分に認識していたにもかかわらず、「琉球処分」の問題性について明治政府に厳しく指摘しないという「選択」をした「結果」のことである。琉球側が条約を締結したことを理由に米・仏国に対し王国維持のための援助を要求したにもかかわらず、両国はそれに応じないという「選択」をした。その「選択」は、琉球を併合したい明治政府にとって有利に働き、琉球王国の存立が失われる「結果」を導いた要因の一つとなったのである。このように、本書では、「琉球処分」を完全に理解するために、従来ほとんど注目されてこなかった西洋列強の動きについても注目し、「琉球処分」における西洋列強の役割と姿勢がきわめて重要なものだったことを明らかにした。

もしも、西洋列強が、琉球の併合過程の早い段階、例えば一八七二年に尚泰が藩王に任命された際、あるいは一八七五年に北京で琉球進貢使の到着問題が生じた時、あるいは沖縄県が設置される直前の一八七八年に琉球人三司官が各国の援助を要求した際に、琉球に対してもう少し積極的な関与をする姿勢を示して交渉していたとしたら、日本にとって彼らは非常に手強い相手であるので、琉球の運命に影響を与えることができたと思われる。そして、例え明治政府が最終的に琉球を併合することに成功しても、その併合は「処分」という形にはできなかったと思われる。一九世紀後半から東アジアはよりグローバルな社会となり、その状況の中において西洋列強の許可または黙認なしでは、明治政府は帝国主義的な立場で小笠原諸島、琉球、台湾、韓国を併合する、または植民地にすることが非常に難しかったといえるだろう。[527]

従来「琉球処分」の研究については、琉球・日本・中国の関係を中心に考察されてきており、それ以外の国際的な側面（すなわち、西洋列強の役割と姿勢）は二次的なものとして位置付けられていた。しかし、本書では、琉球併合のプロセスについて、西洋列強の役割と姿勢にも注目して研究を行い、「琉球処分」をより国際的でグローバルな出来事として位置付けた。これにより、本書の最も重要な意義は、「琉球処分」を世界史の一つの重要な出来事として捉えなおしたことである。

現代へ視点を移すと、平恒次が述べたように、一八七九年の琉球併合と琉球王国の廃止は、日本政府の帝国主義的な拡張のはじまりであり、六六年後に行った悲惨な沖縄戦の「remote but direct cause」、すなわち遠いながらも直接な原因であった。[528] そして、「まえがき」ですでに引用したように、西里喜行は「琉球処分自体を容認しない立場に立てば、国境画定の問題は未解決で、いつでも再燃しうる問題であることに留意すべきであろう」[529]と主張した。

以上の先行研究の指摘から理解できるように、「琉球処分」は、琉球（沖縄）・日本間の歴史の中心的な出来事であり、「琉球処分」というプロセスは終止符が打たれることはなく、今も続いている。「琉球処分」を完全に理解するにはまだ先が遠いし、この理解は、日本と東アジアの隣国との現在の論争を解決するため、欠くことのできない重要な大前提である。そのため、これからも様々な視点から「琉球処分」を研究し続けるのは、必要不可欠できわめて重要な仕事である。

本書では日本・西洋列強（主に米・仏国）の外交史料に注目したが、今後の課題として当時日本・中国で発刊された『英字新聞』、また他の西洋列強（英・露・独国など）の外交文書と彼らの姿勢、北京での琉球問題をめぐる各国外交官の行動などを含めて「琉球処分」を検討していきたいと考えている。

注　記

まえがき

(1)『琉球新報』、二〇一五年二月八日付の記事。

(2)『琉球新報』、二〇一五年二月四日付の記事。

(3)『井上毅傳　史料編第一』(井上毅伝記編纂委員会編、国学院大学図書館、一九六六年、以下『井上毅傳　史料編第一』と略す)一七五頁。

(4)荒野泰典「幕藩制国家と外交―対馬藩を素材として」『歴史学研究』　別冊特集、一九七八年。

(5)荒野泰典「日本型華夷秩序の形成」朝尾直広ほか編『日本の社会史一　列島内外の交通と国家』岩波書店、一九八七年。朝尾直広「鎖国制の成立」歴史学研究会・日本史研究会編『講座日本史』四、幕藩制社会、東京大学出版会、一九七〇年。田代和生『近世日朝通交貿易史の研究』創文社、一九八一年。Toby Ronald, *State and Diplomacy in Early Modern Japan: Asia in the Development of the Tokugawa Bakufu*, Princeton, NJ: Princeton University Press, 1984.

(6)伊波普猷「琉球人の解放」『伊波普猷選集』上、沖縄タイムス社、一九六一年。真境名安興・島倉龍治『沖縄千年史』沖縄新民報社、一九五二年。東恩納寛惇「島津氏の対琉球政策」『東恩納寛惇全集』二、第一書房、一九七八年。

(7)安良城盛昭『新・沖縄史論』沖縄タイムス社、一九八〇年。

(8)高良倉吉「琉球・沖縄の歴史と日本社会」朝尾直広ほか編『日本の社会史一　列島内外の交通と国家』岩波書店、一九八七年。

(9)紙屋敦之『幕藩制国家の琉球支配』校倉書房、一九九〇年。

(10)梅木哲人「近世における薩藩琉球支配の形成」『史潮』一一二、一九七三年。同「琉球における鎖国について」『史潮』新一五、一九八四年。同「薩摩藩・琉球国の中国貿易における日本銀の調達について」『沖縄文化研究』三五号、二〇〇九年。上原兼善『鎖国と藩貿易―薩摩藩の琉球密貿易―』八重岳書房、一九八一年。同『幕藩制形成期の琉球支配』吉川弘文館、二〇〇一年。真栄平房昭「明清動乱期における琉球貿易の一考察—康熙慶賀船の派遣を中心に—」『九州史学』八〇、一九八四年。同「近世琉球の対中国外交—明清動乱期を中心に—」『地方史研究』一九七、一九八五年。同「琉球の海外情報と東アジア—一九世紀の中国情勢をめぐって—」『近世日本の海外情報』岩田書院、一九九七年。

(11)喜舎場一隆『近世薩琉関係史の研究』国書刊行会、一九九三年。

(12)島尻勝太郎『近世沖縄の社会と宗教』三一書房、一九八〇年。宮田俊彦『琉球・清国交易史—二集『歴代宝案』の研究』第一書房、一九八四年。同『琉明・琉清交渉史の研究』文献出版、一九九六年。

(13)豊見山和行「琉球王国形成期の身分制について—冊封関係との関連を中心に—」『年報中世史研究』第一二号、一九八七年。真栄平房昭「琉球王国の冊封儀礼について」窪徳忠先生沖縄調査二〇年記念論文集刊行委員会編『沖縄の宗教と民俗』第一書房、一九八八年。

(14)豊見山和行『琉球王国の外交と王権』吉川弘文館、二〇〇四年。

(15)渡辺美季『近世琉球と中日関係』吉川弘文館、二〇一二年。

(16)紙屋敦之『幕藩制国家の琉球支配』校倉書房、一九九〇年。

(17)紙屋敦之「琉球の中国への進貢と対日関係の隠蔽」早稲田大学アジア地域文化エンハンシング研究センター編『アジア地域文化学の発展—21世紀COEプログラム研究集成—』雄山閣、二〇〇六年。

(18)渡辺美季『近世琉球と中日関係』吉川弘文館、二〇一二年、二一三～二五三頁。

(19)宮城栄昌『琉球使者の江戸上り』第一書房、一九八二年。

(20)横山學『琉球国使節渡来の研究』吉川弘文館、一九八七年。

(21)紙屋敦之『幕藩制国家の琉球支配』校倉書房、一九九〇年。

(22)梅木哲人「琉球国王書翰の検討」『地方史研究』一九七号、一九八五年。

(23)豊見山和行「江戸幕府外交と琉球」『沖縄文化』六五号、一九八五年。

(24)真栄平房昭「幕藩制国家の外交儀礼と琉球」『歴史学研究』六二〇号、一九九一年。同「琉球における家臣団

編成と貿易構造―「旅役」知行制の分析―」藤野保編『九州近世史研究叢書3　九州と藩政（Ⅱ）』国書刊行会、一九八四年。

(25)紙屋敦之「岡山藩と対外関係」『一九九四・一九九五年度科研報告書、岡山藩の支配方法と社会構造』一九九六年。横山學「琉使名古屋通交と貸本屋大惣」南島史学会編『南島―その歴史と文化―2』第一書房、一九七九年。真栄平房昭「江戸上りの旅と墓碑銘」『沖縄文化研究』二一、一九九五年。飯沼雅行「朝鮮通信使・琉球使節通行時の綱引助郷―摂河両国を中心に」『交通史研究』五四号、二〇〇四年。同「幕府広域役の命令と情報の伝達―琉球使節通行時の綱引役の場合」『ヒストリア』二一七号、二〇〇九年。玉井建也「琉球使節通行に対する「御仕構」態勢について―伊予国津和地島を事例として―」『早稲田大学大学院文学研究科紀要』第五一輯第四分冊、二〇〇六年。同「朝鮮通信使・琉球使節通航と情報・接待・応対―伊予国津和地島を事例として」『風俗史学』三六号、二〇〇七年。同「近世琉球使節通航と海域をめぐる情報―伊予国津和地島を事例として―」『日本歴史』七二七号、二〇〇八年。

(26)真栄平房昭「明清交代と対幕外交」安里進、他『県史四七　沖縄県の歴史』山川出版社、二〇〇四年。

(27)豊見山和行「「江戸上り」から「江戸立」へ―琉球使節像の転回―」『琉球使節、江戸へ行く！～琉球慶賀使・謝恩使一行二、〇〇〇キロの旅絵巻～』沖縄県立博物館・美術館編集・発行（東洋企画印刷、二〇〇九年）、五八頁。

(28)佐々木克『幕末政治と薩摩藩』吉川弘文館、二〇〇四年。

(29)紙屋敦之「琉球使節の最後に関する考察」『幕藩制国家の琉球支配』校倉書房、一九九〇年。

(30)西里喜行「アヘン戦争後の外圧と琉球問題―道光・咸豊の琉球所属問題を中心に―」『琉球大学教育学部紀要』五七、二〇〇〇年。上原兼善「天保十五年―弘化三年の沖縄への外艦渡来と薩摩藩―調所笑左衛門の動きを中心にして」『南島史論』琉球大学史学会、一九七二年。島尻克美「異国船取扱い規定に関する一考察」『琉球の歴史と文化』本邦書籍、一九八五年。同「仏船来琉事件と薩摩藩の貿易構想」『球陽論叢』ひるぎ社、一九八六年。生田澄江「幕末におけるフランス艦隊の琉球来航と薩琉関係」『沖縄文化研究』一九、一九九二年。岡部敏和「異国船琉球来航と薩摩藩の対応―弘化元年「一組之人数」の琉球派遣をめぐって」『海事史研究』六三、二〇〇六年。

(31)大熊良一『異国船琉球来航史の研究』鹿児島研究所出版会、一九七一年。横山伊徳「日本の開国と琉球」曽根勇二・木村直也編『国家と対外関係』(新しい近世史2)新人物往来社、一九九六年。豊見山和行「琉球王国末期における対外関係―琉米・琉仏条約締結問題を中心に―」『歴史評論』六〇三号、二〇〇〇年七月。
(32)羽賀祥二「和親条約期の幕府外交について」『歴史学研究』四八二号、一九八〇年。
(33)加藤祐三「史上初の日米交渉―日米和親条約をめぐって」『アメリカ太平洋研究』五、二〇〇五年、九〜一八頁(http://hdl.handle.net/2261/33974, 二〇一五年一二月一六日にアクセス)。
(34)真栄平房昭「十九世紀の東アジア国際関係と琉球問題」『アジアから考える3 周縁からの歴史』東京大学出版会、一九九四年。西里喜行「琉球処分・樺太・千島交換条約」荒野泰典・石井正敏・村井章介編『アジアのなかの日本史Ⅳ 地域と民族』東京大学出版会、一九九二年、一七〇頁。横山伊徳「日本の開国と琉球」曽根勇二・木村直也編『国家と対外関係』(新しい近世史2)新人物往来社、一九九六年、三九九頁。生田澄江「幕末におけるフランス艦隊の琉球来航と薩琉関係」『沖縄文化研究』一九、一九九二年。
(35)藤田覚『近世後期政治史と対外関係』東京大学出版会、二〇〇五年、二一一〜二一三頁。
(36)紙屋敦之「琉球使節の最後に関する考察」『幕藩制国家の琉球支配』校倉書房、一九九〇年。
(37)西里喜行「咸豊・同治期(幕末維新期)の中琉日関係再考―尚泰冊封問題とその周辺―」『東洋史研究』六四、政経書院、二〇〇六年、六八九頁。
(38)岩崎奈緒子「蝦夷地・琉球の〈近代〉」『講座日本歴史』東京大学出版会、二〇〇五年、二八八頁。西里喜行「咸豊・同治期(幕末維新期)の中琉日関係再考―尚泰冊封問題とその周辺―」『東洋史研究』六四、政経書院、二〇〇六年、六八八〜六八九頁。真栄平房昭「十九世紀の東アジア国際関係と琉球問題」『アジアから考える3 周縁からの歴史』東京大学出版会、一九九四年、二五九頁。横山伊徳「日本の開国と琉球」曽根勇二・木村直也編『国家と対外関係』(新しい近世史2)新人物往来社、一九九六年、三九九頁。
(39)伊波普猷「序に代へて―琉球処分は一種の奴隷解放なり」喜舎場朝賢『琉球見聞録』至言社、一九七七年、三頁。
(40)大里知子「「琉球処分」論と歴史意識」『沖縄文化研究』三八、二〇一二年。

（41）「琉球処分」について次の先行研究がある。金城正篤『琉球処分論』沖縄タイムス社、一九七八年。安良城盛昭『新・沖縄史論』沖縄タイムス社、一九八〇年。比屋根照夫『自由民権思想と沖縄』研文出版、一九八二年。我部政男『明治国家と沖縄』三一書房、一九七九年。

（42）安良城盛昭『新・沖縄史論』沖縄タイムス社、一九八〇年、五四～五五頁。

（43）西里喜行『清末中琉日関係史の研究』京都大学学術出版会、二〇〇五年。

（44）後田多敦『琉球救国運動：抗日の思想と行動』出版社Mugen、二〇一〇年、八五頁。

（45）波平恒男『近代東アジア史のなかの琉球併合―中華世界秩序から植民地帝国日本へ』岩波書店、二〇一四年、一～一二頁。

（46）西里喜行『清末中琉日関係史の研究』京都大学学術出版会、二〇〇五年、七九九頁。

（47）我部政男『明治国家と沖縄』三一書房、一九七九年。Caroli, Rosa. *Il Mito dell'Omogeneità Giapponese: Storia di Okinawa*. Milano: Franco Angeli, 1999.Kim, Key-Hiuk. *The Last Phase of the East Asian World Order: Korea, Japan and the Chinese Empire, 1860-1882*. Berkeley, Calif.: University of California Press, 1980. Mizuno, Norihito. "Early Meiji Policies Towards the Ryukyus and the Taiwanese Aboriginal Territories," *Modern Asian Studies* 43, no 3. London: Cambridge University Press, 2009. 波平恒男『近代東アジア史のなかの琉球併合―中華世界秩序から植民地帝国日本へ』岩波書店、二〇一四年。Smits, Gregory. "The Ryūkyū Shobun in East Asian and World History," Josef Kreiner, ed., *Ryukyu in World History*. Bonn: Bier'sche Verlagsanstalt, 2001.Uemura, Hideki. "The Colonial Annexation of Okinawa and the Logic of International Law: the Formation of an 'Indigenous people' in East Asia," *Japanese Studies 23*. Oxfordshire, UK: Routledge, Carfax Pub., 2003.

（48）西里喜行『清末中琉日関係史の研究』京都大学学術出版会、二〇〇五年。

（49）波平恒男『近代東アジア史のなかの琉球併合―中華世界秩序から植民地帝国日本へ』岩波書店、二〇一四年、一一〇頁。

（50）『琉球新報』二〇一五年三月一日付の記事。

（51）横山伊徳「日本の開国と琉球」曽根勇二・木村直也編『国家と対外関係』（新しい近世史２）新人物往来社、一九九六年、三九九頁。

（52）高野雄一『法律学講座双書　全訂新版国際法概論（下）』弘文堂、一九八六年、四七頁。

（53）西澤美穂子『和親条約と日蘭関係』吉川弘文館、二〇一三年、一二六頁。

（54）西里喜行「琉球処分・樺太・千島交換条約」荒野泰典・石井正敏・村井章介編『アジアのなかの日本史Ⅳ　地域と民族』東京大学出版会、一九九二年、一九八頁

（55）大里知子「「琉球処分」論と歴史意識」『沖縄文化研究』三八、二〇一二年。

第一部　第一章

（56）紙屋敦之『幕藩制国家の琉球支配』校倉書房、一九九〇年、二五～二八頁。

（57）同前、八七～八八頁。

（58）紙屋敦之『大君外交と東アジア』吉川弘文館、一九九七年、一三五頁。

（59）中村栄孝『日鮮関係史の研究』下、吉川弘文館、一九六九年。

（60）紙屋敦之『大君外交と東アジア』吉川弘文館、一九九七年、二五～三〇頁。

（61）荒野泰典「朝鮮通信使の終末―申維翰「海遊録」によせて」『歴史評論』三五五号、一九七九年、六三～七四頁。

（62）紙屋敦之『幕藩制国家の琉球支配』校倉書房、一九九〇年、九三頁。

（63）一六四五年、老中が琉球王国に送った書簡に「大君」という称号が使用されたのはその始まりである。豊見山和行「江戸幕府外交と琉球」『沖縄文化』六五号、一九八五年。

（64）Toby P. Ronald, *State and diplomacy in early modern Japan : Asia in the development of the Tokugawa Bakufu*, Stanford, Calif. : Stanford University Press, 1984, p. 204.

（65）真栄平房昭「幕藩制国家の外交儀礼と琉球―東照宮儀礼を中心に―」『歴史学研究』六二〇号、一九九一年、三五～三七頁。

(66)長崎奉行は島津光久に、琉球を通じて糸、巻物、薬種などを輸入することを命じた。紙屋敦之『琉球と日本・中国』「リブレット」山川出版社、二〇〇三年、四九〜五〇頁。
(67)『藩法集 Ⅷ』藩法研究会編、創文社、一九六九年、一二二八号。
(68)『列朝制度』鹿児島県史料刊行会、一九六七年、一二三一号。
(69)豊見山和行『琉球王国の外交と王権』吉川弘文館、二〇〇四年、七六頁。
(70)紙屋敦之『幕藩制国家の琉球支配』校倉書房、一九九〇年、九六頁。
(71)渡辺美季『近世琉球と中日関係』吉川弘文館、二〇一二年、一〇七頁。
(72)接貢使とは進貢使を迎える名目で進貢船が出発した一年後に派遣された貢船であり、一六七八年に始まった。琉球の進貢使が中国側により二年に一回定められたので、接貢船の派遣によって、琉球王府は毎年進貢することができるようになったのである。
(73)梅木哲人『新琉球国の歴史』法政大学出版局、二〇一三年、九頁。
(74)紙屋敦之『幕藩制国家の琉球支配』校倉書房、一九九〇年、、二四九〜二五一頁。
(75)『鹿児島県史料 旧記雑録追録二』(鹿児島県維新史料編さん所編集、鹿児島県、一九七一年〜一九七八年、以下『鹿児島県史料 旧記雑録追録二』と略す)二七六四号、八二七〜八二八頁。
(76)紙屋敦之『大君外交と東アジア』吉川弘文館、一九九七年、一三八頁。
(77)実は、同じ史料(『旧記雑録追録二』二七六四号)において、薩摩藩の島津帯刀は幕府に対して「異国より御祝儀など申候者朝鮮・琉球迄に候、朝鮮者御隣国之好迄を以御挨拶申事ニ候、琉球之儀者御先祖様御武威を以御手ニ被入置候付而、御礼申上来候」、すなわち、日本にお礼を述べるために使節を派遣する国々は朝鮮と琉球であるが、朝鮮は「隣国之好」＝善隣友好関係という意味までの挨拶を述べに来る。これと異なり、琉球は、島津氏の先祖によって武威を通して従属させた国としてお礼を表してきた、ことなどを説明したのである。間部詮房の「琉球者朝鮮とは」という表現は薩摩藩(島津帯刀)のレトリックに基づいていたのではないかと思われる。

(78)『旧記雑録追録二』二七六四号。

(79)紙屋敦之『東アジアのなかの琉球と薩摩藩』校倉書房、二〇一三年、一七一頁。

(80)紙屋敦之『幕藩制国家の琉球支配』校倉書房、一九九〇年、二五四頁。

(81)豊見山和行「江戸幕府外交と琉球」『沖縄文化』六五号、一九八五年、三八頁。

(82)紙屋敦之『幕藩制国家の琉球支配』校倉書房、一九九〇年、二五二～二五四頁。

(83)紙屋敦之『幕藩制国家の琉球支配』校倉書房、一九九〇年、二五～三二頁。同『歴史のはざまを読む―薩摩と琉球』榕樹書林、二〇〇九年、五二～五三頁。最近、琉球侵攻後における琉球に対する島津氏の政策について、豊見山和行は紙屋の島津氏による「同化政策」から「異化独立政策」の解釈を批判し、興味深い解釈を提起している。豊見山によると、島津氏は侵攻直後の時点で琉球を全体的に固く支配していたが、その後その強硬な支配を次第に緩和するに至った。特に、島津氏は琉球王国内において薩摩藩に及ぶ問題が生じると、すぐに琉球へ介入する政策をとったと述べている。豊見山和行「島津氏の琉球侵略と琉球海域の変容」荒野泰典・石井正敏・村井章介編『地域的世界の成立』（日本の対外関係5）吉川弘文館、二〇一三年、二六一～二六五頁。

(84)紙屋敦之『歴史のはざまを読む―薩摩と琉球』榕樹書林、二〇〇九年、一〇〇頁。

(85)渡辺美季『近世琉球と中日関係』吉川弘文館、二〇一二年、一六七頁。

(86)横山學『琉球国使節渡来の研究』吉川弘文館、一九八七年、四八～四九頁。

(87)紙屋敦之『幕藩制国家の琉球支配』校倉書房、一九九〇年、一七八～一九二頁。同『歴史のはざまを読む―薩摩と琉球』榕樹書林、二〇〇九年、六八～六九頁。

(88)年頭使とは、琉球が薩摩藩主へ年頭慶賀のために派遣した使者を意味している。一六一三年はじめて派遣し、一六四二年に三司官三年詰が始まった。その後、一六六七年から親方の地位の者が勤めることとなり、在番親方の制度が出来上がった。在番親方は鹿児島に一八ヶ月詰め、次の年頭使と交代した。紙屋敦之『薩摩と琉球』早稲田大学事業部、二〇〇二年、三三頁。

(89)『鹿児島県史料　旧記雑録後編五』（鹿児島県維新史料編さん所編集、鹿児島県、一九八一年～一九八六年、以下『鹿

児島県史料 旧記雑録後編五』と略す)七四八号、四四一頁。
(90)『旧記雑録後編五』七五六号。
(91)紙屋敦之『歴史のはざまを読む―薩摩と琉球』榕樹書林、二〇〇九年、五一頁。
(92)『旧記雑録後編六』二七八号。
(93)紙屋敦之『歴史のはざまを読む―薩摩と琉球』榕樹書林、二〇〇九年、七一頁。
(94)豊見山和行「江戸幕府外交と琉球」『沖縄文化』六五号、一九八五年、三〇頁。
(95)『旧記雑録追録一』二八五号。
(96)同前。
(97)豊見山和行『琉球王国の外交と王権』吉川弘文館、二〇〇四年、七三頁。
(98)『鹿児島県史料 旧記雑録追録一』一八〇六号。
(99)紙屋敦之「琉球の中国への進貢と対日関係の隠蔽」早稲田大学アジア地域文化エンハンシング研究センター編『アジア地域文化学の発展―21世紀COEプログラム研究集成―』雄山閣、二〇〇六年、一七一〜一七二頁。
(100)真栄平房昭「近世日本における海外情報と琉球の位置」『思想』七九六号、岩波書店、一九九〇年一〇月、八五〜八六頁。
(101)宮城栄昌『琉球使者の江戸上り』第一書房、一九八二年、一九二〜二〇三頁。
(102)紙屋敦之『幕藩制国家の琉球支配』校倉書房、一九九〇年、二五二〜二五三頁。同『大君外交と東アジア』吉川弘文館、一九九七年、一四〇〜一四一頁。
(103)紙屋敦之『幕藩制国家の琉球支配』校倉書房、一九九〇年、二五五頁。同『歴史のはざまを読む―薩摩と琉球』榕樹書林、二〇〇九年、一〇三頁。
(104)真境名案興『沖縄一千年史』日本大学、一九二三年。池宮正治『新琉球史近世編 下』琉球新報社、一九八九年。比嘉春潮・霜多正次・新里恵二『沖縄』岩波書店、一九九六年。ガヴァン・マコーマック「薩摩侵攻四〇〇年「劇場」国家としての沖縄」『琉球新報』、二〇〇九年一月六日付の記事。

(105)豊見山和行「「江戸上り」から「江戸立」へ―琉球使節像の転回―」『琉球使節、江戸へ行く!~琉球慶賀使・謝恩使一行二、〇〇〇キロの旅絵巻~』沖縄県立博物館・美術館編集・発行(東洋企画印刷、二〇〇九年)、六一頁。
(106)同前、六二頁。
(107)鈴木孝幸「天保三年度琉球使節の派遣延期の背景」玉井建也編『近世日本における外国使節と社会変容―『儀衛正日記』を読む』紙屋敦之研究室、早稲田大学文学学術院、二〇〇六年、八〇~八八頁。
(108)「江戸立ニ付仰渡留」(東京大学史料編纂所所蔵)八号。
(109)『鹿児島県史料　斉彬公史料』(鹿児島県維新史料編さん所編集、鹿児島県、一九八一年~一九八四年、以下『斉彬公史料』と略す)第四巻、四九一~四九二頁。
(110)同前。
(111)紙屋敦之『琉球と日本・中国』「リブレット」、山川出版社、二〇〇三年、六六頁。
(112)豊見山和行『琉球王国の外交と王権』吉川弘文館、二〇〇四年、一六一頁。
(113)紙屋敦之『幕藩制国家の琉球支配』校倉書房、一九九〇年、二五六~二六二頁。しかし、最近紙屋は「琉日関係の隠蔽政策」を琉球が考え出した政策として位置付けるようになった(紙屋敦之「琉球の中国への進貢と対日関係の隠蔽」早稲田大学アジア地域文化エンハンシング研究センター編『アジア地域文化学の発展―21世紀COEプログラム研究集成―』雄山閣、二〇〇六年)。
(114)渡辺美季『近世琉球と中日関係』吉川弘文館、二〇一二年、二一四頁。
(115)同前、一六八頁。
(116)真栄平房昭「琉球における家臣団編成と貿易構造―「旅役」知行制の分析―」藤野保編『九州近世史研究叢書3九州と藩政(Ⅱ)』国書刊行会、一九八四年。
(117)紙屋敦之『歴史のはざまを読む―薩摩と琉球』榕樹書林、二〇〇九年、七六頁。
(118)同前、一〇六頁。
(119)一貢免除問題について、以下の研究を参考した。豊見山和行『琉球王国の外交と王権』吉川弘文館、二〇〇四年。

紙屋敦之「琉球の中国への進貢と対日関係の隠蔽」早稲田大学アジア地域文化エンハンシング研究センター編『アジア地域文化学の発展―21世紀COEプログラム研究集成―』雄山閣、二〇〇六年、一六五頁。
(120)渡辺美季『近世琉球と中日関係』吉川弘文館、二〇一二年、二五九頁。
(121)『蔡温全集』崎浜秀明編著、本邦書籍、一九八四年、一六頁。
(122)同前、七六頁。
(123)同前、七七頁。
(124)渡辺美季『近世琉球と中日関係』吉川弘文館、二〇一二年、二七五～二七六頁。
(125)同前、二六八～二六九頁。
(126)鎌倉芳太郎ノート四四号(沖縄県立芸術大学付属・芸術資料館蔵)所収「(承前)江戸立之時仰渡并応答之条々之写」。
(127)渡辺美季『近世琉球と中日関係』吉川弘文館、二〇一二年、二六六頁。
(128)『琉球王国評定所文書』(琉球王国評定所文書編集委員会編集、浦添市教育委員会、一九八八年～二〇〇三年、以下『琉球王国評定所文書』と略す)第八巻、一五二二号、二〇〇～二〇一頁。
(129)琉球使節の中には、二種類の音楽があった。路次楽と座楽である。座楽は管弦楽を用いた音楽を演奏した。座楽は、楽正により指導され、楽師と楽童子から構成された。普通に、楽師は五人であり、楽童子は六人であったが、一七一〇と一七一四年度に限り、両音楽家は八人であった。路次楽は、儀衛正により指導され、一五～二〇人の音楽家で構成された。
(130)ロナルド・トビ『「鎖国」という外交：新視点近世史』小学館、二〇〇八年、二三四頁。
(131)里井洋一「素材に「教材性」を見出すこと―玉城正也実践：琉球王国の主体性を考える「起請文」と「江戸立」を事例に―」『歴史と実践』第三十二号、沖縄県歴史教育者協議会、二〇一三年七月、五四～六一頁。
(132)これは、二〇〇九年に「道光一八戊年御手形写」という史料を法政大学沖縄文化研究所で発見していた得能壽美の許可を得て、共同で書いたものである。得能壽美、ティネッロ・マルコ「道光十八年「御手形写」所収の江戸上り関係史料をめぐって」『沖縄文化研究』三六、二〇一〇年、一七一～二二二頁。

(133) Zhou Fangyin, "Equilibrium Analysis of the Tributary System," *The Chinese Journal of International Politics*, vol. 4, No. 2, 2011, pp. 147-78.

第一部　第二章

(134)朝貢体制から条約体制へという課題に関しては以下の代表的な研究がある。Michael Auslin, *Negotiation with Imperialism: The Unequal Treaties and the Culture of Japanese Diplomacy*, Cambridge, Mass: Harvard University Press, 2004. 浜下武志『朝貢システムと近代アジア』岩波書店、一九九七年。藤田覚『近世後期政治史と対外関係』東京大学出版会、二〇〇五年。羽賀祥二「和親条約期の幕府外交について」『歴史学研究』四八二号、一九八〇年。西里喜行「咸豊・同治期（幕末維新期）の中琉日関係再考—尚泰冊封問題とその周辺—」『東洋史研究』六四、政経書院、二〇〇六年。

(135)大熊良一『異国船琉球来航史の研究』鹿児島研究所出版会、一九七一年。真栄平房昭「十九世紀の東アジア国際関係と琉球問題」『アジアから考える3　周縁からの歴史』東京大学出版会、一九九四年。横山伊徳「日本の開国と琉球」曽根勇二・木村直也編『国家と対外関係』（新しい近世史2）新人物往来社、一九九六年、三九九頁。

(136)豊見山和行「琉球王国末期における対外関係—琉米・琉仏条約締結問題を中心に—」『歴史評論』六〇三号、二〇〇〇年七月。

(137)同右の豊見山和行の研究によると、琉球王府は修好条約締結交渉で、婦女の乱暴禁止項目を条約に加えることに成功したと述べられている。岡部敏和は、琉米修好条約締結に関する琉球王府の行動に注目し、当条約の締結後において琉球王府が今度の「異国人」の対応について何度も薩摩藩に新たな指示を要求したことなどを明らかにした「米国ペリー艦隊の琉球来航と琉球「開国」問題—「琉米約定」をめぐる琉球王府・薩摩藩間交渉を中心—」『明治維新史研究』第九号、二〇一三年。

(138)総理官・布政官について以下の研究がある。金城功「総理官等のことについて」『沖縄史料編集所紀要』第九号、一九八四年。田名真之「王府の異国船迎接体制—総理官を中心に—」『琉球王国評定所文書』第一四巻、一九九八年。紙屋敦之「王国末期首里王府の異国人対応と薩摩藩」深谷克己編『東アジアの政治文化と近代』有志舎、二〇〇九年、二二八〜二二九頁。小林伸成「幕末琉球における異国人応接「官職」制度：フォルカード逗留期を事例に」『地方史研究』六六（三）号、二〇一六年。

（139）外艦渡来事件について次の研究が挙げられる。西里喜行「アヘン戦争後の外圧と琉球問題—道光・咸豊の琉球所属問題を中心に—」『琉球大学教育学部紀要』五七、二〇〇〇年。上原兼善「天保十五年—弘化三年の沖縄への外艦渡来と薩摩藩—調所笑左衛門の動きを中心として」『南島史論』琉球大学史学会、一九七二年。島尻克美「異国船取扱い規定に関する一考察」『琉球の歴史と文化』本邦書籍、一九八五年。同「仏船来琉事件と薩摩藩の貿易構想」『球陽論叢』ひるぎ社、一九八六年。生田澄江「幕末におけるフランス艦隊の琉球来航と薩琉関係」『沖縄文化研究』一九、一九九二年。岡部敏和「異国船の琉球来航と薩摩藩の対応—弘化元年「一組之人数」の琉球派遣をめぐって」『海事史研究』六三、二〇〇六年。

（140）『琉球王国評定所文書』第一巻、一三二七号、三七九頁。

（141）西洋人を連れ去るよう清朝への琉球の要求について次の先行研究が挙げられる。生田澄江「幕末におけるフランス艦隊の琉球来航と薩琉関係」『沖縄文化研究』一九、一九九二年。西里喜行「アヘン戦争後の外圧と琉球問題—道光・咸豊の琉球所属問題を中心に—」『琉球大学教育学部紀要』五七、二〇〇〇年。

（142）『大日本維新史料』（東京大学出版会、一九八四年〜一九八五年、以下、『大日本維新史料』と略す）第一編ノ一、六七五〜六七六頁。

（143）『琉球王国評定所文書』第一七巻、一五二一号、三二五〜三三三頁。

（144）『大日本維新史料』第一編ノ三、六七五〜六七六頁。

（145）『琉球王国評定所文書』第二巻、一三八五号、五七〇頁。

（146）ペリーの来日の目的は、漂着した米国船に対する日本側の援助と食料薪水の供給を確保する日本政府との条約、すなわち日本を開国させることであった。これに関して、ペリーは、琉球の存在に注目し、浦賀に行く前に琉球に寄港することを決めた。東アジアではペリーは琉球のみ五回も訪問した。これは、ペリーが日本を開国させる手段としても、東アジアの国々と繋がる中心地としても琉球の位置を高く評価したことを示すと思われる。ペリーの来琉は次のように要約できる。最初に琉球(一八五三年四月一九日)を訪問してから、琉球に艦隊の一部を留置して小笠原の探検に行った。小笠原からもう一度琉球に戻り、五月二六日には日本に開国を要求するため江戸に向かった。六月九日、フィルモア大統領の国書を徳川幕府に渡して、徳川幕府の返事を受け取るために一年後に再び江戸に来る約束してから三度那覇(二〇日)に戻り、二三日、那覇公館で琉球王府と面会し、那覇天久寺の貸与・貯炭所の建造・物産の売渡・商品の陣列・アメリカ人の尾行廃止を要求した。そして二七日、越冬のため中国に向けて出発した。翌年の五四(安政元)年一月、四度来琉し、また日本に出かけてから琉球に戻った。

(147)『琉球王国評定所文書』第七巻、一五〇五号、五八九頁。

(148)同前、五二一頁。

(149)一八四四(弘化元)年に王府はフランス人に対して、琉球が小さい国であり、産物は少なく、金銀の産出がなく、清国の朝貢国であり、清朝とトカラ列島とのみ交際・交易をすると主張した。フランス人をはじめ、西洋人は琉球と薩摩藩のトカラとの関係を知っていたため、この史料に記されている「属島」は薩摩藩の属島(＝トカラ)を指していると思われるが、文脈から考察し、ここでは琉球王府の「属島」として解釈した。

(150)『琉球王国評定所文書』第七巻、一五〇五号、五九四〜五九五頁。

(151)『琉球王国評定所文書』第一四巻、一五八二号、五一六頁。

(152)大熊良一『異国船琉球来航史の研究』鹿児島研究所出版会、一九七一年、二二四〜二二六頁。

(153)『琉球王国評定所文書』第一一巻、一五三五号、一九六頁。

(154)同前、二〇七頁。

(155)同前、二一一頁。

(156)『島津斉彬言行録』岩波書店、一九四四年、八六頁。

(157)『琉球王国評定所文書』第一四巻、一五七三号、一五〇〜一五一頁。

(158)同前、一五一頁。

(159)同前、一五八二号、四九八頁。

(160)同前、四九九頁。
(161)『ペルリ提督日本遠征記』下巻(ペルリ[著]、土屋喬雄・玉城肇共[訳])弘文荘、一九三六年、六一二頁。
(162)『琉球王国評定所文書』第一四巻、一五八二号、五一九~五二〇頁。
(163)『琉球王国評定所文書』第一七巻、一八〇七号、三一七~三二〇頁。
(164)本節の課題について、豊見山和行の研究(「琉球王国末期における対外関係―琉米・琉仏条約締結問題を中心に―」『歴史評論』六〇三号、二〇〇〇年七月)も詳しい。
(165)『琉球王国評定所文書』第一四巻、一五八二号、五一七頁。
(166)同前、五一七頁。
(167)一七〇四(宝永元)年に薩摩藩は琉球に異国人への対応に関する指示(一七〇四年(宝永元)の「御條書」(『鹿児島県史』第二巻、鹿児島県、一九三九年、六五三頁)を出していたが、一八四四年から四六年にかけて、いわゆる外艦渡来事件が起こり、西洋人は琉球国に和好・交易・布教を要求するようになった。一八五一(嘉永四)年二月一五日に薩摩藩は琉球に対し、改めて異国人対応についてとるべき指示を与えた。この指示は「御條書」といい、一七〇四年の「御條書」の訂正であり、以降から王府による異国人対応の基礎となるのである。異国人が滞琉するようになったので、幕府の指示を受けた薩摩藩が琉球にあくまでも西洋人と親しい関係を結ぶことを禁じたのである、『琉球王国評定所文書』第一四巻、一五八二号、五一五~五一六頁。
(168)薩摩藩による近世琉球の監督に関して、山田哲史は、尚貞王の起請文(一六七一年)には一つの大きな転換がみられる。薩摩藩への反逆に対して、尚賢王(一六四七年)・尚質王(一六四九年)の起請文にあった「属　薩州之御幕下」から「堅相守　貴国之御下知」という転換のことである。すなわち、薩摩藩に忠誠する琉球国王は、琉球を藩主の直属にあるという位置付けから、藩主の監督・指示を堅く守る位置付けに変化があった(山田哲史「琉球国王の薩摩藩主に対する忠誠の論理に関する研究ノート―王位継承過程と起請文前書の考案―」『史料編集室紀要』第二四号、一九九九年)。また、『御教条』(一七三二年)では、蔡温は琉球が御国元(薩摩藩)の監督にあることを述べていた(高良倉吉『御教条の世界―古典で考える沖縄歴史』ひるぎ社、一九八二年)。

（169）『琉球王国評定所文書』第一四巻、一五八二号、五一八～五一九頁。
（170）従来の王府の西洋人の対応に関して、一七〇四（宝永元）年の「御條書」（『鹿児島県史』第二巻、鹿児島県、一九四〇年、六五三頁）、また一七五一（嘉永四）年の「御條書」（『琉球王国評定所文書』第一四巻、一五八二号、五一五～一六頁）を参考する。
（171）『日本キリスト教復活史』（フランシスク・マルナス［著］、久野桂一郎［訳］）みすず書房、一九八五年、一二八頁。
（172）『琉球王国評定所文書』第一二巻、一五四七号、三四九頁。
（173）同前、三七三頁。
（174）フランス人の琉球滞在問題について琉球王府が清朝に援助を求めたことに関して、伊藤陽寿「尚泰請封問題と琉仏条約―一八五五・一八五六年におけるフランス人逗留問題から―」『沖縄文化研究』四三、二〇一六年を参考。
（175）一八五四年に締結された琉米修好条約に対して、薩摩藩は五六年正月、琉球に指示を出した。ここでは、薩摩藩が琉球に命じた琉米・琉仏修好条約と対立する二つの点に注目したい。一つ目は琉球人と異国人との関係に関するものである。異国人に従い、彼国の政令を信仰し、また、異国人と親しい関係を結び、密にキリスト教を受け入れたら大変な状況となる。日本の「御大禁」を乱し、王国が滅亡するだけではなく、幕府も末代に至るまでの瑕瑾となるので、王府の高官から人民に至るまでこれを厚く知らせ、これからも決して緩和してはならない。この指示は、一七〇四年と一八五一年の命令（「御條書」）の延長線上にある。すなわち琉球が修好条約を締結し開国しても、西洋人には旧来通り対応するべきことという意味をしている。二つ目は尾行人に関する指示である。琉米修好条約によれば、異国人を追行してはいけないことになっている。しかし、修好条約通り指示したら異国人の統制を緩和することとなり、国禁礼法について王府の「下々」の者が薄く弁えてしまい、行き違いとなるかもしれないので、薩摩藩は「夷人共歩行等之節者何程差咎目候共精々隠密ニ忍役々付添手堅可被致取締候」、つまり異国人が歩行する時は、非難されても隠密に追行することを命じている。『琉球王国評定所文書』第一四巻、一五八二号、五二一～五二五頁。
（176）『琉球王国評定所文書』第一七巻、一八〇七号、三一九～三二〇頁。

(177)同前、三一七頁。
(178)同前、三一八頁。
(179)『鹿児島県史料　旧記雑録追録一』一八五五号。
(180)『琉球王国評定所文書』第一四巻、一五八二号、五一八〜五一九頁。
(181)『琉球王国評定所文書』第一八巻、一九三五号、二一八頁。
(182)西洋人に対する「日琉関係の隠蔽政策」について、次の研究が詳しい。生田澄江「幕末におけるフランス艦隊の琉球来航と薩琉関係」『沖縄文化研究』一九、一九九二年、七八〜八三頁。
(183)『琉球王国評定所文書』第一二巻、一五四七号、三五三頁。
(184)この史料によると、最初に尾行人として通事(士)が任命されたが、フランス人は様子からすぐ彼らを見分けたので、筑佐事(首里王府の下級役人)に追行させた。尾行人の同一性についてさらに進んだ研究がなされることを期待する。
(185)紙屋敦之「王国末期首里王府の異国人対応と薩摩藩」深谷克己編『東アジアの政治文化と近代』有志舎、二〇〇九年、二三〇〜二三一頁。

第一部　第三章

(186)加藤祐三「史上初の日米交渉—日米和親条約をめぐって」『アメリカ太平洋研究』五、二〇〇五年、九〜一八頁(http://hdl.handle.net/2261/33974, 二〇一五年一二月一六日にアクセス)。同『幕末外交と開国』講談社、二〇一二年。
(187)西里喜行「琉球処分・樺太・千島交換条約」荒野泰典・石井正敏・村井章介編『アジアのなかの日本史Ⅳ　地域と民族』東京大学出版会、一九九二年、一七〇頁。
(188)真栄平房昭「十九世紀の東アジア国際関係と琉球問題」『東アジアから考える3　周縁からの歴史』東京大学出版会、一九九四年、二五三頁。

(189)横山伊徳「日本の開国と琉球」曽根勇二・木村直也編『国家と対外関係』（新しい近世史2）新人物往来社、一九九六年、三九九頁。
(190)『琉球外国関係文書』（東京大学史料編纂所所蔵）第二冊。
(191)渡辺美季『近世琉球と日中関係』吉川弘文館、二〇一二年、二二六頁。
(192)『通航一覧続輯』（清文堂出版、一九六八年～一九七三年、以下『通航一覧続輯』と略す）第四巻、五二六～五二七頁。
(193)『島津斉彬文書』（島津斉彬文書刊行会編、吉川弘文館、一九五九年、以下『島津斉彬文書』と略す）上巻、七四頁。
(194)西里喜行「東アジア史における琉球処分」『経済史研究』第一三号、二〇一〇年、七〇頁。
(195)西里喜行「アヘン戦争後の外圧と琉球問題―道光・咸豊の琉球所属問題を中心に―」『琉球大学教育学部紀要』五七、二〇〇〇年。
(196)上原兼善「天保十五―弘化三年の沖縄への外艦来航と薩摩藩―調所笑左衛門の動きを中心にして」『南島史論』琉球大学史学会、一九七二年。
(197)西里喜行「アヘン戦争後の外圧と琉球問題―道光・咸豊の琉球所属問題を中心に―」『琉球大学教育学部紀要』五七、二〇〇〇年、四九頁。
(198)紙屋敦之「琉球使節の解体」『琉球王国評定所文書』第五巻、一九九〇年、一八～二〇頁。
(199)『斉彬公史料』第一巻、三七八号、七六二頁。
(200)『斉彬公史料』第一巻、三七九号、七六五頁。
(201)紙屋敦之「琉球使節の解体」『琉球王国評定所文書』第五巻、一九九〇年、一九頁。
(202)同前、一九～二〇頁。
(203)池内敏「朝鮮信使大坂易地聘礼計画をめぐって」『日本史研究』三三六号、一九九〇年、六〇～八一頁（後『大君外交と「武威」近世日本の国際秩序と朝鮮観』名古屋大学出版会、二〇〇六年）。
(204)同前、六〇～六三頁。
(205)同前、六六～七三頁。

(206)同前、七八～七九頁。
(207)『ペリー日本遠征随行記』(S・W・ウィリアムズ〔著〕、洞富雄〔訳〕、雄松堂書店、一九七〇年、以下『ペリー日本遠征随行記』と略す)四四八頁。
(208)西里喜行「琉球処分・樺太・千島交換条約」荒野泰典・石井正敏・村井章介編『アジアのなかの日本史Ⅳ地域と民族』東京大学出版会、一九九二。真栄平房昭「十九世紀の東アジア国際関係と琉球問題」『アジアから考える3 周縁からの歴史』東京大学出版会、一九九四年。横山伊徳「日本の開国と琉球」曽根勇二・木村直也編『国家と対外関係』(新しい近世史2)新人物往来社、一九九六年。
(209)『ペリー日本遠征随行記』四四九頁。
(210)*The Japan Expedition 1852-1854: The Personal Journal of Commodore Matthew C. Perry*, Roger Pineau ed., Smithsonian Institution Press, City of Washington, 1968, p. 97.
(211)同前、九八頁。
(212)同前、一〇〇頁。
(213)『大日本古文書　幕末外国関係文書附録之一』東京大学史料編纂所編纂、東京大学出版会、一九七三年、四頁。
(214)『通航一覧続輯』第四巻、五七一頁。
(215)同前、五七四～五七五頁。
(216)秋本益利「米国の対日政策と日米和親条約の締結」『国際政治』一四、一九六〇年、二四頁。
(217)『通航一覧続輯』第四巻、六〇八頁。
(218)同前、六一九頁。
(219)同前、六二一頁。
(220)同前、六二一～六二二頁。
(221)*The Japan Expedition 1852-1854: The Personal Journal of Commodore Matthew C. Perry*, Roger Pineau ed., Smithsonian Institution Press, City of Washington, 1968, pp. 169-171.

（222）S. Well Williams, *A Journal of the Perry Expedition to Japan, (1853-1854)*, Wilmington, Del.: Scholarly Resources, 1973, p. 138.
（223）『通航一覧続輯』第四巻、六二二頁。
（224）同前、六二四頁。
（225）同前、六二四～六二五頁。
（226）同前、六二五頁。
（227）同前。
（228）同前。
（229）同前。
（230）同前。
（231）同前。
（232）同前、六二五～六二六頁。
（233）同前、六二六頁。
（234）同前。
（235）*The Japan Expedition 1852-1854: The Personal Journal of Commodore Matthew C. Perry*, Roger Pineau ed., Smithsonian Institution Press, City of Washington, 1968, pp. 169-171.
（236）西里喜行「琉球処分・樺太・千島交換条約」荒野泰典・石井正敏・村井章介編『アジアのなかの日本史Ⅳ　地域と民族』東京大学出版会、一九九二年。真栄平房昭「十九世紀の東アジア国際関係と琉球問題」『アジアから考える3　周縁からの歴史』東京大学出版会、一九九四年。横山伊徳「日本の開国と琉球」曽根勇二・木村直也編『国家と対外関係』（新しい近世史2）新人物往来社、一九九六年。
（237）『ペリー日本遠征随行記』四四九頁。
（238）同前、二二八～二二九頁。

(239)『ペルリ提督日本遠征記』下巻(ペルリ[著]、土屋喬雄・玉城肇共[訳])弘文荘、一九三六年、六一二頁。
(240)『ペリー日本遠征随行記』四四九頁。
(241)同前、四四九頁。
(242)『通航一覧続輯』第四巻、六二一～六二二頁。
(243)『ペリー日本遠征随行記』四四九頁。
(244)同前、四五〇頁。
(245)同前、四五一頁。
(246)同前、四五〇頁。
(247)『斉彬公史料』第二巻、九頁。
(248)同前、二三九号、四六二頁。
(249)日琉関係の公然化について、紙屋敦之「琉球使節の解体」『琉球王国評定所文書』第五巻、一九九〇年を参考。
(250)『通航一覧続輯』第三巻、九九頁。
(251)この点についてはすでに先行研究において指摘がなされている。真栄平房昭「十九世紀の東アジア国際関係と琉球問題」『アジアから考える3　周縁からの歴史』東京大学出版会、一九九四年、二五八～二五九頁。
(252)『琉球王国評定所文書』第一四巻、一五八二号、五二二頁。
(253)同前、五二一頁。
(254)同前、五二二頁。
(255)同前。
(256)同前、五二一～五二三頁。
(257)同前、五二一～五二二頁。
(258)『ペリー日本遠征随行記』四四九頁。
(259)『斉彬公史料』第二巻、二三九号、四六二頁。

(260)『琉球王国評定所文書』第一四巻、一五八二号、五二二頁。
(261)『大日本古文書　幕末外国関係文書』(東京大学史料編纂所編纂、東京大学出版会、一九七二年、以下『幕末外国関係文書』と略す)第一五巻、四八五頁。
(262)同前、五九五〜五九八頁。
(263)同前、五九九頁。
(264)同前、六〇〇頁。
(265)『長崎県史』史料編第三、吉川弘文館、一九六六年、四九七〜四九八頁。
(266)真栄平房昭「十九世紀の東アジア国際関係と琉球問題」『アジアから考える3　周縁からの歴史』東京大学出版会、一九九四年、二五八〜二五九頁。

第二部　第一章

(267)宮城栄昌『琉球使者の江戸上り』第一書房、一九八二年、一八頁。
(268)「江戸立ニ付仰渡留」は琉球館聞役(薩摩藩の官職である)であった新納太郎左衛門が一八五三(嘉永六)年から一八五八(安政五)年にかけて薩摩藩当局から琉球館に伝えられた文書などを記した記録である。
(269)紙屋敦之「琉球使節の最後に関する考察」『幕藩制国家の琉球支配』校倉書房、一九九〇年、二八四頁。
(270)『大日本交通史：原名・駅逓志稿』清文堂出版、一九六八年からまとめた。
(271)佐々木克『幕末政治と薩摩藩』吉川弘文館、二〇〇四年、四二頁。
(272)『維新史料綱要』によると、一八五八年四月に「鹿児島藩江戸留守居早川五郎兵衛(兼弊)及同京都邸監原田才輔、各書ヲ藩主島津斉彬ニ致シ、外交及大将軍継嗣ニ関スル江戸・京都ノ情勢ヲ報ズ」すなわち、薩摩藩江戸屋敷留守居役早川五郎兵衛と京都屋敷留守居役原田才輔はそれぞれ藩主斉彬に書簡を送り、外交と家定将軍養嗣子問題に関する当時の江戸と京都の情勢を知らせたのである(『維新史料綱要』二維新史料編纂事務局、一九三七年、五五四頁)。

(273)紙屋敦之「琉球使節の解体」『琉球王国評定所文書』第五巻、一九九〇年。
(274)『江戸立ニ付仰渡留』八号。
(275)『幕末外国関係文書』第五巻、四六〇～四六一頁。
(276)羽賀祥二「和親条約期の幕府外交について」『歴史学研究』四八二号、一九八〇年、二頁。
(277)『幕末外国関係文書』第一八巻、一〇四～一一五頁。
(278)同前、四九二～四九六頁。
(279)一八五八(安政五)年三月一二日に関白・九条尚忠が朝廷に条約の議案を提出したところ、岩倉具視・中山忠能等合計八八名の堂上公家たちが条約の撤回を求めて抗議の座り込みを行ったこと。
(280)『幕末外国関係文書』第一九巻、六三六～六三七頁。
(281)『斉彬公史料』第三巻、二四八号。
(282)同前。
(283)斉彬は、前年(一八五七年・安政四)五月、参勤交代から国元へ帰国する中、京都の左大臣近衛忠熙邸で三条実万・中山忠能らの公家と話し合い、日米修好通商条約の調印により大坂開市・兵庫開港という予測される事態に関して御所警衛の問題を中心に相談した。その時、薩摩藩の大軍を動員させるために琉球使節を利用することを考えたと思われる。紙屋敦之「琉球使節の解体」『琉球王国評定所文書』第五巻、一九九〇、一三～一四頁。
(284)「御能見物・御料理被下」は七月九日に予定されていたが、楽正や楽師などの鹿児島到着遅延のため延期された。「御膳進上」もお目見得の後に行われる予定であったが、七月一六日に斉彬が急死したため行われなかった。『江戸立ニ付仰渡留』五二号。
(285)『野史台維新史叢書』第二八巻、日本史籍協会編、東京大学出版会、一九七三年覆刻、三四頁。
(286)『幕末外国関係文書』第一八巻、七六九～七七〇頁。
(287)同前、第二〇巻、三八七頁。
(288)『江戸立ニ付仰渡留』七一号。

(289)同前、七三号。
(290)『鹿児島県史料　新納久仰雑譜』（鹿児島県歴史資料センター黎明館編集、鹿児島県、一九八七年、以下『新納久仰雑譜』と略す）第二巻、三八八～三九〇頁。
(291)『幕末外国関係文書』第二六巻、七〇八～七〇九頁。
(292)『徳川実紀』第一三編、吉川弘文館、一九七六年、五一一～五二七頁。
(293)『新納久仰雑譜』第二巻、三八八～三九〇頁。
(294)『那覇市史』資料編第一巻七、家譜資料③（那覇市企画部市史編集室編集）三四四頁。
(295)『新納久仰雑譜』第二巻、三七九頁。
(296)同前、三八〇頁。
(297)同前、三八五頁。
(298)紙屋敦之「琉球使節の最後に関する考察」『幕藩制国家の琉球支配』校倉書房、一九九〇年、二八四頁。
(299)宮城栄昌『琉球使者の江戸上り』第一書房、一九八二年、八三頁。
(300)『大日本維新史料』第三編ノ七、六四八～六九〇頁。
(301)『幕末外国関係文書』第二〇巻、七〇八～七〇九頁。
(302)同前、七一九頁。
(303)同前、七五一頁。
(304)『新納久仰雑譜』第二巻、三八五頁。
(305)同前、三八八頁。
(306)同前。
(307)真栄平房昭「江戸幕府と琉球使節―東照宮参詣を中心に―」『琉球使節、江戸へ行く！～琉球慶賀使・謝恩使一行二、〇〇〇キロの旅絵巻～』、沖縄県立博物館・美術館・博物館特別展、二〇〇九年、七〇頁。
(308)『琉球王国評定所文書』第一三巻、一五五七号、三四三頁。

(309)高橋敏『幕末狂乱《オルギー》—コレラがやって来た!』朝日新聞社、二〇〇五年、三六頁。
(310)同前、三八頁。
(311)同前、一〇〇頁。
(312)同前、一八〇頁。
(313)同前、一九四頁。
(314)『新納久仰雑譜』第二巻、三九一頁。
(315)紙屋敦之「江戸上り」『新琉球史』近世編下、二七〇頁。
(316)西里喜行「咸豊・同治期(幕末維新期)の中琉日関係再考—尚泰冊封問題とその周辺—」『東洋史研究』六四、政経書院、二〇〇六年、六八九頁。
(317)玉井建也は、琉球の視点から幕末の琉球使節に関する準備、「琉日関係の隠蔽政策」、費用の削減活動、そして維新慶賀使などについて論じている。(玉井建也「琉球使節派遣準備と解体過程—「最後」の琉球使節を通じて」『交通史研究』六七号、二〇〇八年)。矢野美沙子は、幕末の琉球使節の準備に関する薩摩藩の影響について考察している。(矢野美沙子「幕末期琉球における江戸上り使節派遣準備」『近世日本における外国使節と社会変容③—大君外交解体を追う—』紙屋敦之研究室、早稲田大学文学学術院、二〇〇九年)。
(318)西里喜行「近世末期の内政問題と対外関係」『沖縄県史』各論編、第四巻近世(沖縄県文化振興会公文書管理部史料編集室編、沖縄県教育委員会、二〇〇五年、以下『沖縄県史』各論編、第四巻近世と略す)、六一六~六二〇頁。
(319)『琉球王国評定所文書』第一〇巻、一五二四号、二六九頁。
(320)『琉球王国評定所文書』第八巻、一五一一号、八六頁。
(321)『琉球王国評定所文書』第九巻、一五二一号、一三七頁。
(322)矢野美沙子「幕末期琉球における江戸上り使節派遣準備」『近世日本における外国使節と社会変容③—大君外交解体を追う—』紙屋敦之研究室、早稲田大学文学学術院、二〇〇九年。
(323)『琉球王国評定所文書』第七巻、一五〇四号、三二〇~三二一頁。

(324)『琉球王国評定所文書』第八巻、一五一一号、二〇一頁。
(325)玉井建也「琉球使節派遣準備と解体過程―「最後」の琉球使節を通じて」『交通史研究』六七号、二〇〇八年、四九頁。
(326)西里喜行「咸豊・同治期(幕末維新期)の中琉日関係再考―尚泰冊封問題とその周辺―」『東洋史研究』六四、政経書院、二〇〇六年、六四頁。
(327)『那覇市史』資料編第一巻七、家譜資料③、那覇市企画部市史編集室編集、一九八二年、三四四頁。
(328)正使伊江王子朝忠は一八五三年九月にはじめて正使に任命され、その任命は翌年に正式に発表された。だが、一八五五年一〇月二日の安政大地震によって慶賀使が一八五八年に延期された。一八五八年の慶賀使の際にも、伊江王子朝忠が正使として五月二七日に鹿児島に到着した。しかし、七月六日に家定、一六日に島津斉彬が亡くなったので、琉球使節は再び延期されざるを得なかった。一八五八年一二月一日、徳川家茂が第一四代将軍に襲職したので、新しい将軍のために一八六二年に慶賀使が計画された。しかし、一八六〇年五月六日、幕府老中久世広周は、「国事多端」を理由に慶賀使の派遣延期を命じた。
(329)『那覇市史』資料編第一巻七、家譜資料③、那覇市企画部市史編集室編集、一九八二年、三四四頁。

第二部　第二章

(330)紙屋敦之「琉球使節の最後に関する考察」『幕藩制国家の琉球支配』校倉書房、一九九〇年。
(331)紙屋敦之は一八六二年の慶賀使の計画は一八五九年の六月と七月の間に決められたと推測している(紙屋敦之「琉球使節の最後に関する考察」『幕藩制国家の琉球支配』校倉書房、一九九〇年、二八五頁)。
(332)薩摩藩主茂久は忠義と改名したのは慶応四年正月一六日であった。佐々木克『幕末政治と薩摩藩』吉川弘文館、二〇〇四年、一二一~一七頁。
(333)『鹿児島県史料　忠義公史料』(鹿児島県維新史料編さん所編集、鹿児島県、一九七四年~一九八〇年、以下『忠義公史料』と略す)第一巻、一八四号、一五〇頁。
(334)薩摩藩が幕府に家茂のための慶賀使の派遣を願い出た時にはじめてこの覚書を添えた。あるいは、口上で伝えたことも考えられる。紙屋敦之「琉球使節の解体『琉球王国評定所文書』第五巻、一九九〇年、一七頁。
(335)『忠義公史料』第一巻、一八四号、一五〇頁。
(336)同前、二〇七号、一八六〜一八七頁。
(337)佐々木克『幕末政治と薩摩藩』吉川弘文館、二〇〇四年、二六頁。
(338)『忠義公史料』第一巻、八五頁。
(339)『大久保利通日記』日本史籍協会、一九二七年、七三〜七四頁。
(340)紙屋敦之は、「島津久光は、公武合体の立場から一八六二(文久二)年に勅命を奉じて幕政改革に乗り出していくが、尊王派志士の討幕の軍事計画が慶賀使の参府を契機に具体化する恐れがあったので、それを未然に阻止するために参府の猶予を幕府に願い出た」ことを挙げている(紙屋敦之「琉球使節の最後に関する考察」『幕藩制国家の琉球支配』校倉書房、一九九〇年)。
(341)要するに、久光は大久保らの軍事計画を抑えたが、「誠忠組」の活動を廃止することまではしなかった。
(342)その他、桜田門外の変に薩摩藩の一人の藩士が参加したので、幕府の厳しい尋問を避けるためにも、藩主が江戸参府を逃れたかったという理由も考えられる。佐々木克『幕末政治と薩摩藩』吉川弘文館、二〇〇四年、七一頁。
(343)宮城栄昌『琉球使者の江戸上り』第一書房、一九八二年、五六〜六八頁。
(344)『忠義公史料』第一巻、二〇九号、一八八頁。
(345)「御参観御猶予ノ請願回数ニ及」という方針は以下の史料から裏付けられていると思われる。幕府が一八六〇年八月から三ヶ月の参勤猶予を認めたことに関して、薩摩藩士道島正亮の記事によれば、「八月ヨリ三ヶ月ナラハ、十月ハ何分又々御願可被為在候事歟ト被察候事」すなわち、幕府が三ヶ月の延期を譲っても、一〇月になると、再び参勤猶予を要求する見込みであった(『忠義公史料』第一巻、二一〇号)。
(346)『忠義公史料』第一巻、三一〇号、三四八頁。
(347)同前、三一一号、三四九頁。
(348)紙屋敦之「琉球使節の最後に関する考察」『幕藩制国家の琉球支配』校倉書房、一九九〇年。

(349)『忠義公史料』第一巻、五〇五号、七一二〜七一三頁。

(350)佐々木によると、一八六一年一一月に江戸に到着した堀中左衛門の使命は、藩主茂久の参勤猶予工作と薩摩藩江戸芝屋敷の自焼を決行することであった。芝屋敷の自焼は、大久保利通の手紙に「一奇策」で表現され、一八六一年一〇月二四日に薩摩から出発した急飛脚を通じて江戸にいた堀にその決行を命じられた（佐々木克『幕末政治と薩摩藩』吉川弘文館、二〇〇四年、七三頁）。

(351)『忠義公史料』第一巻、五一〇号、七二五頁。

(352)佐々木克『幕末政治と薩摩藩』吉川弘文館、二〇〇四年、一一七頁。

(353)『玉里島津家史料』（鹿児島県歴史資料センター黎明館、鹿児島県、一九九二年〜二〇〇一年、以下『玉里島津家史料』と略す）、第一巻、二七八号、五一八頁。

(354)『忠義公史料』第二巻、一五〇号、二一七頁。

(355)戸田一道「幕末参勤交代制緩和にみる幕府権力の失墜」『駒沢史学』二二号、一九七五年、五五〜五六頁。

(356)Conrad D. Totman, *The Collapse of the Tokugawa Bakufu: 1862-1868*, Honolulu: University Press of Hawaii, 1980, p. 50.

(357)『玉里島津家史料』第二巻、五〇一号、二〇五頁。

(358)一八六二年八月一五日に将軍徳川家茂が黒書院で諸大名に対して上意諸を達し、その中「富強之術計厚く相心懸」けるように命じた。丸山雍成『参勤交代』吉川弘文館、二〇〇七年、二五五頁。

(359)『玉里島津家史料』第二巻、五〇一号、二〇六頁。

(360)『玉里島津家史料』第一巻、三六三号、六四〇頁。

(361)『玉里島津家史料』第二巻、四六五号、一四九頁。

(362)佐々木克『幕末政治と薩摩藩』吉川弘文館、二〇〇四年、一一二頁。

(363)『忠義公史料』第二巻、三〇八号、三九四頁。

(364)『玉里島津家史料』第二巻、七八八号、六〇九頁。

(365)『忠義公史料』第三巻、六一〇号、六九七頁。

（366）同前、六六九号、七六一～七六三頁。
（367）Willy Vande Walle, "Le Comte des Cantons Charles de Montblanc (1833-1894), Agent for the Lord of Satsuma," in *Leaders and Leadership in Japan*, Ian Neary (ed.), London and New York, Routledge, 1996, ,pp. 50-52.
（368）パトリック・ベイヴェール「ヨーロッパの琉球認識」『沖縄県史』各論編、第四巻近世、六〇九頁。
（369）本稿では、一八六二年以降、薩摩藩主島津茂久の参勤交代が不可能となったことに注目した。これは、薩摩藩主の参勤交代は琉球使節と密接な関係があり、参勤交代というレンズを通して琉球使節の解体を探ってみたかったからである。だが、同じ時期において、その他の大多数の大名は参勤交代を避けるために努力しており、つまるところ江戸に行かなくなったことも認識することが重要である。

第二部　第三章

（370）紙屋敦之「琉球使節の最後に関する考察」『幕藩制国家の琉球支配』校倉書房、一九九〇年。
（371）真栄平房昭「十九世紀の東アジア国際関係と琉球問題」『東アジアから考える3　周縁からの歴史』東京大学出版会、一九九四年、二五五頁。
（372）西里喜行「咸豊・同治期（幕末維新期）の中琉日関係再考—尚泰冊封問題とその周辺—」『東洋史研究』六四、政経書院、二〇〇六年、六八八～六八九頁。
（373）『忠義公史料』第一巻、一八四号、一五〇頁。
（374）『幕末外国関係文書』第二〇巻、四七四～四八四頁。
（375）『忠義公史料』第一巻、一八四号、一五〇頁。
（376）高橋敏氏『幕末狂乱（オルギー）—コレラがやって来た！』朝日新聞社、二〇〇五年、三一頁。
（377）『通航一覧』（国書刊行会、一九一二年～一九一三年、以下『通航一覧』と略す）第七巻、一九三頁。
（378）『通航一覧続輯』第二巻、五二六～五二七頁。
（379）『ペリー日本遠征随行記』二二八～二二九頁。

(380)『通航一覧続輯』第三巻、九九頁。
(381)『孝明天皇紀』第二巻、平安神宮、一九六七年、七一三頁。
(382)藤田覚『近世後期政治史と対外関係』東京大学出版会、二〇〇五年、二一一〜二一三頁。
(383)朝鮮通信使の場合、一八六〇年に幕府は、対馬藩に、一八六六年に対馬において朝鮮信使聘礼を行うことを通達した。次に、一八六五年に幕府は、対馬藩に朝鮮通信使を一八七六(明治九)年まで延期することを通達した。荒野泰典「朝鮮通信使の終末—申維翰『海游録』によせて—」『歴史評論』三五五号、一九七九年、七二頁。
(384)『忠義公史料』第一巻、一八四号、一五〇頁。
(385)『夷匪入港録第1』日本史籍協會、一九三〇年、三三一頁。
(386)岩崎奈緒子「蝦夷地・琉球の〈近代〉」『講座日本歴史』東京大学出版会、二〇〇五年、二八八頁。
(387)西里喜行「咸豊・同治期(幕末維新期)の中琉日関係再考—尚泰冊封問題とその周辺—」『東洋史研究』六四、政経書院、二〇〇六年、六八八〜六八九頁。
(388)真栄平房昭「十九世紀の東アジア国際関係と琉球問題」『東アジアから考える3　周縁からの歴史』東京大学出版会、一九九四年、二五九頁。
(389)横山伊徳「日本の開国と琉球」曽根勇二・木村直也編『国家と対外関係』(新しい近世史2)新人物往来社、一九九六年、三九九頁。
(390)British Foreign Office (以下、FO) 46 Japan Correspondence, vol. 25 (68), p. 3.
(391)『ペリー日本遠征随行記』四四九頁。
(392)真栄平房昭「十九世紀の東アジア国際関係と琉球問題」『東アジアから考える3　周縁からの歴史』東京大学出版会、一九九四年、二五五頁。
(393)FO 46, Japan Correspondence, vol. 24 (67), pp. 232-234.
(394)同じ時期に、幕府はフランスが琉球を占領する計画があるという情報を受けた。また、一八六一年にロシア軍艦による対馬占領事件(ポサドニック号事件)もあったのである。真栄平房昭「十九世紀の東アジア国際関係と琉球問題」『東アジアから考える3　周縁からの歴史』東京大学出版会、一九九四年、二五九頁。
(395)『国語辞典』によると、「来貢」とは貢ぎ物を持って外国の使者がやってくるということを意味している。
(396)『ペリー日本遠征随行記』四四九頁。
(397)同前、四五〇頁。
(398)同前、四五一頁。
(399)『夷匪入港録第1』日本史籍協會、一九三〇年、三三一～三三二頁。
(400)『ペリー日本遠征随行記』四四九頁。
(401)一八五四年四月、勘定奉行・勘定吟味役の意見、『ペリー日本遠征随行記』四四九頁。
(402)羽賀祥二「明治維新論」『講座日本歴史』東京大学出版会、二〇〇五年、三一二頁。
(403)FO 46, Japan Correspondence, vol.2（1867）, pp. 65-71と、vol. 86 (186), pp. 332-351.
(404)梅木哲人『新琉球国の歴史』法政大学出版局、二〇一三年、二〇一頁
(405)波平恒男『近代東アジア史のなかの琉球併合―中華世界秩序から植民地帝国日本へ』岩波書店、二〇一四年、一四二頁。
(406)西里喜行「咸豊・同治期（幕末維新期）の中琉日関係再考―尚泰冊封問題とその周辺―」『東洋史研究』六四、政経書院、二〇〇六年、六九七頁。
(407)横山學と玉井建也が指摘しているように、明治政府は、この使節を「外国」からではなく、琉球を藩国として内政に組み込むために考えたものであった。（横山學『琉球国使節渡来の研究』吉川弘文館、一九八七年、二九七～三一一頁。玉井建也「琉球使節派遣準備と解体過程―「最後」の琉球使節を通じて」『交通史研究』六七号、二〇〇八年）。
(408)豊見山和行「敗者の戦略としての琉球外交：「唐・大和の御取合」を飼い慣らす」『史苑』第七〇巻第二号、立教大学史学会、二〇〇九年三月、三八～三九頁
(409)『明治文化資料叢書』第四巻、（外交編、明治文化資料叢書刊行会、風間書房、一九五九年～一九六三年、以下『明

治文化資料叢書』と略す）八頁。
（410）同前、九頁。
（411）一八七二年九月一四日に明治天皇から尚泰が冊封された翌日、副島外務卿は琉球を「弥以我藩属ノ体制徹底ニ至リ候様、御処分有之度」と述べていた（『日本外交文書』第五巻、三八四〜三八五頁）。
（412）『琉球所属問題関係資料』（横山學責任編集、本邦書籍、一九八〇年、以下『琉球所属問題関係資料』と略す）、第二集、第六、上・中、七頁。
（413）同前、八頁〜九頁。
（414）同前、三六頁。
（415）『尚泰侯実録』（東恩納寛惇編、原書房、一九七一年、以下『尚泰侯実録』と略す）一九四頁。
（416）『琉球封藩事略』（東京大学史料編纂所所蔵）。
（417）『大日本外交文書』（外務省調査部編纂、日本国際協会、一九三六年〜一九四〇年、以下『大日本外交文書』と略す）第五巻、三九三頁。
（418）『大日本外交文書』七巻、二一一〜二一三頁。
（419）『秘書類纂』雑纂（一）、伊藤博文編、秘書類纂刊行会、一九三六年、二一六〜二一八頁。
（420）Mizuno Norihito "Early Meiji Policies Towards the Ryukyus and the Taiwanese Aboriginal Territories," in *Modern Asian Studies* 43, 2009, Cambridge University Press, p. 733.
（421）『秘書類纂』、外交篇下巻、伊藤博文編、原書房、一九六九年、二八二〜二八七頁。
（422）『琉球処分』下、松田道之編、本邦書籍、一九八〇年、一三一〜一三八頁。
（423）『日本外交文書』（外務省編纂、日本国際連合協会、一九四九年、以下『日本外交文書』と略す）一二巻、一九一〜二〇〇頁。
（424）日本の琉球支配を弁明するために、明治政府も薩摩藩の「嘉吉附庸」という説に基づいたと思われる。これも、徳川時代との重要な連続性であると思われる。

第三部　第一章

(425)本章で論じる内容は、筆者の「琉球をめぐる副島外務卿と駐日外国公使の交渉―琉米修好条約を中心に―」『日本歴史』第八二四号、二〇一七年一月と密接な関係があり、今回加筆したものである。
(426)パトリック・ベイヴェール「フランス政府の対琉球王国政策」『フランスにおける琉球関係資料の発掘とその基礎的研究』赤嶺政信編、琉球大学法学部、二〇〇〇年、二三～六六頁。
(427)小野聡子「台湾出兵と万国公法―欧米諸国の対応を中心に―」『日本歴史』第八〇四号、二〇一五年五月、七一頁。
(428)『琉球王国評定所文書』第一四巻、一五八二号、五二二頁。
(429)『明治文化資料叢書』九頁。
(430)『琉球所属問題関係資料』第二集、第六、上・中、一一頁。
(431)樺山愛輔『父、樺山資紀』伝記叢書44、相川仁童、一九八八年、一八三頁。
(432)同前、一八六頁。
(433)John K. Fairbank "American China Policy'to 1898: A Misconception," *Pacific Historical Review* 39, n. 4 November 1970, p. 411.
(434)FO 46, Japan Correspondence, vol. 156, pp. 57-64.
(435)同前。
(436)同前。
(437)我部政男『明治国家と沖縄』三一書房、一八七九年、四〇頁。
(438)『大日本外交文書』第五巻、三八六頁。
(439)FRUS, 1872, No. 244 (De Long to Fish, November 6, 1872), pp. 553-554.
(440)同前。
(441)FRUS, 1872, No. 247 (Fish to De Long, December 18, 1872), p. 564.

(442)『琉球所属問題関係資料』第二集、第一第二、一二五八頁。

(443) Correspondance Politique(以下、CP) Japon, 1854-1896, vol. 21, pp. 68-70.

(444)同前。

(445)同前。

(446)同前、pp. 80-81.

(447) http://www.mofa.go.jp/mofaj/files/000026596.pdf(二〇一五年三月一日にアクセス)。

(448)『琉球所属問題関係資料』第二集、六九～七〇頁。

(449)『大日本外交文書』第五巻、三九三～三九四頁。

(450)波平恒男『近代東アジア史のなかの琉球併合—中華世界秩序から植民地帝国日本へ』岩波書店、二〇一四年、三一〇頁。

(451)『琉球所属問題関係資料』第二集、第六、上・中、一二五九～一二六〇頁。

(452)この点について、下村冨士男は明治初期の駐日イタリア公使について「明治五年六月頃イタリヤ公使フェが当時イタリヤに於いて蚕の病害と、蚕卵紙の不足があって、日本からそれらを輸入する必要があり、その買集めのために一般イタリヤ人の内地旅行を希望して来た。その結果副島外務卿とフェとの間に、イタリヤ人が旅行中日本の司法権に服することを条件として之を許可する諒解ができ、六年二月二十二日には之に関する暫定規則が両者間に成立した」と述べている(下村冨士男『明治維新の外交』大八洲出版株式会社、一九四八年、二四四頁)。

(453)『琉球所属問題関係資料』第二集、第六、上・中、一二六一頁。

(454)『沖縄県史』第十五巻、琉球政府、一九六九年、一四～一六頁。

(455)同前。

(456)後田多敦『琉球救国運動：抗日の思想と行動』出版舎Mugen、那覇、二〇一〇年、四七頁。

(457)『沖縄県史』第一五巻、琉球政府編、一九六九年、二〇頁。

(458)同前。

(459)同前。
(460)同前、二二二頁。
(461)同前。
(462)同前、二二〇頁。
(463)同前。
(464)FRUS, 1875, No. 153, Avery to Fish, April 8, 1875.
(465)同前。
(466)FRUS, 1875, No. 158, Avery to Fish, May 30, 1875.
(467)FRUS, 1875, No. 174, Fish to Avery, July 29, 1875.
(468)後田多敦『琉球救国運動：抗日の思想と行動』出版舎Mugen、那覇、二〇一〇年、四八～四九年頁。
(469)『琉球所属問題関係資料』第二集、第一第二、一二六二～一二六四頁。
(470)同右、一二六五～一二六六頁。
(471)FO 46 vol. 191, Japan Correspondence, pp. 124-125.

第三部　第二章

(472)本章で論じる内容の初出は『琉大史学』一八号（特集号）二〇一六年一〇月に掲載されたものである。
(473)喜舎場朝賢『琉球見聞録』東汀遺著刊行会、一九五二年、一〇九頁。
(474)波平恒男『近代東アジア史のなかの琉球併合―中華世界秩序から植民地帝国日本へ』岩波書店、二〇一四年。
(475)パトリック・ベイヴェール「フランス政府の対琉球王国政策」『フランスにおける琉球関係資料の発掘とその基礎的研究』（平成九年度～平成一一年度、科学研究費補助金基盤研究（A）（2）研究報告書）、二〇〇〇年）。
(476)西里喜行「咸豊・同治期（幕末維新期）の中琉日関係再考―尚泰冊封問題とその周辺―」『東洋史研究』六四、政経書院、二〇〇六年、六九七頁。

(477)『尚泰候実録』一七六頁。
(478)同前。
(479)『那覇市史』資料編第二巻中の四、企画部市史編集室編集、一九七一年、一一二頁。
(480)西里喜行「咸豊・同治期(幕末維新期)の中琉日関係再考―尚泰冊封問題とその周辺―」『東洋史研究』六四、政経書院、二〇〇六年、六九七頁。
(481)『琉球処分』下、松田道之編、本邦書籍、一九八〇年、一一八頁。
(482)後田多敦『琉球救国運動：抗日の思想と行動』出版舎Mugen、那覇、二〇一〇年、五一～五七年頁。
(483)西里喜行『清末中琉日関係史の研究』京都大学学術出版会、二〇〇五年、七九六頁。
(484)FRUS, 1878, No. 844, (Bingham to Evarts, September 2, 1878), pp. 24-28.
(485)同前。
(486)FRUS, 1878, No. 380, (F. W. Seward to Bingham, October 9, 1878), pp. 455-458.
(487)同前。
(488)CP, Japon, 1854-1896, (Geoffrey to Waddington, November 18, 1878. 一八七八年のシェフロワの報告に関する直訳がパトリック・ベイヴェールの論考(「フランス政府の対琉球王国政策」『フランスにおける琉球関係資料の発掘とその基礎的研究』(平成九年度～平成一一年度、科学研究費補助金基盤研究(A)(2)研究報告書)、二〇〇〇年)から引用するが、意訳のところは筆者によるものである。
(489)パトリック・ベイヴェール「フランス政府の対琉球王国政策」『フランスにおける琉球関係資料の発掘とその基礎的研究』(平成九年度～平成一一年度、科学研究費補助金基盤研究(A)(2)研究報告書)、二〇〇〇年)、五一頁。
(490)パトリック・ベイヴェール「フランス政府の対琉球王国政策」『フランスにおける琉球関係資料の発掘とその基礎的研究』(平成九年度～平成一一年度、科学研究費補助金基盤研究(A)(2)研究報告書)、二〇〇〇年)、五一頁。
(491)CP, Japon, 1854-1896, Geoffrey to Waddington, November 18, 1878.
(492)パトリック・ベイヴェール「フランス政府の対琉球王国政策」『フランスにおける琉球関係資料の発掘とその基

礎的研究』（平成九年度〜平成一一年度、科学研究費補助金基盤研究（A）（2）研究報告書）、二〇〇〇年）一四〜一五頁。

（493）CP, Japon, 1854-1896,（Geoffrey to Waddington, November 18, 1878.

（494）パトリック・ベイヴェール「フランス政府の対琉球王国政策」『フランスにおける琉球関係資料の発掘とその基礎的研究』（平成九年度〜平成一一年度、科学研究費補助金基盤研究（A）（2）研究報告書）、二〇〇〇年）五二頁。

（495）パトリック・ベイヴェール「フランス政府の対琉球王国政策」『フランスにおける琉球関係資料の発掘とその基礎的研究』（平成九年度〜平成一一年度、科学研究費補助金基盤研究（A）（2）研究報告書）、二〇〇〇年）五三頁

（496）波平恒男『近代東アジア史のなかの琉球併合—中華世界秩序から植民地帝国日本へ』岩波書店、二〇一四年、二九八〜三〇三頁。

（497）『琉球処分』下、松田道之編、本邦書籍、一九八〇年、一三二〜一三八頁。

（498）FO 46, Japan Correspondence, vol. 247, August 1879, pp. 75-134.

（499）我部政男『明治国家と沖縄』三一書房、一九七九年。西里喜行『清末中琉日関係史の研究』京都大学学術出版会、二〇〇五年。波平恒男『近代東アジア史のなかの琉球併合—中華世界秩序から植民地帝国日本へ』岩波書店、二〇一四年。

（500）『井上毅傳　史料編第一』一七四頁。

（501）同前、一七四頁。

（502）同前、一七五頁。

（503）同前。

（504）同前。

（505）同前。

（506）同前、一七六頁。

（507）同前。

(508)同前、一七六～一七七頁。
(509)グラントは、一八六九年三月から一八七七年三月まで第一八代アメリカ合衆国大統領を務め、在職中にイギリスとスペインに対し平和的な政策をとったが、サントドミンゴのような小さい国に対しては高圧的な政策をとり、アメリカに併合しようとしていた。
(510)『日支外交六十年史』第一巻(王芸生[著]、長野勲・波多野乾一編訳)建設社、一九三三年～一九三六年、一九三～一九四頁。
(511)同前。
(512)同前。
(513)同前。
(514)西里喜行『清末中琉日関係史の研究』京都大学学術出版会、二〇〇五年、三二五～三二六頁。
(515)『日本外交文書』第一二巻、一八二～一八五頁。
(516)同前、一八五頁。
(517)The Papers of Ulysses S. Grant, Volume 29, Edited by John Y. Simon, Southern Illinois Press, pp. 203-204.
(518)同前、p. 206.
(519)同前、pp. 213-215.
(520)『日本外交文書』第一二巻、一八六～一八七頁。
(521)FO 46, Japan Correspondence, vol. 248, 1879, pp. 139-140.
(522)『日本外交文書』第一二巻、一九一～二〇〇頁。
(523)同前。
(524)同前。

終章

（525）大里知子「「琉球処分」論と歴史意識」『沖縄文化研究』三八、二〇一二年。

（526）Franco Cardini, Introduzione, in *Il Piccolo Stato: Politica, Storia, Diplomazia*, Barletta, Cardini, Galasso (a cura di), Aiep, 2004, p. 27.

（527）西洋列強の「黙認」が東アジアに与えた影響という見方については、二〇一六年九月に神戸大学において行われた「The 2nd EAJS Conference in Japan」で私が報告した際に、Harald Fuess先生から聞いた話から示唆を与えられた。

（528）Taira Koji, "Okinawa-Tokyo Relationship: From Annexation to Secession, or Something in Between," *The Demise of the Ryukyu Kingdom*, 山口栄鉄・新川右好編、榕樹書林、二〇〇二年。

（529）西里喜行「琉球処分と樺太・千島交換条約」『アジアのなかの日本史Ⅳ—地域と民族』荒野泰典・石井正敏・村井章介編、東京大学出版会、一九九二年、一九八頁。

あとがき

本書では、マルチ・アーカイブズを検討することで、「琉球処分」における幕末との連続性と、「琉球処分」の国際性の側面について論じてきた。この研究は、私が二〇〇四年に文部科学省の国費留学生として来日してから始まり、二〇一〇年まで法政大学(二〇〇四～二〇〇七)と早稲田大学(二〇〇七～二〇一〇)で続けてきたものである。当初は、琉球から江戸へ派遣された琉球使節を全体的に研究するつもりであったが、研究テーマの焦点を徐々に変更し、修士論文では琉球使節と朝鮮通信使との比較について、博士論文では幕末における琉球使節の延期と停止・解体について検討を行った。二〇一四年にヴェネツィア・カ・フォスカリ大学で博士号を取得してから、日本学術振興会外国人特別研究員(二年間)、またHIF招聘研究員(一年)として法政大学の沖縄文化研究所で研究を続けることになった。その際、明治初期の史料を中心に研究をしていたが、私が日本側の史料でどうしても知りたかった事実と情報をなかなか見つけることができずにいた。しかし、ある時、「琉球処分」を全体的に理解するためには西洋列強の史料も深く検討する必要があることを考えるようになり、本書を執筆する運びとなった。

まず、沖縄学をイタリアに普及させた私の恩師、ヴェネツィア・カ・フォスカリ大学言語・比較文化学部副教授のローザ・カロリ先生に感謝したい。ローザ先生は、学部の時に私が研究者になれると信じて下さったはじめての先生だったのみならず、そのころからずっと、私の面倒を見て下さり、大変感謝している。早稲田大学文学研究科日本史学コースでは、三年間紙屋敦之先生のゼミで研究をした。紙屋先生に史料の読解や解釈などを深く教わった。私はまだまだ勉強が足りないが、今まで私が書いた論考や論文などは、すべて紙屋先生に教えていただいたおかげでできたものであり、大変感謝している。また、二〇〇四年から、現在に至るまで、法政大学の沖縄文化研究所にお世話になっている。私のことを受け入れ、指導をして下さった安江孝司先生、飯田泰三先生、屋嘉宗彦先生、中俣均先生をはじめ、研究所に関わる他の先生たち、研究者、スタッフの方々に謝意を表したい。

二〇一〇年ころからは、私に対してずっと親切にして下さった法政大学の竹内重雄先生のご紹介により沖縄文化協会にずっとお世話になっている。近年は、毎年沖縄文化協会発表会で報告をしに沖縄に行っている。毎年沖縄文化協会がこのような機会を与えて下さることは、私の研究の進歩のためにこの上のないものだと思っている。いつも私の論文を読んで下さる波照間永吉先生、豊見山和行先生、真栄平房昭先生をはじめ、報告の際に貴重なコメント及びご指摘して下さる西里喜行先生、沖縄文化協会に関わるすべての先生、研究者、スタッフの方々に感謝の意を表したい。

法政大学の得能壽美先生は、長年に渡り史料の読み方と解釈を教えて下さっただけではなく、私と共同で論文を著すことを許可して下さったはじめての先生であるので、大変感謝している。専修大学の竹内光浩先生が私の論文を読み、ご指摘をして下さったので、先生に謝意を表したい。ペンシルベニア大学のグレゴリー・J・スミッツ先生が私の博士論文について、貴重なご指摘、コメント、アドバイスをして下さった。スミッツ先生とはメールでずっとやりとりしてきたが、近いうちに先生に直接感謝の言葉を申し上げたい。東京大学史料編纂所の横山伊徳先生、早稲田大学の後藤乾一先生、勝方＝稲福恵子先生、東京大学の渡辺美季先生、元山梨学院大学の我部政男先生、法政大学の学長、田中優子先生、ジョセフ・クライナー先生、澤登寛聡先生、星野勉先生、小口雅史先生、スティーヴン・ネルソン先生、元志学館大学の梅木哲人先生、神奈川大学の高江洲昌哉先生、福冨良威さんからも大切なご指摘及びご助言をいただき、大変感謝している。

一年前まで、日本語で本を執筆することは全く思っていなかった。そのため、この一年間において、ほとんど毎週の数時間に渡り、内容についても話し合いながら、私の不自然な日本語を直して下さった、私の友人でもある法政大学沖縄文化研究所の大里知子先生に grazie infinite（本当にありがとう）と申し上げたい。ずっと私の研究を応援して下さった昭和音楽大学の後藤育慧先生は、私の日本での生活のとても大切な先生だと考えている。

ヴェネツィア・カ・フォスカリ大学のDepartment of Linguistics and Comparative Cultural Studies及びDepartment of Asian and North African Studies の先生たち、研究者及びスタッフに長年にお世話になっているので、感謝の言葉を表したい。伊日文化協会（AISTUGIA）のすべての先生とメンバーにも謝意を表したい。特に、Emilia Scalise 夫人が若い研究者のために Mario Scalise 賞を設けたので、感謝の意を表したい。

私の原稿について「よい本にしたい」といって尽力して下さった榕樹書林の武石和実様には言葉で表せないほど感謝している。

この本は、日本学術振興会の外国人特別研究員制度（二〇一四年九月採用）の助成、日本学術振興会科研費２６・０４７７８の助成及び法政大学ＨＩＦ招聘研究員の助成による研究成果である。法政大学の開発センター及びグローバル教育センターに大変お世話になったので、感謝している。

最後に、私のイタリアの家族（母 Fiorella・父 Mario・弟 Gianluca）と妻の園子及び娘のソフィア桜子には最も感謝している。みんなの協力、応援及び我慢なしでは、この本の一ページたりともを記すことができなかった。

東京、二〇一七年二月一日

ティネッロ・マルコ

参考文献

朝尾　直広　一九七〇「鎖国制の成立」歴史学研究会・日本史研究会編『講座日本史』四、幕藩制社会、東京大学出版会

秋本　益利　一九六〇「米国の対日政策と日米和親条約の締結」『国際政治』一四

安良城盛昭　一九八〇『新・沖縄史論』沖縄タイムス社

荒野　泰典　一九七八「幕藩制国家と外交—対馬藩を素材として」『歴史学研究』別冊特集

荒野　泰典　一九七九「朝鮮通信使の終末—申維翰「海遊録」によせて」『歴史評論』三五五号

荒野　泰典　一九八七「日本型華夷秩序の形成」朝尾直広ほか編『日本の社会史一　列島内外の交通と国家』岩波書店

生田　澄江　一九九二「幕末におけるフランス艦隊の琉球来航と薩琉関係」『沖縄文化研究』一九

池内　敏　一九九〇「朝鮮信使大坂易地聘礼計画をめぐって」『日本史研究』三三六号

池内　敏　二〇〇六『大君外交と「武威」近世日本の国際秩序と朝鮮観』名古屋大学出版会

飯沼　雅行　二〇〇四「朝鮮通信使・琉球使節通行時の綱引助郷—摂河両国を中心に」『交通史研究』五四号

飯沼　雅行　二〇〇九「幕府広域役の命令と情報の伝達—琉球使節通行時の綱引役の場合—」『ヒストリア』二一七号

伊藤　陽寿　二〇一六「尚泰請封問題と琉仏条約—一八五五・一八五六年におけるフランス人逗留問題から—」『沖縄文化研究』四三

伊波　普猷　一九六一「琉球人の解放」『伊波普猷選集』上、沖縄タイムス社

伊波　普猷　一九七七「序に代へて―琉球処分は一種の奴隷解放なり」喜舎場朝賢『琉球見聞録』至言社
岩崎奈緒子　二〇〇五「蝦夷地・琉球の〈近代〉」『講座日本歴史』東京大学出版会
上原　兼善　一九八一『鎖国と藩貿易―薩摩藩の琉球密貿易―』八重岳書房
上原　兼善　一九八八「天保十五年―弘化三年の沖縄への外艦渡来と薩摩藩―調所笑左衛門の動きを中心として」『南島史論』琉球大学史学会
上原　兼善　二〇〇一『幕藩制形成期の琉球支配』吉川弘文館
梅木　哲人　一九七三「近世における薩藩琉球支配の形成」『史潮』一一二
梅木　哲人　一九八四「琉球における鎖国について」『史潮』新一五
梅木　哲人　一九八五「琉球国王書翰の検討」『地方史研究』一九七号
梅木　哲人　二〇〇九「薩摩藩・琉球国の中国貿易における日本銀の調達について」『沖縄文化研究』三五
梅木　哲人　二〇一三『新琉球国の歴史』法政大学出版局
大熊　良一　一九七一『異国船琉球来航史の研究』鹿児島研究所出版会
大里　知子　二〇一二「「琉球処分」論と歴史意識」『沖縄文化研究』三八
岡部　敏和　二〇〇六「異国船の琉球来航と薩摩藩の対応―弘化元年「一組之人数」の琉球派遣をめぐって」『海事史研究』六三
岡部　敏和　二〇一三「米国ペリー艦隊の琉球来航と琉球「開国」問題」―「琉米約定」をめぐる琉球王府・薩摩藩間交渉を中心に―」『明治維新史研究』第九号
小野　聡子　二〇一五「台湾出兵と万国公法―欧米諸国の対応を中心に―」『日本歴史』第八〇四号
加藤　祐三　二〇〇五「史上初の日米交渉―日米和親条約をめぐって」『アメリカ太平洋研究』五

加藤　祐三　二〇一二『幕末外交と開国』講談社
樺山　愛輔　一九八八『父、樺山資紀』伝記叢書44、相川仁童
金城　　功　一九八四「総理官等のことについて」『沖縄史料編集所紀要』第九号
紙屋　敦之　一九九〇「江戸上り」『新琉球史』近世編下、琉球新報社
紙屋　敦之　一九九〇『幕藩制国家の琉球支配』校倉書房
紙屋　敦之　一九九〇「琉球使節の解体」『琉球王国評定所文書』第五巻
紙屋　敦之　一九九六「岡山藩と対外関係」『一九九四・一九九五年度科研報告書、岡山藩の支配方法と社会構造』
紙屋　敦之　一九九七『大君外交と東アジア』吉川弘文館
紙屋　敦之　二〇〇二『薩摩と琉球』早稲田大学事業部
紙屋　敦之　二〇〇三『琉球と日本・中国』「リブレット」山川出版社
紙屋　敦之　二〇〇六「琉球の中国への進貢と対日関係の隠蔽」早稲田大学アジア地域文化エンハンシング研究センター編『アジア地域文化学の発展―21世紀COEプログラム研究集成―』雄山閣
紙屋　敦之　二〇〇九「王国末期首里王府の異国人対応と薩摩藩」深谷克己編『東アジアの政治文化と近代』有志舎
紙屋　敦之　二〇〇九『歴史のはざまを読む―薩摩と琉球』榕樹書林
紙屋　敦之　二〇一三『東アジアのなかの琉球と薩摩藩』校倉書房
我部　政男　一九七九『明治国家と沖縄』三一書房

喜舎場一隆　一九九三『近世薩琉関係史の研究』国書刊行会
喜舎場朝賢　一九五二『琉球見聞録』、東汀遺著刊行会
金城　正篤　一九八〇『琉球処分論』沖縄タイムス社
小林　伸成　二〇一六「幕末琉球における異国人応接「官職」制度：フォルカード逗留期を事例に」『地方史研究』六六(三)号
佐々木　克　二〇〇四『幕末政治と薩摩藩』吉川弘文館
里井　洋一　二〇一三「素材に「教材性」を見出すこと―玉城正也実践：琉球王国の主体性を考える「起證文」と「江戸立」を事例に―」『歴史と実践』第三十二号、沖縄県歴史教育者協議会
後田多　敦　二〇一〇『琉球救国運動：抗日の思想と行動』出版社 Mugen
島尻勝太郎　一九八〇『近世沖縄の社会と宗教』三一書房
島尻　克美　一九八五「異国船取扱い規定に関する一考察」『琉球の歴史と文化』本邦書籍
島尻　克美　一九八六「仏船来琉事件と薩摩藩の貿易構想」『球陽論叢』ひるぎ社
下村冨士男　一九四八『明治維新の外交』大八洲出版株式会社
鈴木　孝幸　二〇〇六「天保三年度琉球使節の派遣延期の背景」玉井建也編『近世日本における外国使節と社会変容―『儀衛正日記』を読む』紙屋敦之研究室　早稲田大学文学学術院
高橋　　敏　二〇〇五『幕末狂乱(オルギー)―コレラがやって来た!』朝日新聞社
高野　雄一　一九八六『法律学講座双書　全訂新版国際法概論(下)』弘文堂
高良　倉吉　一九八七「琉球・沖縄の歴史と日本社会」朝尾直広ほか編『日本の社会史一　列島内外の交通と国家』岩波書店

田代　和生　一九八一『近世日朝通交貿易史の研究』創文社
田名　真之　一九九八「王府の異国船迎接体制—総理官を中心に—」『琉球王国評定所文書』第一四巻
玉井　建也　二〇〇六「琉球使節通行に対する「御仕構」態勢について—伊予国津和地島を事例として—」『早稲田大学大学院文学研究科紀要』第五一輯第四分冊
玉井　建也　二〇〇七「朝鮮通信使・琉球使節通航と情報・接待・応対—伊予国津和地島を事例として」『風俗史学』三六号
玉井　建也　二〇〇八「近世琉球使節通航と海域をめぐる情報—伊予国津和地島を事例として—」『日本歴史』第七二七号
玉井　建也　二〇〇八「琉球使節派遣準備と解体過程—「最後」の琉球使節を通じて」『交通史研究』六七号
得能　壽美、ティネッロ・マルコ　二〇一〇「道光十八年「御手形写」所収の江戸上り関係史料をめぐって」『沖縄文化研究』三六
戸田　一道　一九七五「幕末参勤交代制緩和にみる幕府権力の失墜」『駒沢史学』二二号
トビ、ロナルド　二〇〇八『「鎖国」という外交：新視点近世史』小学館
豊見山和行　一九八五「江戸幕府外交と琉球」『沖縄文化』六五号
豊見山和行　一九八七「琉球王国形成期の身分制について—冊封関係との関連を中心に—」『年報中世史研究』第一二号
豊見山和行　二〇〇〇「琉球王国末期における対外関係—琉米・琉仏条約締結問題を中心に—」『歴史評論』六〇三号
豊見山和行　二〇〇四『琉球王国の外交と王権』吉川弘文館

豊見山和行　二〇〇九「「江戸上り」から「江戸立」へ―琉球使節像の転回―」『琉球使節、江戸へ行く!～琉球慶賀使・謝恩使一行二、〇〇〇キロの旅絵巻～』沖縄県立博物館・美術館編集・発行(東洋企画印刷)
豊見山和行　二〇〇九「敗者の戦略としての琉球外交:「唐・大和の御取合」を飼い慣らす」『史苑』第七〇巻第二号、立教大学史学会
豊見山和行　二〇一三「島津氏の琉球侵略と琉球海域の変容」荒野泰典、石井正敏、村井章介編『地域的世界の成立』(日本の対外関係5)吉川弘文館
中村　栄孝　一九六九『日鮮関係史の研究』下、吉川弘文館
波平　恒男　二〇一四『近代東アジア史のなかの琉球併合―中華世界秩序から植民地帝国日本へ』岩波書店
西里　喜行　一九九二「琉球処分・樺太・千島交換条約」荒野泰典、石井正敏、村井章介編『アジアのなかの日本史Ⅳ　地域と民族』東京大学出版会
西里　喜行　二〇〇〇「アヘン戦争後の外圧と琉球問題―道光・咸豊の琉球所属問題を中心に―」『琉球大学教育学部紀要』五七
西里　喜行　二〇〇五『清末中琉日関係史の研究』京都大学学術出版会
西里　喜行　二〇〇五「近世末期の内政問題と対外関係」『沖縄県史』各論編、第四巻近世、沖縄県教育委員会(編)
西里　喜行　二〇〇六「咸豊・同治期(幕末維新期)の中琉日関係再考―尚泰冊封問題とその周辺―」『東洋史研究』六四、政経書院

西澤美穂子　二〇一三『和親条約と日蘭関係』吉川弘文館
羽賀　祥二　一九八〇「和親条約期の幕府外交について」『歴史学研究』四八二号
浜下　武志　一九九七『朝貢システムと近代アジア』岩波書店
比屋根照夫　一九七七『自由民権思想と沖縄』研文出版
東恩納寛惇　一九七八「島津氏の対琉球政策」『東恩納寛惇全集』二、第一書房
藤田　覚　二〇〇五『近世後期政治史と対外関係』東京大学出版会
ベイヴェール、パトリック　二〇〇〇年「フランスにおける琉球関係資料の発掘とその基礎的研究」『フランス政府の対琉球王国政策』（平成九年度～平成一一年度、科学研究費補助金基盤研究（A）（2）研究報告書）
ベイヴエール、パトリック　二〇〇五「ヨーロッパの琉球認識」『沖縄県史』各論編、第四巻近世、沖縄県教育委員会（編）
真栄平房昭　一九八四「明清動乱期における琉球貿易の一考察―康熙慶賀船の派遣を中心に―」『九州史学』八〇
真栄平房昭　一九八四「琉球における家臣団編成と貿易構造―「旅役」知行制の分析―」藤野保編『九州近世史研究叢書3　九州と藩政（Ⅱ）』国書刊行会
真栄平房昭　一九八五「近世琉球の対中国外交―明清動乱期を中心に―」『地方史研究』一九七
真栄平房昭　一九八八「琉球王国の冊封儀礼について」窪徳忠先生沖縄調査二〇年記念論文集刊行委員会編『沖縄の宗教と民俗』第一書房
真栄平房昭　一九九〇「近世日本における海外情報と琉球の位置」『思想』七九六号、岩波書店

真栄平房昭　一九九一年「幕藩制国家の外交儀礼と琉球」『歴史学研究』六二〇号
真栄平房昭　一九九四「十九世紀の東アジア国際関係と琉球問題」『アジアから考える3　周縁からの歴史』東京大学出版会
真栄平房昭　一九九七「琉球の海外情報と東アジア―一九世紀の中国情勢をめぐって―」『近世日本の海外情報』岩田書院
真栄平房昭　一九九五「江戸上りの旅と墓碑銘」『沖縄文化研究』二一
真栄平房昭　二〇〇四「明清交代と対幕外交」安里進、他『県史四七　沖縄県の歴史』山川出版社
真境名安興・島倉龍治一九五二年『沖縄千年史』沖縄新民報社
マルナス、フランシスク　一九八五『日本キリスト教復活史』（久野桂一郎訳）みすず書房
丸山　雍成　二〇〇七『参勤交代』吉川弘文館
宮城　栄昌　一九八二『琉球使者の江戸上り』第一書房
宮田　俊彦　一九八四『琉球・清国交易史―二集『歴代宝案』の研究』第一書房
宮田　俊彦　一九九六『琉明・琉清交渉史の研究』文献出版
矢野美沙子　二〇〇九「幕末期琉球における江戸上り使節派遣準備」『近世日本における外国使節と社会変容③―大君外交解体を追う―』矢野美沙子編、紙屋敦之研究室　早稲田大学文学学術院
横山　學　一九七九「琉使名古屋通交と貸本屋大惣」南島史学会編『南島―その歴史と文化―2』第一書房
横山　學　一九八七『琉球国使節渡来の研究』吉川弘文館
横山　伊徳　一九九六「日本の開国と琉球」曽根勇二・木村直也編『国家と対外関係』（新しい近世史2）新人物往来社

渡辺　美季　二〇一二『近世琉球と中日関係』吉川弘文館

Auslin, Michael. 2004 *Negotiation with Imperialism: the Unequal Treaties and the Culture of Japanese Diplomacy*, Cambridge, Mass: Harvard University Press

Cardini, Franco. 2004 "Introduzione", in *Il Piccolo Stato: Politica, Storia, Diplomazia*, Barletta, Cardini, Galasso (a cura di), Aiep

Caroli, Rosa. 1999 *Il Mito dell'Omogeneità Giapponese: Storia di Okinawa.* Milano: Franco Angeli

Fairbank, John K. 1970 "'American China Policy'to 1898: A Misconception," *Pacific Historical Review 39*, n. 4

Kim, Key-Hiuk. 1980 *The Last Phase of the East Asian World Order: Korea, Japan and the Chinese Empire, 1860-1882.* Berkeley, Calif.: University of California Press

Mizuno, Norihito. 2009 "Early Meiji Policies Towards the Ryukyus and the Taiwanese Aboriginal Territories," *Modern Asian Studies 43*, no 3. London: Cambridge University Press

Smits, Gregory. 2001 "The Ryūkyū Shobun in East Asian and World History," Josef Kreiner, ed., *Ryukyu in World History.* Bonn: Bier'sche Verlagsanstalt

Uemura, Hideki. 2003 "The Colonial Annexation of Okinawa and the Logic of International Law: the Formation of an 'Indigenous people' in East Asia," *Japanese Studies 23.* Oxfordshire, UK: Routledge, Carfax Pub.

Taira, Koji. 2002 "Okinawa-Tokyo Relationship: From Annexation to Secession, or Something in Between," *The Demise of the Ryukyu Kingdom*, 山口栄鉄・新川右好編、榕樹書林

Totman, Conrad D. 1980 *The Collapse of the Tokugawa Bakufu: 1862-1868*. Honolulu: University Press of Hawaii

Toby, Ronald. 1984 *State and Diplomacy in Early Modern Japan: Asia in the Development of the Tokugawa Bakufu*, Princeton, NJ: Princeton University Press

Vande Walle, Willy. 1996 "Le Comte des Cantons Charles de Montblanc (1833-1894), Agent for the Lord of Satsuma," Ian Neary ed. in *Leaders and Leadership in Japan*, London and New York: Routledge

Williams, S. Well. 1973 *A Journal of the Perry Expedition to Japan(1853-1854)*, Wilmington, Del.: Scholarly Resources

Zhou, Fangyin. 2011 "Equilibrium Analysis of the Tributary System," *The Chinese Journal of International Politics*, vol. 4, No.2

初出一覧「　」内は原題

序章　（新稿）

第一部

第一章　「The Ryukyuan Embassies to Edo　seen from the Shuri Royal Government's　Perspective（Imagined Okinawa: Challenge from Time and Space, Rosa Caroli (ed.), Shinjuku-shobo, 二〇一五年六月）及び「道光十八戌年「御手形写し」から天保十三年の琉球使節慶賀使準備を見る」（『沖縄文化研究』三六号、得能壽美・ティネッロ・マルコ「道光十八年「御手形写し」所収の江戸上り関係史料をめぐって」二〇一〇年三月）。

第二章　「修好条約に対する琉球国の対応」（『沖縄文化』四六号、二〇一一年）。

第三章　（新稿、ただ「琉球に対する幕府の関心の深まり」という題目で二〇一六年六月に二〇一六年度沖縄文化協会発表会（桜名大学）で報告を行った。

第二部

第一章　「一八五八年の琉球使節派遣延期の理由―新納久仰の日記の検討を中心に―」（『沖縄文化』四九（1）、二〇一四年一一月）。

第二章　「一八六〇年の琉球使節の延期をめぐる薩摩藩の戦略」（『沖縄文化』四九（2）、二〇一五年四月）。

第三章　「琉球使節から見る幕末期日本外交の変化―近世から近代へ―」『沖縄文化研究』四一号、二〇一五年三月）。

第三部

第一章　「琉球をめぐる副島外務卿と駐日米仏公使の交渉――琉米修好条約を中心に――」『日本歴史』第八二四号、二〇一七年一月）。

第二章　「一八七八年の東京滞在琉球人による各国公使への請願書と米・仏公使の対」（『琉大史学』一八号（特集号）、二〇一六年一〇月）。

終章　（新稿）

【る】

【ろ】

【わ】

【む】

【め】

【も】

【や】

【よ】

【り】

【た】

【ち】

【つ】

【て】

【し】

【す】

【せ】

【そ】

【く】

【け】

【こ】

【さ】

索　引

ティネッロ・マルコ

1977年イタリア生。2004年国費留学生として来日、法政大学大学院・早稲田大学大学院で学ぶ。2014年ヴェネツィア・カ・フォスカリ大学博士号取得。現在法政大学ＨＩＦ招聘研究員として沖縄文化研究所に所属。2015年第１回ヨーゼフ・クライナー博士記念法政大学国際日本学賞、2016年に沖縄文化協会賞比嘉春潮賞受賞。

世界史から見た「琉球処分」　琉球弧叢書㉚

ISBN978-4-89805-192-4　C1321　2017年　3月18日　印刷
2017年　3月20日　発行

著　者　ティネッロ・マルコ
MARCO TINELLO
発行者　武　石　和　実
発行所　(有)榕　樹　書　林

〒901-2211　沖縄県宜野湾市宜野湾3-2-2
TEL 098-893-4076　FAX 098-893-6708
E-mail：gajumaru@chive.ocn.ne.jp
郵便振替　00170-1-362904

印刷・製本　(有)でいご印刷　Printed in Ryukyu